U0916004

创新服务型政府运行机制

薄贵利　刘小康　等著

人民出版社

责任编辑:陈寒节

装帧设计:朱晓东

图书在版编目(CIP)数据

创新服务型政府运行机制/薄贵利等著.—北京:人民出版社,
2014.12

ISBN 978-7-01-014142-8

Ⅰ.①创… Ⅱ.①薄… Ⅲ.①国家行政机关-社会服务-研究-中国 Ⅳ.①D630.1

中国版本图书馆 CIP 数据核字(2014)第 259498 号

创新服务型政府运行机制

CHUANGXIN FUWUXING ZHENGFU YUNXING JIZHI

薄贵利 刘小康 等著

人民出版社 出版发行

(100706 北京市东城区隆福寺街 99 号)

北京龙之冉印务有限公司印刷 新华书店经销

2014 年 12 月第 1 版 2014 年 12 月北京第 1 次印刷

开本:710 毫米×1000 毫米 1/16 印张:20.75

字数:290 千字 印数:0,001-2,000 册

ISBN 978-7-01-014142-8 定价:48.00 元

邮购地址:100706 北京市东城区隆福寺街 99 号

人民东方图书销售中心 电话:(010)65250042 65289539

目 录

导 言

实现建设服务型政府的战略目标，既需要深化体制改革，又需要创新运行机制。本书作为国家社科基金重大项目的最终成果（二），与最终成果（一）——《建设服务型政府：战略与路径》是姊妹篇。该书的主要内容如下。

1. 建立健全服务型政府决策机制

为城乡居民提供优质公共服务，是现代政府的基本职责，是建设服务型政府的重要任务。在公共服务安排上，我国各级政府都面临着——如何确保“做好事”并“把好事做好”的挑战。要成功应对这一挑战，迫切需要建立健全服务型政府决策体制机制。

服务型政府决策机制属于公共决策机制。建立服务型政府决策机制的关键，是通过行政决策程序的重理，把公共参与机制嵌入行政决策过程，从而重构新型官民互动关系和互动方式，推动官民互动从“单向不对称互动”走向“双向对称互动”，从政府“独白”的“官替民决”转向官民“对话”的“官民共决”。党的十六大以来，我国把引入公共参与作为完善行政决策机制的基本方向，积极推动政府信息公开和行政决策公开，在行政决策民主化、科学化、法治化方面取得积极进展。

影响服务型政府决策机制建立的因素包括前提性和过程性两大类。

前提性因素是指民众是否被赋予参与行政决策的权利以及参与行政决策权利范围的大小，这直接影响到行政决策向民众参与开放的程度。官民互动从“单向不对称”走向“双向对称互动”，构成了影响服务型政府决策机制建立的过程性因素。各地在建立服务型政府决策机制的探索中，普遍存在公共参与开放性与有效性不足等问题。开放性不足，表现为行政决策公共参与广度、深度有限；有效性不足，表现为行政决策公共参与梯度有限。目前，我国行政决策公共参与呈现出“亡羊补牢式”或“自说自话式”的怪相。原因在于，（1）行政决策向民众参与开放仍然是“选择性开放”而不是“约束性开放”，导致民众参与权利对政府决策权的制约性不足。（2）行政决策过程中的官民互动仍然深受信息不对称和权力不对称的制约。民众知情权利对政府保密权的制约性不足；因社会组织发育不足和参与程序不完善、参与体制建设滞后，导致向民众扩权不足，使得民众参与权对政府决策权的制约性不足。

要进一步建立健全服务型政府决策机制，建议：（1）行政决策“以公共参与为原则”，变“选择性参与”为“约束性参与”，进一步推动行政决策向民众参与开放；（2）政府信息“以公开为原则”，变“选择性公开”为“约束性公开”，进一步消除行政决策过程中官民互动的信息不对称；（3）加大向民众“充权”的力度，以民众参与权制约政府决策权，进一步消除行政决策过程中官民互动的权力不对称。

2. 改革和完善公共服务供给机制

公共服务有三种基本供给机制，即政府供给机制、市场机制及志愿机制。政府供给机制是以强制求公益，市场机制是以自愿求私益，志愿机制是以自愿求公益。这三种基本供给机制有各自的运行优势，也有各自的局限。单纯依赖哪一种供给机制，都会导致公共服务供给不足或产生其他方面的问题。我国传统的公共服务供给模式主要是政府供给。这种政府单一供给模式存在严重的弊端。为克服这些弊端，近些年，一些地方开始改革公共服务供给机制。但在改革中还存在缺少明确的改革目标和战略部署、政府购买服务缺乏制度化的保障机制、公共服务市场化运作不规范、社会组织的作用发挥不到位等问题。鉴于此，迫切需要深化公共服务供给机制改革，发挥三种公共服务供给机制的优势，建立和完善公共服务合作供给机制。(1) 依法明确主体责任，规范政府与其他主体之间的责任关系。在公共服务供给中，政府的主要职责是制定政策和规划，加大对公共服务的投入和加强监管。(2) 加强制度保障建设。建立健全法律体系，切实保障公共服务合作供给中各方的正当权益；进一步细化合作供给公共服务的范围、标准和程序；建立持续性财政保障机制，实行优惠的财税政策及有效的财政补偿政策；建立可持续性财政预算增长机制，探索政府购买公共服务财政专户统筹管理模式，建立政府购买公共服务动态调整机制。(3) 完善市场机制，发挥市场机制的纽带作用，形成多种供给主体既相互分工、公平竞争，又互相补充、密切合作的格局；改革社会组织管理体制，完善社会组织稳步发展的扶持机制，推进社会组织、企业和公民个人参与公共服务供给。

3. 积极推进政务服务中心建设

我国政务服务中心是在借鉴发达国家“一站式”政府服务模式的基础上，结合我国国情逐步发展起来的。各地政务服务中心在相互学习、相互借鉴、相互促进中迅速发展，既提高了政务服务效率，又方便了群众办事，受到普遍好评。但其进一步发展和完善也面临着诸多制约。一是信息公开不能适应政务服务的发展需要。如政府信息公开的内容质量不高，公开的项目和标准不统一，严重影响了政务服务品质的提升。二是各地对政务服务中心价值的认识参差不齐。由于缺乏法律和制度的支持，我国政务服务中心的建设在很大程度上还是“一把手”工程，地方党委和政府主要领导对建设政务服务中心的重视程度，成为政务服务中心发展水平高低的决定因素。三是集中审批落实不到位，成为目前制约政务服务中心发展、影响“一站式”服务功能发挥的主要症结。四是授权不足现象比较普遍。虽然有些地方将大部分审批事项转入政务服务中心办理，但是，由于授权不到位，政务服务中心成了部分单位的“收发中心”，窗口成了“传达室”，增加了群众办事的负担。为切实解决这些问题，必须按照党的十八届三中全会精神，积极推进政务服务中心建设。(1) 政务服务中心建设必须坚持“公民需求导向”，以“不断优化行政审批”为核心整合相关服务，将各级政务服务中心建设成新型公共服务综合体。(2) 推进行政审批制度改革的二次设计。为克服以往以“量化改革、协商改革”为特征的改革初始设计所导致的行政审批改革的碎片化，必须推进行政审批改革的二次设计，全面清理行政审批事项，建立行政审批权力清单制度和审批与服务事项代码库，缩小行政审批的自由裁量权，最终给政府的行政审批权力“打造一个透明的制度笼子”。(3) 有步骤地推进网上与大厅审批服务一体化。建设网上办事大厅，将政务服务中心的审批服务事项搬到网上，是网络时代发展的必然要求。只有通过审批服务业务横向一体化和纵向一体化再造，才能实现政务服务中心“实体大厅”与网上“虚拟大厅”审批服务一体化整合。

4. 加强和完善养老服务体系

2014 年，我国 60 岁及以上老年人口已突破 2 亿，到 2050 年，将达到全国总人口的三分之一。老年人口基数大、老龄化速度快、老龄化分布差异明显、高龄化和失能问题突出以及老龄化超前于社会经济发展是我国人口老龄化的显著特点。银发浪潮所带来的巨大的养老服务需求，将极其深刻地影响我国产业结构、社会结构和经济社会发展。

面对人口老龄化的巨大压力和挑战，我国注重居家养老服务体系建设，颁布了一系列养老服务的政策法规，初步建立起养老服务体系。但仍然存在诸多问题。在思想层面上，对养老服务供求矛盾给经济社会发展带来的深刻持久影响认识不足，导致制度措施滞后；在战略层面上，应对人口老龄化以及由此引发的养老服务这一重大民生问题，尚未上升为基本国策；在制度层面上，养老服务保障制度呈现碎片化状态，部门职能交叉重叠，分工不够明确，政府、市场、社会在养老服务中的定位还比较模糊。此外，还存在养老服务政府投入不足、供需矛盾突出、支柱性养老服务制度缺失、养老服务人才队伍建设滞后、监督管理制度不健全等问题。为破解养老服务难题，政府应将养老服务体系建设上升为基本国策，加快构建养老服务体系的进度，实现养老服务供给主体的多元化；大力推进居家养老服务，以政策为载体，支持社会力量进入养老服务业；将老年长期照护体系建设作为养老服务制度建设的核心，以现有家庭、社区和机构三大养老服务模式为基础，以政府、市场、社会、家庭、个人养老服务责任主体为依托，以现有养老、医疗保险制度为主体，将长期照护保险制度镶嵌到现有三大养老服务模式和现有养老或医疗保险制度中；加强老年人服务队伍建设，调整养老产业政策，积极发展老龄产业，促进老年人经济收入的增长，使其成为老龄产业发展的重要推动力。

5. 构建服务型政府绩效管理体系

建设服务型政府，迫切需要构建服务型政府绩效管理体系。与以往经济增长型政府绩效管理不同，在服务型政府绩效管理中，绩效评估的主要内容是公共服务，绩效管理的主要目的是提高政府基本公共服务能力和水平。

为推进服务型政府绩效管理，迫切需要解决以下问题：（1）健全和规范服务型政府绩效管理组织领导系统：在县级以上政府设立政府绩效管理委员会，在政府绩效管理委员会之下设立执行机构——政府绩效管理办公室；统一政府绩效管理决策机构和办事机构的名称及隶属关系；依法保障政府绩效管理组织领导系统的相对独立性。(2) 改革和完善政府绩效评估机制：完善服务型政府绩效评估主体，引入并高度重视第三方评估，加大服务对象满意度的权重；调整和完善服务型政府绩效评估指标体系；改进和健全服务型政府绩效评估程序和方法。(3) 构建科学的服务型政府绩效评估指标体系：依据中央对服务型政府建设的要求，可从公共服务效果、公共服务能力、公共服务过程等三个维度对服务型政府绩效进行评估。(4) 改进服务型政府绩效评估结果运用机制：克服以往政府绩效评估结果运用中的重奖轻罚、重物质奖励轻精神奖励以及依据绩效选人用人的偏向，设立公共服务质量奖，以此奖励和激励履行公共服务职责优秀者；对履行公共服务职责不到位和渎职者，依法依纪及时实行行政问责；为克服选人用人中的“彼德现象”，将依据政绩选人用人改为依据素质能力选人用人。(5) 创新服务型政府绩效管理流程：制定服务型政府绩效规划和年度计划，明确和细化服务型政府绩效目标，完善实现目标的保障机制和责任机制，做到责任到岗，责任到人；改进和完善服务型政府绩效评估机制；制定和实施服务型政府绩效改进计划，由政府绩效管理部门检查督促服务型政府绩效改进计划的落实。

6. 改革和完善公共服务监督机制

没有监督，权力就会被滥用，公共服务也不可能到位。在服务型政府建设中，公共舆论监督、政府信息公开、预算参与控制、服务效能督察、服务绩效评估、公民评议和行政问责等，是公共服务监督机制中的核心构件。近些年，我国在改革和完善公共服务监督机制方面进行了有益探索，取得了积极成效。但客观分析，仍然存在诸多问题。一是公共服务监督的动力不足；二是公共服务监督的信息沟通不畅；三是公共服务监督的制度化程度不高；四是公共服务监督的权威不够；五是公共服务绩效评估不完善。因此，必须从监督主体、监督内容、监督方式和监督权威等方面进一步完善公共服务监督机制。(1) 完善公共服务监督主体。进一步加强各级人民代表大会对政府公共服务履职情况的监督；依托各级政府财政部门，开展重大公共服务类财政支出的绩效跟踪与评估；培育专业从事公共服务评估的非政府组织。(2) 完善公共服务监督内容。公共服务监督主要是监督政府履行公共服务职责的情况，应在清晰界定公共服务监督内容的基础上，完善公共服务的预算监督、公共服务的过程监督、公共服务的效果监督。(3) 完善公共服务监督方式。从整体和分类、内部和外部等角度，对公共服务供给进行全方位、多层面、复合型的评议与监督，特别要健全绩效评估和满意度调查，强化行政监督和社会监督。(4) 完善公共服务责任体系。强化对责任目标的考核，是公共服务监督机制有效运作的基础环节。应通过加强公共服务立法，明确各级政府公共服务的法定责任；通过科学的绩效考核，强化行政领导者的公共服务责任；通过年度考核，强化公务员个人的公共服务责任。

作为国家社科基金重大项目最终成果，本书是集体协作的结晶。参与项目研究和本书写作的除首席专家外，还有以下学者（按章节顺序排列）：国家行政学院公共管理教研部教授顾平安、副教授刘小康、叶响裙，中央民族大学管理学院副教授施巍巍，上海行政学院公共管理教研部教授陈奇星、副教授容志，中国人事科学研究院研究员柏良泽、副研究员王芳霞等。对以上学者的大力支持，深表谢意！

在项目调研中，得到上海市人民政府副市长时光辉，江苏省委宣传部部长王燕文，杭州钱江经济开发区管委会副主任曹佃杭，上海市奉贤区政府研究室主任谭士军，江苏省扬州市委研究室主任陈长新等地方领导的大力支持和帮助。我的夫人卢海燕副教授协助我作了部分统稿工作。

国家行政学院出版社编辑李雪菲协助我做了文献规范等工作。在此，一并表示深深的感谢！

导言中有关本书的内容概要，参考了各章作者提供的有关材料。特此说明。

重大项目首席专家　薄贵利

二〇一四年九月三十日

第一章

建立健全服务型政府决策机制

建立健全公共服务体系，促进基本公共服务均等化，是全面建设服务型政府的内在要求。目前，在公共服务安排上，各地政府都面临着如何确保“做好事”并“把好事做好”的挑战。要成功应对这一挑战，正确决策是重要前提，保障正确决策的体制机制建设是关键。因此，加快建立健全服务型政府决策机制，与加快建立健全服务型政府决策体制，都极其重要而且极其紧迫。

一、服务型政府决策机制的内涵及建立进展

本节首先讨论服务型政府决策机制的内涵，然后总结概括我国建立服务型政府决策机制的进展。

（一）服务型政府决策机制的内涵

自 1978 年改革开放以来，我国经济社会的发展，如果以党和国家工作重点转移的阶段性特征为划分标准，可以 20 世纪 90 年代中期为界，分为前后两个发展阶段。

第一个发展阶段，从1978年开始到20世纪90年代中期。1978年党的十一届三中全会召开，全会否定了“以阶级斗争为纲”的理论和实践，做出了把党和国家的工作重点从阶级斗争转移到经济建设上来，实行改革开放的战略性决策。由此，我国进入了“以经济建设为中心”的历史发展新阶段。这一发展阶段的政府，职能以经济建设为主，因此被认为是“经济建设型政府”，即以经济建设为中心，以长期担当经济发展的主体力量为主要方式，以推动经济增长为主要目标的政府。

第二个发展阶段，自20世纪90年代末始一直到现在。20世纪90年代后期，我国经济社会发展“一条腿长、一条腿短”的矛盾日益尖锐。为纾解这一矛盾，自20世纪90年代末始，特别是2002年党的十六大以来，尤其是在2003年SARS危机影响的直接推动下，党和国家的工作重点在继续坚持以经济建设为中心的同时，更加注重社会建设，我国进入了“统筹经济社会协调发展”的新阶段。这一发展阶段的政府，职能履行要求全面正确，在改善经济调节、严格市场监管的同时，要加强社会管理、更加注重公共服务，并逐步确立了建设服务型政府的目标。所谓“服务型政府”，是指在以人为本、执政为民理念指导下，将公共服务上升为政府的主要职能，通过优化政府结构、创新政府机制、规范政府行为、提高政府效能来不断满足人民群众日益增长的公共服务需求的政府。① 与经济建设型政府不同的是，服务型政府建设目标的提出，旨在推动政府职能向创造良好发展环境、提供优质公共服务、维护社会公平

① 王绍光也认为，虽然早在20世纪80年代中期，万里就指出“在一切失误中，决策的失误是最大的失误”，并提出了决策科学化和民主化的目标（万里：《决策民主化和科学化是政治体制改革的一个重要课题——在全国软科学研究工作座谈会上的讲话》，《人民日报》1986年7月31日），但是与决策科学化相比，直到90年代后期以来，决策民主化才真正引起重视。这也印证了“政府决策”与“公共决策”之分的正确性。参见王绍光：《从经济政策到社会政策：中国公共政策格局的历史性转变》，《中国公共政策评论》（第1卷），上海人民出版社2007年版。

正义转变。

目前，我国政府正处在从经济建设型政府向服务型政府转型的关键时期，各地政府肩负着建立健全公共服务体系、促进基本公共服务均等化的重任，但在公共服务安排上都面临着如何确保“做好事”并“把好事做好”的挑战。而要成功应对这一挑战，正确决策是重要前提。这里所说的决策，主要指行政决策，即政府履行公共服务职能，对公共服务安排做出决定的活动。

经济建设型政府决策与服务型政府决策，虽同属行政决策，但存在模式的根本差异，经济建设型政府背景下的行政决策可称之为“政府决策”，而服务型政府背景下的行政决策则可称之为“公共决策”。

为什么称经济建设型政府背景下的行政决策为“政府决策”？经济建设型政府所处的发展阶段以经济建设为主，政府长期担当经济发展的主体力量，行政决策以经济政策为主，强调“效率优先、兼顾公平”，在实践中，政府往往为了效率，不惜牺牲公平。这时的行政决策，由于片面强调“效率优先”，以政府内部决策为主，行政决策权高度集中于政府，政府是决策主体，掌握决策的绝对话语权，而民众往往仅作为决策客体存在，行政决策过程中的官民互动，主要是政府单方主导的“单向不对称互动”，呈现出政府“独白”特征。所以，经济建设型政府背景下的行政决策，可称之为“政府决策”，其实质是“官替民决”。

为什么称服务型政府背景下的行政决策为“公共决策”？服务型政府建设目标的提出，是我国进入统筹经济社会协调发展新阶段的需要，政府职能向创造良好发展环境、提供优质公共服务、维护社会公平正义转变，行政决策不再简单地以经济政策为主，而是更加注重社会政策，由于经济政策与社会政策的关联越来越紧密，可以归结为以经济社会政策为主，在坚持“效率优先”的同时，公平得到了更有力的“兼顾”。

这时的行政决策，由于更加关注公平，不能也不应以政府内部决策为主，而是走向民众广泛参与的“开放决策”，行政决策权不再高度集中于政府，民众以“决策参与权”分享了政府决策权，逐渐成为政府决策的“伙伴”，行政决策过程中的官民互动，越来越趋向“双向对称互动”，呈现出官民“对话”的特征。民众参与，也就是公共参与，因此服务型政府背景下的行政决策，可称之为“公共决策”，其实质是“官与民决”。

根据以上分析，作为两种不同的行政决策模式，公共决策与政府决策的根本性不同在于：是否“以向民众参与开放为原则”，即是否“以公共参与为原则”。政府决策并不以公共参与为原则，而公共决策不仅以公共参与为原则而且公共参与度不断增强。因此，我国政府从经济建设型政府向服务型政府转型的过程，也是行政决策模式从政府决策向公共决策转换的过程。在这一过程中，行政决策逐步确立以公共参与为原则而且公共参与度不断增强，行政决策过程中的官民互动越来越趋向“双向对称互动”，政府“独白”的“官替民决”特征淡出，而官民“对话”的“官与民决”特征凸显。

事实也表明，自20世纪90年代末始，随着我国逐步确立了建设服务型政府的目标，特别是党的十七大报告，在党的十五大、党的十六大报告提出——通过形成并完善“深入了解民情、充分反映民意、广泛集中民智、切实珍惜民力”的决策机制，推进决策科学化、民主化[①]——的基础上，进一步明确要“保障人民的知情权、参与权、表达权、监督权”，各地政府越来越认识到行政决策民众参与的必要性和重要性，行政

---

① 党的十五大报告首次提出，“逐步形成深入了解民情、充分反映民意、广泛集中民智的决策机制，推进决策科学化、民主化，提高决策水平和工作效率。”在此基础上，党的十六大报告增加了“切实珍惜民力”的表述，提出“要完善深入了解民情、充分反映民意、广泛集中民智、切实珍惜民力的决策机制，推进决策科学化、民主化”。

决策呈现出一系列新的特征：

1. 更加注重民情

民情，指民众的生活质量状况，既包括民众的物质生活、精神生活等客观状况，也包括民众对物质生活、精神生活等客观状况的主观感受也就是“满意程度”。民情是民生的最直接的反映，而改善民生是我国建设服务型政府的首要任务，表现在政府职能上，就是更加注重公共服务。因此，与经济建设型政府背景下的行政决策相比，建设服务型政府背景下的行政决策，不再片面强调经济的增长、GDP 的增长，而是更加注重民情，不仅注重民众物质生活状况的改善，而且注重民众精神生活状况的改善，还注重民众对物质、精神生活状况改善的满意程度。

2. 更加注重民意

民意，指民众对公共服务安排的意愿和偏好，与“官意”相对。在决定是否提供、是否优先提供，以及提供什么水平、以什么方式提供的具体公共服务时，“官意”与民意并不总是完全一致。与经济建设型政府背景下的行政决策相比，建设服务型政府背景下的行政决策，更加注重民意，注重“问需于民”，充分考虑民众的需要、关切、期望、价值观以及他们面临的问题，注重“官意”与民意的对接与协调，避免在公共服务安排上简单地用“官意”代替民意。

3. 更加注重民智

民智，指民众针对公共服务安排而提供的建言建策，是政府决定公共服务安排过程中，民众相关经验、观点、思路、创意的智慧贡献，与“官智”相对。与经济建设型政府背景下的行政决策相比，建设服务型政府背景下的行政决策，不再完全依赖“官智”，即官员自身以及政府内部智囊、智库的智慧，而是更加注重民智，注重“问计于民”。[①] 这里的民智，指政府外部的智慧，不仅包括政府外部专家、民间智库的智慧，还包括普通民众的智慧。[②]

4. 更加注重民力

民力，指民众的人力、物力、财力，与“国力”相对，并且是国力之基、国力之源。改善民生是我国建设服务型政府的首要任务，政府财政也应相应地从“建设型财政”转向“公共财政”。随着公共服务财政支出的增加，公共服务安排的绩效问题也日益突出。与经济建设型政府背景下的行政决策相比，建设服务型政府背景下的行政决策，更加注重“惜民力”，更加注重公共服务安排的成本效益。一方面既要增加公共服务的财政投入，弥补公共服务财政投入不足的历史欠账，但同时也要量力而行，与经济社会发展水平和阶段相适应，防止“吊高胃口乱许诺”、“轰轰烈烈胡乱上”的倾向，造成“寅吃卯粮”、债台高筑；另一方面，还要通过体制机制创新，降低公共服务成本，提高公共服务效益，并且使公共服务成本个人负担比率合理下降。

5. 更加注重民决

民决，与“官决”相对。更加注重民决，不是取代“官决”，由民众直接做出决策，而是指政府在决定公共服务安排的过程中，民众不再

---

① 王绍光、樊鹏以新医改为例，指出：20 世纪 90 年代末以来，我国完全依靠党政系统内部官僚或内部智囊的决策体制已经很难适应新的形势，在制定重大社会政策时，除了继续依靠体制内少数官方智库提供决策参考外，中央开始在更大范围征询各类“外脑”（即外部政策研究群体）的意见和建议，这是当代中国政治的新气象。参见王绍光、樊鹏：《政策研究群体与政策制定——以新医改为例》，《政治学研究》2011 年第 2 期。

② “民智”的“民”，在很多情况下，不过是“外”的意思，所以有政府利用“外脑”之说。但“外脑”往往特指政府部门以外的专家、学者，而不包括普通民众。这实际低估了普通民众的智慧。其实，在确定政策优先排序、化解政策冲突、比较和挑选政策选项方面，普通民众的智慧绝不比专家、学者低。民智应包括所有人的智慧。参见王绍光：《第八章 公众决策参与机制：一个分析框架》，见《祛魅与超越》，中信出版社 2010 年版。

仅仅是公共服务的“被动消费者”，而是以决策参与权分享政府决策权，逐渐成为政府决策伙伴，但不改变政府作为决策最后拍板者的责任。与经济建设型政府背景下的行政决策相比，建设服务型政府背景下的行政决策，不再“关门决策”，而是“开门决策”，更加注重“问政于民”，民众在公共服务安排的决策过程中，越来越具有实质性的影响力，也就是拥有一定“话语权”。

行政决策呈现出的新特征表明——我国行政决策模式，正在发生从政府决策向公共决策的转换。目前，正在实施的《国家基本公共服务体系“十二五”规划》，为确保“做好事”并“把好事做好”，特别鼓励社会力量参与，明确提出“强化社会公众对基本公共服务供给决策及运营的知情权、参与权和监督权，健全基本公共服务需求表达机制和反馈机制，增加决策透明度”。这再次证明了我国行政决策模式从政府决策向公共决策转换的重要性和紧迫性。而要最终实现这一转换，体制机制建设是关键。其中，体制指结构，具体到行政决策，即决策角色分化及其相互关系，关涉决策权力配置，是静态的；而机制指过程，具体到行政决策，即决策过程中角色之间的互动关系和互动方式，关涉决策权力运行，是动态的。体制与机制，既相互区别又相互联系。根据系统理论，结构决定功能，过程实现功能，所以系统功能表现出来的水平高下，既取决于体制，也取决于机制，但体制的作用具有基础性。我国渐进改革的一个特征是，机制改革往往先于体制改革。这虽然有助于减少改革阻力，但如果体制改革不及时跟进，机制改革的空间将受限，不仅影响已改革机制效能的发挥，也影响已改革机制的固化和优化。正是基于这一认识，在研究服务型政府决策机制建设的同时，必须把服务型政府决策体制建设与机制建设的相互关系及其对服务型政府决策机制建设的影响，作为研究内容的必要组成部分。那么，什么是服务型政府决策机制呢？

基于以上分析，我们认为，服务型政府决策机制，其实就是公共决策机制，就是在行政决策过程中嵌入公共参与机制而形成的新的行政决策机制。因此，建立服务型政府决策机制，就是建立公共决策机制，也就是在行政决策向民众参与开放的前提条件下，通过行政决策程序的重理，把公共参与机制嵌入行政决策过程，从而重构新型官民互动关系和互动方式，推动官民互动从“单向不对称互动”趋向“双向对称互动”，政府“独白”的“官替民决”特征淡出，而官民“对话”的“官与民决”特征凸显。目前，经过中央与地方上下联动，我国建立服务型政府决策机制的路线图已“浮出水面”，可总结如下：

1. 以人为本、执政为民①

这是建设服务型政府的指导思想，是建设服务型政府的出发点和落脚点，同样也适用于建立服务型政府决策机制。建设服务型政府，不再坚持以“物”为本，仅仅追求经济的增长、GDP 的增长，而是坚持以“人”为本，更加注重民众的幸福；不再片面追求政绩，而是更加注重为民谋实惠，让民众共享改革开放成果。相应地，就要求建立服务型政府决策机制必须落实以人为本、执政为民的指导思想。

2. 科学决策、民主决策、依法决策

这是建立服务型政府决策机制的基本要求。建立服务型政府决策机制，是为了在机制层面保障政府得以做出正确的决策，因此，必须坚持科学决策、民主决策、依法决策有机的统一。三者之中，民主决策是前提，科学决策是实质，依法决策是保障。没有民主决策作为前提，科学决策是虚幻的；只有以民主决策为前提，科学决策才有可能，也只有科学决策，正确的决策才有可能，因此科学决策是建立服务型政府决策机

① 《关于深化政务公开加强政务服务的意见》（中办发〔2011〕22 号），首次在中央文件明确提出“建立健全体现以人为本、执政为民要求的决策机制”。

制的实质；而依法决策分别从实体与程序两个方面，为实现民主决策、科学决策提供了必要的法制保障。

3. 公众参与、专家论证与政府决定相结合①

这是建立服务型政府决策机制的实现方式。要建立服务型政府决策机制，必须在行政决策向民众参与开放的前提条件下，通过行政决策程序的重理，把公共参与机制嵌入行政决策过程。行政决策的公共参与，也就是行政决策的民众参与。在我国，为区别专家参与和普通民众参与发挥作用的不同，行政决策的民众参与，进一步细分为公众参与（其实即普通民众参与）和专家论证。因此，建立服务型政府决策机制的实现方式，在我国就特指公众参与、专家论证与政府决定相结合。

显然，建立服务型政府决策机制，关键是做到公众参与、专家论证与政府决定相结合，并使之符合科学决策、民主决策、依法决策的基本要求，从而落实以人为本、执政为民的指导思想。换句话说，建立服务型政府决策机制，关键是在行政决策向民众参与开放的前提条件下，通过行政决策程序的重理，把公共参与机制嵌入行政决策过程，不断增强公共参与度，推动行政决策过程中的官民互动从“单向不对称互动”趋向“双向对称互动”，凸显官民“对话”的“官与民决”特征，由此使各地政府得以做出正确的决策，提高决策的公信力和执行力，最终确保在公共服务安排上“做好事”并“把好事做好”。

（二）建立服务型政府决策机制的进展

自20世纪90年代末以来，特别是自党的十六大以来，随着我国政

① 中央文件一般表述为“建立健全公众参与、专家论证与政府决定相结合的行政决策机制”，但“建立健全公众参与、专家咨询、风险评估、合法性审查和集体讨论决定的决策程序”的表述，也出现在《十二五规划纲要》和2011年11月13日胡锦涛在美国夏威夷出席亚太经合组织第十九次领导人非正式会议发表的题为“转变发展方式 实现经济增长”的讲话中。本章对“专家论证”与“专家咨询”不加区别。

府由经济建设型政府向服务型政府转型，中央与地方采取“自上而下”与“自下而上”相结合的方式，积极推动行政决策的公共参与，而且机制建设先行，逐渐明晰了建立服务型政府决策机制的路线图，即：以“以人为本、执政为民”为指导思想，以“科学决策、民主决策、依法决策”为基本要求，以“公众参与、专家论证与政府决定相结合”为实现方式。目前，建立服务型政府决策机制的进展，主要表现在法制建设与实践探索两个方面。

1. 法制建设

一是在行政决策程序法制建设方面，把引入公共参与作为完善行政决策程序的方向；二是在政务公开法制建设方面，推动政府信息公开和行政决策公开。

（1）行政决策程序法制建设。加强行政决策程序法制建设，一直是我国推进依法行政和建设法治政府的重要内容之一。

为推进依法行政和建设法治政府，中央先后颁布《全面推进依法行政实施纲要》（国发〔2004〕10 号）、《关于加强市县政府依法行政的决定》（国发〔2008〕17 号）、《关于加强法治政府建设的意见》（国发〔2010〕33 号）等纲领性文件。

关于加强行政决策程序法制建设，这些纲领性文件，始终致力于“建立健全公众参与、专家论证和政府决定相结合的行政决策机制”，而“公众参与”、“专家论证”即属于公共参与范畴，这表明，引入公共参与已成为我国完善行政决策程序的方向，并聚焦于重大行政决策，以完善重大行政决策程序作为推动行政决策公共参与的重点，明确重大行政决策事项中“专业性较强”的应经专家论证，而“社会涉及面广、与人民群众利益密切相关”的应听取公众意见。在此基础上，进一步提出，“把公众参与、专家论证、风险评估、合法性审查和集体讨论决定作为重大决策的必经程序”,[1] 这预示着重大行政决策公共参与原则的确立。由此，重大行政决策公共参与，对政府而言，已由“弱义务性”规定变成了“强义务性”规定；而且，“公众参与”、“专家论证”，已成为进行重大行政决策在程序上必须同时具备的必要条件。

在中央纲领性文件指导下，不少地方陆续出台了各自关于重大行政决策程序的专门规定。截止到2013年年底，共计有地方政府规章12件(失效2件)，地方政府规范性文件91件。这些专门规定，基本贯彻了重大行政决策公共参与原则。比如，我国第一部专门规范行政程序的政府规章《湖南省行政程序规定》(湖南省人民政府令第222号，2008/4/17)强调，重大行政决策未经“调查研究、专家论证、公众参与、合法性审查、集体研究”应行政问责；《杭州市人民政府重大行政事项实施开放式决策程序规定》(杭州市人民政府令第252号，2009/8/6)指出，市政府重大行政事项应当实施“开放式决策”，依法不得公开或不宜公开的事项除外；《广州市重大行政决策程序规定》(广州市人民政府令第39号，2010/10/18)明确，重大行政决策应当遵循“公众参与、专家论证、风险评估、合法性审查和集体决定”相结合的行政决策机制。不过，相比中央“把公众参与、专家论证、风险评估、合法性审查和集体讨论决定作为重大决策的必经程序”的表述，地方类似规定，对政府而言仅是“弱义务性”规定，而且，未直接表明，“公众参与”、“专家论证”，是进行重大行政决策在程序上必须同时具备的必要条件。

此外，有的地方，还进一步对行政决策公共参与方式，做了专门规定。比如《深圳市人民政府重大决策公示暂行办法》(深圳市人民政府

---

① 《关于加强法治政府建设的意见》(国发〔2010〕33号)首次在中央文件中明确提出，“把公众参与、专家论证、风险评估、合法性审查和集体讨论决定作为重大决策的必经程序”。这一提法，在《关于深化政务公开加强政务服务的意见》(中办发〔2011〕22号)中也再次被强调。

令第154号，2006/6/15）、《广州市重大民生决策公众征询工作规定》（穗府办［2010］42号）以及《广州市重大行政决策听证试行办法》（穗府办［2011］32号）、《湖南省人民政府重大行政决策专家咨询论证办法》（湘政办发［2011］41号）等。

目前，中央关于包括行政决策程序在内的行政程序的立法还是空白，《重大行政决策程序条例》正在起草之中。尽管如此，中央和地方在行政决策程序尤其是重大行政决策程序法制建设方面，明确了行政决策公共参与原则，从而为民众参与行政决策尤其是重大行政决策打开了大门。

（2）政务公开法制建设。在我国，政府信息公开和行政决策公开，既是依法行政和法治政府建设的重要内容，也是政务公开的重要内容。

中央在颁布《全面推进依法行政实施纲要》（国发〔2004〕10号）、《关于加强市县政府依法行政的决定》（国发〔2008〕17号）、《关于加强法治政府建设的意见》（国发〔2010〕33号）的同时，为加强政务公开，先后印发《关于进一步推行政务公开的意见》（中办发〔2005〕12号）、《关于深化政务公开加强政务服务的意见》（中办发〔2011〕22号）。这些文件的出台，推动了我国政府信息公开和行政决策公开的法制建设。

在我国，为政府信息公开立法，地方先行一步。具有代表性的是广州市和上海市。广州市是我国第一个对政府信息公开进行立法的城市，于2003年1月1日正式实施《广州市政府信息公开规定》（广州市人民政府令第8号，2002/11/6），该规定确立了较为科学的内容框架。2004年5月1日，《上海市政府信息公开规定》（上海市人民政府令第19号，2004/1/20）正式实施，成为我国第一个推行政府信息公开制度的省级政府。与《广州市政府信息公开规定》相比，《上海市政府信息公开规定》内容框架更为详细、更具可操作性，并为以后其他省市政府信息公开立法所效仿。尤其引人注目的是，《广州市政府信息公开规定》明确规定政府信息“以公开为原则，不公开为例外”；而《上海市政府信息公开规定》虽然没有出现政府信息“以公开为原则，不公开为例外”的文字，但也体现了这一精神，提出“除本规定第十条所列依法免予公开的外，凡与经济、社会管理和公共服务相关的政府信息，均应予以公开或者依申请予以提供。”①

在地方先行先试的基础上，国务院于2007年颁布《政府信息公开条例》(国务院令第492号，2007/4/5)。该条例根据公开的方式，把政府信息公开分为主动公开和依申请公开，明确了政府信息主动公开的4项基本要求，规定了县级以上人民政府及其部门应当重点主动公开的15类政府信息，乡（镇）人民政府应当重点主动公开的8类政府信息。同时，该条例还设置了依申请公开制度，以满足公民、法人或者其他组织自身生产、生活、科研等特殊需要。

虽然《全面推进依法行政实施纲要》（国发〔2004〕10号）即提出，“除涉及国家秘密和依法受到保护的商业秘密、个人隐私的事项外，行政机关应当公开政府信息”；《关于进一步推行政务公开的意见》(中办发〔2005〕12号）也提出，“对各类行政管理和公共服务事项，除涉及国家秘密和依法受到保护的商业秘密、个人隐私之外，都要如实公开。”但《政府信息公开条例》在总则上并没有写入政府信息“以公开为原则、不公开为例外”的条款。不过政府信息“以公开为原则、不公开为例外”，仍然是中央推动政府信息公开的方向。在《政府信息公开条例》颁布之后，中央后续出台的《关于加强法治政府建设的意见》

① 《上海市政府信息公开规定》(上海市人民政府令第19号，2004/1/20）已失效，新修订的《上海市政府信息公开规定》(上海市人民政府令第2号，2008/4/28)，表述得更加直接明了——“依法免予公开的外，其他政府信息则予以公开”。

（国发〔2010〕33号）明确提出，“坚持以公开为原则、不公开为例外，凡是不涉及国家秘密、商业秘密和个人隐私的政府信息，都要向社会公开”。这是政府信息公开应“以公开为原则、不公开为例外”首次出现在中央文件中。紧接着出台的《关于深化政务公开加强政务服务的意见》（中办发〔2011〕22号），也明确提出，“按照公开为原则、不公开为例外的要求，及时、准确、全面公开群众普遍关心、涉及群众切身利益的政府信息。”

除了政府信息公开，行政决策公开也是依法行政和法治政府建设以及政务公开的重要内容。《全面推进依法行政实施纲要》（国发〔2004〕10号）、《关于进一步推行政务公开的意见》（中办发〔2005〕12号）、《关于加强市县政府依法行政的决定》（国发〔2008〕17号）、《关于深化政务公开加强政务服务的意见》（中办发〔2011〕22号）等中央文件，都对行政决策公开作了规定，倡导增强行政决策透明度和公众参与度；提出逐步扩大行政决策公开的领域和范围，推进行政决策过程和结果公开；强调除依法应当保密的外，决策事项、依据和结果要公开，而且行政决策程序、方法也要公开。尤其是《关于进一步推行政务公开的意见》（中办发〔2005〕12号）提出，“积极探索通过社会公示、听证和专家咨询、论证以及邀请人民群众旁听政府有关会议等形式，对行政决策的过程和结果予以公开”。这实际点明行政决策公开应是全程公开。《湖南省行政程序规定》（湖南省人民政府令第222号，2008/4/17）也有类似规定，强调“行政机关应当将行使行政职权的依据、过程和结果向公民、法人或者其他组织公开，涉及国家秘密和依法受到保护的商业秘密、个人隐私的除外。”

行政决策公开与政府信息，既相互区别又相互联系，行政决策公开更具动态性。行政决策公开，不仅要求结果公开，而且要求过程公开。

这对政府信息公开的及时性提出了更高要求。目前，我国关于包括行政决策公开在内的行政公开立法还是空白，但《政府信息公开条例》在总则中规定“行政机关应当及时、准确地公开政府信息”，这有助于推动行政决策过程公开。

总之，政务公开的法规建设，推动了政府信息公开以及行政决策公开，事实上使政府信息公开成为政府义务，有利于兑现民众的知情权，而知情是民众参与行政决策的必要条件之一，它使民众有效参与行政决策成为可能。

2. 实践探索

在中央的推动下，不少地方在建立服务型政府决策机制方面，进行了各具特色的探索。代表性的有：浙江温岭的“民主恳谈”、上海浦东的“民声决策机制”、浙江杭州的“开放式决策”等。其中，浙江省杭州市的“开放式决策”尤为典型。

从1999年开始，杭州市把民主作为发展动力，把民生作为发展重点，实施“民主民生”战略，积极探索“以民主促民生”决策机制。“开放式决策”即是杭州市政府在以往民主决策基础上的进一步创新。2009年，杭州市政府制定了《杭州市人民政府重大行政事项实施开放式决策程序规定》，为“开放式决策”提供了法制保障。

所谓“开放式决策”，是指政府就公共服务和公共管理决策事项，从草案的提出、方案的讨论、决策会议的举行、决策实施和反馈等全过程向市民与媒体开放，并依法组织公众有序参与的决策机制。

“开放式决策”的主要特征是：（1）公开。包括会前公示、会议直播、决策结果会后公布。（2）透明。包括决策程序透明、决策过程透明、决策成果透明。（3）参与。包括公众现场参与、视频连线参与、网络论坛参与等。（4）互动。包括现场互动、视频互动、网上论坛互动。

市民有权对政府决策发表赞成或不赞成的意见，政府则予以吸收、采纳与回应。

“开放式决策”的主要做法是：（1）决策前广泛征求意见。公民、法人或其他组织，依照规定程序，向市人民建议征集办公室提出决策建议。政府部门在决策调研过程中，通过多种方式征求公众和专家意见，制定决策草案。（2）决策中扩大参与互动。政府常务会议审议决策，除邀请市人大代表、政协委员与专家参加外，市民也可报名参加，报名人数较多时按一定名额比例抽选。未抽到的市民，可通过互联网或短信参与决策。（3）决策后加强反馈与评估。决策事项承办单位，一般在市政府常务会议后3个工作日内，对市民意见通过网站作在线答复，并适时对重大决策执行进行评估。

杭州市政府“开放式决策”实践，是一个政府决策逐步开放的过程，即：决策领域逐步拓展、决策层次逐步提升、社会参与度逐步扩大。尤其令人瞩目的是，杭州市政府在全国首创政府常务会议邀请市民参加并实行网络直播，使行政决策公开从事后公开变为全过程公开，扩大了行政决策开放程度。

总之，杭州市政府通过实行“开放式决策”，把以往少数人决策，变成公开透明的公众参与式决策，以民主促民生，将“自上而下”的政府决策与“自下而上”的民众参与有机结合起来，从而实现从“老百姓有权知道政府在干什么”上升到“老百姓有权参与政府决策干什么”，让民意切实融入政府决策，推动民生问题的解决，提高了政府决策的公信力和执行力，节约了政府决策实施的成本。因此，尽管杭州市政府“开放式决策”依然处于完善的过程中，但已成为我国探索建立服务型政府决策机制的一个标杆。[①]

二、建立服务型政府决策机制的影响因素及目前存在的问题

本节首先探讨建立服务型政府决策机制的影响因素，然后分析我国建立服务型政府决策机制目前存在的问题。

（一）建立服务型政府决策机制的影响因素

建立服务型政府决策机制的实现方式是公众参与、专家论证与政府决定相结合。其实质是在行政决策向民众参与开放的前提条件下，通过行政决策程序的重理，把公共参与机制嵌入行政决策过程，从而重构新型官民互动关系和互动方式，不断增强公共参与度，推动官民互动从"单向不对称互动"趋向"双向对称互动"，凸显官民"对话"的"官与民决"特征。影响这一进程的因素，就是影响服务型政府决策机制建立的因素。

1. 行政决策过程

根据一般行政决策理论，并结合我国行政决策实际，以方案决定环节即狭义决策为界限，我国行政决策过程可划分为三个阶段六个环节。

（1）决策前阶段。方案决定环节之前的行政决策过程，即为决策前阶段，它包括三个环节。

一是问题的认定。这一环节是行政决策过程的起点，涵盖问题的发现和问题的明确。问题的发现，指对问题的察觉；问题的明确，指进一

① 参见朱军：《"开放式决策"助推政务公开向纵深发展》，《中国监察》2010 年第 17 期；《"开放式决策"让民意领跑政府》，"中国城市管理进步奖"申报材料。蔡奇：《推进开放式决策打造阳光政府》，《行政管理改革》2009 年第 3 期。

步对问题的性质、范围以及涉及领域和相关利益关系的界定。问题认定的结果，是决策事项建议的形成。

二是议程的纳入。这一环节，指政府决定是否把决策事项建议纳入议事日程，也就是决定是否启动决策程序。

三是方案的酝酿。这一环节，指围绕决策事项，拟定决策方案草案或备选方案，涵盖决策目标的提出、方案的设计及方案的论证。

（2）决策中阶段。方案决定环节，即狭义决策，构成了决策中阶段。这一环节，指政府审议决策方案草案或备选方案，并做出通过、不予通过、修改、暂缓或者再次审议的决定；若通过，则形成正式决策方案。

（3）决策后阶段。方案决定环节之后的行政决策过程，即为决策后阶段，它包括两个环节。

一是方案的实施。这一环节，指执行主体对正式决策方案的落实。

二是方案实施的监督与评估。这一环节，涵盖对方案实施过程的监督以及对方案实施效果的评估。对方案实施过程的监督，指对方案实施过程的监控和督导，即在正式决策方案形成之后和实施之中，决策主体或监督主体进行督促检查，目的在于提高决策方案的执行力。对方案实施效果的评估，也称“决策后评估”，指决策方案实施一段时间后，对决策方案的成效进行评估，目的在于通过发现问题、诊断问题，完善、调整或者终止决策方案。

2. 行政决策过程公共参与机制的嵌入

在行政决策向民众参与开放的前提条件下，通过行政决策程序的重理，把公共参与机制嵌入行政决策过程，表现为公共参与度的增强。行政决策公共参与度，不仅包括公共参与广度（width）和深度（depth），还包括公共参与梯度（level）。[①]

（1）公共参与广度。行政决策公共参与广度，既指参与客体——行政决策事项的范围大小，也指参与主体——参与行政决策的民众的范围大小。

行政决策，因其日益彰显的“公共性”和日益突出的“复杂性”，再加上当今知识社会“知识分散性”的特征和民众权利意识的增强，如果仍然完全依赖政府官员以及内部智囊和智库的智慧，则无以保证其正确性，也无以保证其公信力和执行力。因此，行政决策应向民众参与开放。而且，参与客体的范围，即行政决策事项范围，除依法不得开放或不宜开放的，[②] 应是全部；参与主体的范围，即参与行政决策的民众的范围，应是全体相关者。

需要说明的是，向民众参与开放的行政决策事项，不是抽象的决策事项，而是实践中特定时空条件下的具体决策事项。这些具体决策事项，一般根据其影响范围大小及性质的不同，分别由不同层级或不同部门的特定政府负责决策。[③] 因此，向民众参与开放的行政决策事项，具有“分级分类”的特征，总是与特定政府相关。所以，对特定政府而言，在特定时空条件下，其向所在地区民众参与开放的行政决策事项，总是

---

① 测量行政决策公共参与度，一般指测量公共参与广度和深度。如王小虎和沃特（Montgomery Wan Wart）认为，参与方式的多样化和参与领域的范围大小，可以测量参与的广度，而利益相关者卷入决策过程中目标设置以及方案决定、实施和评估等环节的程度，可以测量参与的深度（参见 Xiaohu Wang，Montgomery Wan Wart，“When Public Participation in Administration Leads to Trust”，Public Administration Review，March / April 2007）。但仅测量公共参与广度和深度，忽略了对公共参与水平高下的测量，所以引入公共参与梯度概念，使测量行政决策公共参与度更完整。

② 依法不得开放或不宜开放的情形，指紧急状况，或涉及国家秘密，或涉及依法受到保护的商业秘密、个人隐私（但权利人同意开放或者不开放可能对公共利益造成重大影响的除外），或其他开放的潜在公共危害大于公共利益的情形。

③ 需指出的是，由于行政决策总是根据决策事项内容的不同，分别由不同层级、不同部门的政府做出，这里“政府”不一定是指中央政府，也包括中央政府的各个部门、地方各级政府以及地方政府的各个部门。

具体的，其范围也是有限的。

同样，参与行政决策的民众，也不是指抽象的全体民众，而是指与具体行政决策事项相关的特定民众。既然行政决策事项具有分级分类的特征，总是与特定政府相关，那么，在特定时空条件下，参与具体行政决策事项的民众，必然是特定政府所在地区与具体行政决策事项相关的特定民众，显然，其范围也是有限的。参与行政决策的民众，可区分为利害关系人和专业知识关系人。利害关系人，指那些可能受某一具体行政决策影响的人，这些人既可以是利益相同的人，也可以是利益相互冲突的人。专业知识关系人，指那些与某一具体行政决策没有直接利害关系，但拥有与该决策试图解决的问题相关的专业学科知识的人，即专家，而且这些专家既可能认识相同，也可能存在认识分歧。[①]

行政决策公共参与，贵在给予相关民众平等的参与机会，以听取尽可能多的不同“声音”。而相关民众参与行政决策，总是与相应的参与方式（participation mode）相联系。因为相关民众彼此之间存在差异，主客观条件不同，因此适合各自的参与决策的方式必然不同。为了使相关民众得以平等参与，必须根据决策事项的内容和相关者的特点，组合运用多种参与方式，为行政决策相关者提供充分的选择空间，使相关者特别是弱势群体都能选择到与之相适应的参与方式，从而方便其参与。这就是参与方式的可获得性（availability）。否则，会因参与方式可选择空间的有限性，把部分相关人特别是弱势群体屏蔽在参与之外。比如，基于网络与通信技术（Internet and Communications Technology）的公众参与，必须考虑客观存在的数字鸿沟（Digital Divide），否则将排斥那些不拥有或不掌握信息时代工具的人参与行政决策，像一些年老者、文化程

---

① 需要说明的是，利害关系人也拥有知识，包括价值知识和事实知识，不过与专业知识关系人相比，在多数情形下，利害关系人拥有的知识，不是专业学科知识而是经验知识。

度不高的人、低收入者等。参与方式的可获得性，大体可以反映出参与行政决策的相关民众的范围大小。

（2）公共参与深度。行政决策公共参与深度，指民众参与行政决策卷入决策过程的程度。前文已经提到，行政决策过程包括三个阶段，即决策前阶段、决策中阶段和决策后阶段。民众参与发生在行政决策过程什么阶段，反映民众卷入决策过程的程度深浅不一，也反映了行政决策过程向民众参与开放程度的大小。

对民众参与行政决策而言，决策后阶段的公共参与，因方案决定环节已完成，民众卷入决策过程的程度较浅；决策前阶段的公共参与，因方案决定环节还未启动，民众卷入决策过程的程度较深；决策中阶段的公共参与，因介入方案决定环节，民众卷入决策过程的程度最深。

行政决策过程中，方案决定环节即决策中阶段，涉及核心决策权力，因此政治敏感度最强，向民众参与开放的难度系数也最大。行政决策过程向民众参与开放，一般始于决策后阶段，然后拓展至决策前阶段，最后再拓展至决策中阶段，相应地民众卷入决策过程的深度也逐步增强。民众参与行政决策，从行政决策过程而言，应是全程参与。

（3）公共参与梯度。行政决策公共参与梯度，指民众参与行政决策与政府分享权力的程度。因分享权力程度不同，民众参与行政决策由低到高被划分为不同位阶。这是从权力的角度研究行政决策公共参与。美国学者安斯汀（Sherry R. Arnstein）在这方面做出了开创性的贡献。

安斯汀认为，公民参与属于公民权利范畴，公民参与是权力再分配过程和权力分享过程。由此，她根据参与过程中公民权利对最终结果作用的大小，把公民参与从低到高划分为八个位阶，即："操纵"（manipulation）、"训导"（therapy）、"告知"（informing）、"咨询"（consultation）、"安抚"（placation）、"合作"（partnership）、"授权"（delegated

或不作为。[1] 赋予民众行政决策参与权利，就是赋予民众参与行政决策的“资格”，“可以”参与行政决策。这相当于给予民众参与行政决策的“入场券”或“通行证”。但同为“入场券”或“通行证”，由于其使用范围不同，其“含金量”也不同。因此，赋予民众行政决策参与权利，必须明晰权利范围，权利范围不同，民众参与行政决策的权利大小不同。显然，民众是否被赋予参与行政决策权利以及参与行政决策权利范围大小，影响行政决策向民众参与开放的程度，亦即成为影响服务型政府决策机制建立的前提性因素。

赋予民众参与行政决策权利，对政府而言就是向民众开放行政决策的义务，就是限制政府决策权。而且，赋予民众参与行政决策权利范围越大，对政府决策权的限制就越强，就越有利于行政决策向民众参与开放。而明晰民众参与行政决策权利范围，涉及民众参与客体——行政决策事项的范围、参与主体——相关民众的范围、参与深度——卷入行政决策过程的范围。因政府对行政决策权的垄断，为有效推动行政决策向民众参与开放，行政决策应以公共参与为原则，即：除依法不得开放或不宜开放的情形外，全部行政决策事项、行政决策全过程，应向全体相关民众开放。对依法不宜开放的情形，政府须说明理由并可问责。而且，当民众参与行政决策的权利受到侵犯时，必须有相应的权利救济措施予以保障。只有如此，民众才能以行政决策参与权利制约政府决策权。否则，会因民众参与行政决策权利的模糊性及权利救济措施的缺失，民众行政决策参与权利对政府行政决策权的约束，只能是一种“软约束”，民众参与行政决策将被认为是政府的“恩赐”。

（2）过程性因素。行政决策向民众参与开放，仅使民众参与行政决

① 郭道晖：《社会权力：法治新模式与新动力》，《学习与探索》2009 年 05 期。

策成为可能，而要真正建立起服务型政府决策机制，还必须通过行政决策程序的重理，把公共参与机制嵌入行政决策过程，从而重构官民互动关系和互动方式，不断增强公共参与度，推动官民互动从“单向不对称”趋向“双向对称互动”，凸显官民“对话”的“官与民决”特征。影响官民互动从“单向不对称”趋向“双向对称互动”的因素，就构成了影响服务型政府决策机制建立的过程性因素。过程性因素主要包括：行政决策过程中官民互动的信息不对称和权力不对称。

行政决策过程中官民互动的信息不对称，指在行政决策过程中，因政府信息“内部循环”和“对外隔绝”传统特征的路径依赖作用，政府垄断政府信息，具有先天的信息优势，表现为政府的保密权，而民众具有先天的信息劣势。民众要有效参与行政决策，当然必须“知情”，而知情的前提是政府信息公开。这就必须赋予民众知情权利。赋予民众知情权利，对政府而言，就是公开政府信息的义务，限制政府的保密权。民众知情权利范围越大，越有利于消除官民互动信息不对称。而且，民众参与行政决策，还要求行政决策公开。前文提到，行政决策公开与政府信息，既相互区别又相互联系，行政决策公开更具动态性。行政决策公开，不仅要求结果公开，而且要求过程公开。因此，为了便于民众参与行政决策参，政府信息公开不仅是结果性信息公开，而且过程性信息也要公开；不仅是事后公开，而且要求事前、事中公开，即全过程公开。所以，为了打破政府对政府信息的垄断，政府信息公开应“以公开为原则，不公开为例外”，即：政府信息除依法不能或不宜公开的情形以外，应全面、准确、及时公开。而且，政府做出不公开的决定时，应规定政府必须说明不公开的理由并接受民众的问责。当民众知情权利受到侵害时，应有完善的权利救济措施。只有如此，民众才能以知情权利制约政府保密权。否则，会因政府信息公开不全面、不准确、不及时，行政决策过程官民互动趋向“双向对称互动”成为幻想。因此，是否赋予民众知情权利以及知情权利范围大小，构成了影响行政决策过程中官民互动信息不对称的因素。

行政决策过程中官民互动的权力不对称，指在行政决策过程中，政府垄断行政决策权，政府相对于民众具有先天的权力优势。民众被赋予行政决策参与权利，仅仅意味着民众有“资格”参与行政决策，并不能改变行政决策过程中官民互动的权力不对称。权力同权利的区别是，权力“能够”（有资格与能力）以自己的“强制力”作为或不作为；权利则只是“可以”（有资格）作为或不作为，权利主体自身没有或不容许直接对他人实施强制力以实现其权益。[①] 政府垄断的行政决策权力，是一种国家权力，也是高度组织化的权力。民众参与行政决策要做到有能力作为或不作为，必须不仅要被赋予参与权利，还要具有参与权力。这种参与权力是“社会权力”。社会权力不同于个人私权利，它不只是有资格可以作为或不作为，而且在一定条件下能够通过集合有共同意志和利益与价值观的群体，共同行使其权利，从而形成一股社会势力（社会强制力）去影响和支配其对象，使之顺从于他们的意志而作为或不作为。比如，对国家机构和对其他社会组织和公民个人行使其影响力、支配力。[②] 这种社会权力的核心就是民众的“自组织性”，即民众可以通过自下而上建立社会组织行使其权利的属性，也就是民众的“结社权”。民众参与行政决策，要形成对政府的影响力、支配力，既要壮大自身力量，也要有相应的参与体制机制作为支撑。民众以社会组织的形式参与行政决策，相对于“原子化”的个人参与，能形成“组织化”的声音，否则，不足以制约政府这一高度组织化的力量。而参与体制机制，则为民

---

① 郭道晖，《社会权力：法治新模式与新动力》，《学习与探索》2009 年 05 期。
② 郭道晖：《社会权力：法治新模式与新动力》，《学习与探索》2009 年 05 期。

众提供了影响、支配政府的渠道。前文提到，体制与机制，既相互区别又相互联系。体制指结构，机制指过程，根据系统理论，结构决定功能，过程实现功能，所以系统功能表现出来的水平高下，既取决于体制，也取决于机制，但体制的作用具有基础性。所以，要实现民众有效参与行政决策的功能，既要加强民众参与行政决策的体制机制建设，也要落实民众的结社权，发挥民众的“自组织性”，允许民众自下而上建立社会组织。这一过程，就是使参与权不仅仅是“权利”而且是“权力”的“充权”（empower）过程。因此，民众参与行政决策，不仅要在机制上，通过行政决策程序的重理，把公共参与机制嵌入行政决策过程，而且要重视民众自下而上建立社会组织的“自组织性”，通过社会组织建设加强民众自身的力量；同时，在体制上，通过行政决策体制的变革，把民众参与权嵌入到行政决策权力结构中，从而重构行政决策权力结构，明确民众参与决策角色及其权力配置。[①] 因此，要改变行政决策过程中官民互动的权力不对称，民众参与行政决策的机制建设固然重要，但必须辅以民众的社会组织建设和民众参与行政决策的体制建设，否则，仅仅依赖民众参与行政决策的机制建设，不足以形成以社会权力制约政府行政决策权的制衡格局，行政决策过程中官民互动趋向“双向对称互动”同样也是幻想。因此，参与体制机制建设、社会组织建设，是向民众“充权”重要方式，决定了民众参与权力的大小，构成了影响行政决策过程中官民互动权力不对称的因素。

---

① 王锡锌认为，尽管决策的过程是重要的，但如果决策过程的参与者在决策体制结构中并不享有决策权或者对决策权行使不能产生结构性制约，那么参与过程对决策结果的意义将会是相当有限的，不论这种参与程序在规则上如何设计。参见王锡锌：《公共决策中的大众、专家与政府——以中国价格决策听证制度为个案的研究视角》，《中外法学》2006 年第 4 期。

（二）建立服务型政府决策机制目前存在的问题

目前，我国各地方政府已经认识到行政决策公共参与的必要性和重要性，在行政决策过程中注意吸纳民众参与，尝试建立公众参与、专家论证与政府决定相结合的行政决策机制。但遗憾的是，成功的案例少，失败的案例多。仔细分析，虽然各地政府在建立服务型政府决策机制的探索中，选择了正确的实现方式——公众参与、专家论证与政府决定相结合，但普遍存在公共参与开放性与有效性不足并存的问题。

1．表现

行政决策公共参与开放性不足，表现为行政决策公共参与广度、深度有限；行政决策公共参与有效性不足，表现为行政决策公共参与梯度有限。具体如下：

（1）公共参与广度有限。目前，我国民众参与行政决策的广度，虽有增强但仍然有限。

一是向民众参与开放的行政决策事项范围有限。目前，各地政府向所在地区民众参与开放的行政决策事项，仅限于重大决策事项。重大决策事项，相对于非重大决策事项即一般决策事项而言。但重大决策事项的“重大”本身，具有抽象性、模糊性、相对性的特征。重大决策事项与一般决策事项的边界并不清晰。因此，各地政府关于重大行政决策的界定，仅仅是原则性的描述，一般指关系本行政区域经济社会发展全局，社会涉及面广，与公民、法人和其他组织利益密切相关的行政决策。对重大决策事项范围的界定，也只是通过简单的列举加兜底条款的方式加以明确，没有可量化的标准。一项行政决策是不是属于重大决策范畴，实际上往往取决于政府的判断，政府拥有缺乏必要约束的自由裁量权。由此，除了一般行政决策被排斥在必须实施公共参与之外，名义上应向民众参与开放的重大决策事项范围，也会因政府缺乏必要约束的自由裁量权，存在“缩水”的可能。

二是参与具体行政决策的相关民众范围有限。目前，尽管《关于加强法治政府建设的意见》（国发〔2010〕33 号）和《关于深化政务公开加强政务服务的意见》（中办发〔2011〕22 号）等中央纲领性文件，已明确提出把“公众参与”、“专家论证”作为重大决策的必经程序，但各地出台的地方关于重大行政决策程序的规定，并没有做出如此严格的表述。而且，地方关于重大行政决策程序的规定，虽然强调公共参与的广泛性和代表性，但如何根据决策事项的内容和相关民众的特征选择恰当的参与方式，仅有原则规定，没有清晰标准，也没有严格的操作规范。实践中，各地政府更重视发挥专家论证作用，因此，在民众参与上，与普通民众参与相比，更重视专家参与，有时甚至以专家参与取代普通民众参与。在专家参与中，政府往往优先考虑“体制内”专家而不是“体制外”专家，专家库的构成上，组织推荐的代表多于自愿报名的代表。在普通民众参与中，经常出现自愿报名产生的代表占比偏少、组织推荐和政府邀请的民众代表占比偏多的情形。反映在参与方式的选择上，各地往往主要考虑如何方便政府决策，而不是如何方便民众参与。本来法规规定的公共参与方式就有限，比如，专家论证的方式仅包括：咨询会、论证会或者书面咨询等；普通民众参与方式仅包括：公示，讨论会、座谈会、协商会、论证会、听证会，民意调查等。再加上在选择什么参与方式，以及具体参与方式如何组织上，往往由政府单方决定，参与方式具有“临时化”和“随意化”的特征。由此，提供给民众的参与方式选择空间十分有限。这实际上就有可能把一部分弱势群体或与政府意见不一致的普通民众代表或专家代表排斥在公共参与之外，并没有实现公共参与的广泛性和代表性。正因为民众在参与方式的可获得性方面严重受限，相关民众参与的范围也有限，所以，民众往往有“被代表”的感觉。

（2）公共参与深度有限。目前，我国民众参与行政决策的深度，虽不断增强但仍然有限。

推进行政决策公开，既是我国依法行政和法治政府建设的重点，也是政务公开的重点。而且，推进行政决策公开，不仅指推进行政决策结果公开，而且指推进行政决策过程公开。《关于进一步推行政务公开的意见》（中办发〔2005〕12 号）明确提出：“积极探索通过社会公示、听证和专家咨询、论证以及邀请人民群众旁听政府有关会议等形式，对行政决策的过程和结果予以公开”。这意味着即使是决策中阶段也应向民众公开。相应地，这也预示着我国行政决策过程公开应是全程公开，民众参与行政决策应是全程参与。

各地案例表明，民众参与行政决策过程的深度，已从决策后阶段拓展至决策前阶段。早期，各地方政府仅仅是在决策后阶段实施结果公开，现在则更加注意在决策前阶段广泛听取专家和普通民众的意见。但决策中阶段的民众参与，鲜有地方涉及。虽然也有地方作出政府会议向民众开放的规定，比如，《湖南省行政程序规定》（湖南省人民政府令第 222 号，2008/4/17）规定，“行政机关召开涉及公众切身利益、需要公众广泛知晓和参与的行政会议，可以公开举行，允许公民、法人或者其他组织出席旁听。但是会议内容涉及依法不应公开的政府信息的，不得公开举行”，但不仅做出这样的规定而且真正践行的个案屈指可数，杭州“开放式决策”是民众全程参与行政决策的一个典型。

《杭州市人民政府重大行政事项实施开放式决策程序规定》（杭州市人民政府令第 252 号，2009/8/6）第十六条规定，“除依法不得公开或公开后不利于决策实施和社会稳定的决策事项外，市政府常务会议审议开放式决策事项应当通过‘中国杭州’政府门户网站、广播电视、无线通信等方式进行直播，并与市民代表通过互联网、电话等开展互动，听取意见和建议”；第十八条规定，“市政府常务会议审议开放式决策事项时，应当邀请市人大代表、市政协委员和市民代表列席会议，并听取其意见和建议。政府常务会议审议决策，除邀请市人大代表、政协委员与专家参加外，市民也可报名参加，报名人数较多时按一定名额比例抽选。未抽到的市民可通过互联网或短信参与决策”。这已明确方案决定环节即决策中阶段应向民众公开。为此，杭州市政府专门出台了《杭州市人民政府开放式决策有关会议会务工作实施细则（试行）》（杭政办函〔2009〕99号）。该实施细则规定，“市政府常务会议在研究事关民生等重大议题时（除依法不得公开或不宜公开的内容外），均应按照开放式决策程序的有关规定，邀请相关组织代表、个人代表列席会议，并通过市政府门户网站等媒体进行视频直播，实行全程公开、开放决策，积极吸纳市民的意见建议”。而且，到目前为止，杭州市政府开放式决策，已成功进行了多次实践。

当然，杭州市政府“开放式决策“，毕竟凤毛麟角，我国民众参与行政决策，绝大多数仍然属于“非全程参与”。但民众卷入行政决策过程的深度，从决策后阶段拓展至决策前阶段，对于我国而言，也是一个极大的进步。

决策前阶段包括问题认定、议程纳入、方案酝酿环节。目前，方案酝酿环节公共参与最为充分。民众参与方案酝酿表现为，决策承办单位，在起草方案草稿或备选方案时，除了在政府内部进行酝酿外，还“开门纳谏”，“问计于民”，不仅问计于专家，也问计于普通民众，广泛听取、充分吸收各方面意见，从而汇集民智。

而且，决策后阶段的公共参与也呈现出新的特点。决策后阶段包括方案的实施、方案实施的监督与评估等环节。民众参与方案实施表现为，民众以个体或社会组织的方式，参与一般由政府执行机构负责组织落实的方案的执行，发挥社会力量和市场机制的作用，实现公共服务提供主体的多元化和提供方式多样化，即公共服务项目执行的市场化、社会化。民众参与方案实施监督与评估表现为，民众或者向决策机构、监督机构反映意见或者诉至于舆论，对方案实施过程进行监督；对方案实施效果的评估，更加重视对公众满意度的测评，更加重视引入第三方社会专业机构参与评估。

（3）公共参与梯度有限。目前，我国民众参与行政决策的梯度，虽有较大提升但仍然有限。

一是随着政务公开——特别是政府信息公开和行政决策公开——法制建设的推进，各地政府越来越重视民众的知情权，政府信息主动公开或依申请公开工作稳步推进。而且，政府信息公开，不仅仅是事后公开，还可以“预公开”,[①] 有的地方甚至相关政府会议也向民众公开，比如前文提到的杭州；同样，行政决策公开，不仅结果公开，过程亦公开。这说明，我国民众参与行政决策的梯度，已经基本达到了“告知”的位阶。

二是随着各地不断探索实践“公众参与、专家论证与政府决定相结合”这一建立服务型政府决策机制的实现方式，各地在行政决策过程中越来越注重吸纳民众参与，注重发挥专家论证、咨询作用，注重听取普

---

① 比如《广州市政府信息公开规定》（广州市人民政府令第 8 号，2002/11/6）第十九条规定：“涉及个人或组织的重大利益，或者有重大社会影响的事项在正式决定前，实行预公开制度，决定部门应当将拟决定的方案和理由向社会公布，在充分听取意见后进行调整，再作出决定。”又比如《杭州市政府信息公开规定》（杭州市人民政府令第 202 号，2004/4/27）第十六条规定：“涉及公民、法人和其他组织的重大利益，或者有重大社会影响的事项，在正式决定前，实行预公开制度。起草机关或者决定机关应当将草案向社会公开，充分听取公众意见后再作出决定。”

通民众的意见。这说明，我国民众参与行政决策的梯度，也已经基本达到了“咨询”的位阶。

三是根据民众参与行政决策与政府分享权力程度的大小，各地实践表明，绝大多数案例仅限于“告知”、“咨询”位阶，鲜有案例达到“积极参与”位阶。换句话说，几乎所有案例都属于“非决策伙伴参与”，在决策过程每一个阶段，民众与政府并不处在同等地位，民众尚未真正做到以参与权制约政府决策权，从而与政府分享权力，实现“官与民决”的“对话”，对决策过程或决策内容缺乏实质影响力。也正因为鲜有案例达到“积极参与”位阶，这也影响了“告知”、“咨询”的有效性。比如，民众不能确保“告知”信息的完整、客观、可靠、相关、可获、易懂；民众也不能确保“咨询”时民众的声音被听到，意见被慎重考虑，尽管规定采纳或不采纳普通民众意见和专家意见，必须说明理由，并以适当形式反馈或者公布，但缺乏约束力。即使是制度化水平较高的听证会，民众也难做到有实质性影响。

正因为公共参与开放性与有效性不足的普遍存在，目前，我国行政决策公共参与呈现出“亡羊补牢式”或“自说自话式”的怪相。

(1)“亡羊补牢式”公共参与。所谓“亡羊补牢式”公共参与，指：在决策方案即将进入执行阶段或已开始执行执时，民众才获悉决策事项；因公共参与开放性不足，民众认为其参与决策的权利未得到应有的尊重，其利益受损，往往以“维权”的名义，不得已采取“集体散步”等体制外的参与方式，抵制决策方案；而民众的积极抵制，造成政府“维稳”的压力，迫使政府检讨公共参与开放性不足问题，重启公共参与程序。

然而，先前行政决策公共参与开放性不足问题，已导致政府公信力丧失，虽重启公共参与程序，但官民之间已失去理性对话的信任基础。在这样的情境下，民众的观点易走向极端化，民意可能演变为“民粹”，导致政府、专家被偏颇的民意绑架——政府无原则妥协，放任偏颇的民意左右决策结局，而“讲真话”的专家则“失语”。行政决策掉入“维稳”与“维权”的怪圈，行政决策因为民众“维权”引发政府“维稳”压力，或被推翻或被无限制搁置，陷入“一闹就停”的困境。“亡羊补牢式”的公共参与，实际上变异成了政府危机公关的工具。甚至，即使是事后证明是正确的行政决策，也会因公共参与而一波三折甚至胎死腹中。我国 PX 项目决策困局就是一典型案例。这是一个“多输”的僵局，是为过去行政决策公共参与开放性不足的历史欠账买单。

（2）“自说自话式”的参与。行政决策公共参与，是官民基于知识——事实知识与价值知识——的权力互动过程。其目的，不仅在于使民众“发声”（voice），政府得以听到民众尽可能多的、不同的真实的“声音”，更在于使民众与政府官员“对话”，通过“辩论”达成“共识”，从而，政府得以做出正确的决策，进而提高决策的公信力和执行力。“共识”，是通过“辩论”达成的“共识”，而不是通过政府单方控制，把民众的不同认识统一到政府的认识上来的“共识”。但目前不少案例表明，行政决策公共参与，在各地却经常被认为是——为了把民众不同“声音”统一到政府的“声音”上来。政府往往单方面控制了民众参与行政决策的整个过程，只有或只允许一种“声音”，就是政府的“声音”，民众当中与政府不同的“声音”被认为是“杂音”或“噪音”，通过人为的控制被过滤掉，成为“沉没的声音”，使“对话”徒具形式。这就是“自说自话式”的参与。当前，我国行政决策公共参与中“自说自话式”参与，在“听证”这一参与方式上表现得尤为典型。具体如下：

一是政府单方面控制听证代表人选。虽然各地关于听证会的法规，十分重视听证代表人选的广泛性和代表性，但缺乏与之相匹配的、有关听证代表合理构成比例以及产生方式的详细的并且是刚性的规定。各地听证案例表明，普通民众代表中，自愿报名产生的代表占比偏低，而组织推荐、政府邀请的代表占比偏多；甚至不乏其实是官员身份却成为普通民众代表的情形；即使是真正的普通民众代表，较为“听话”的往往当选的概率高。而专家代表，一般从政府建立的专家库中抽取，但专家库中的专家，组织推荐的多，自愿报名的少，“体制内”专家多，“体制外”专家少，而且政府倾向于选择“体制内”的且易于“配合”的专家作为专家代表，甚至因担心专家代表“不听话”而“添乱”，把是否“配合”作为选取专家代表的首要标准，而忽视了专业性的要求。由此，一些意见与政府相左的专家、普通民众，因为政府单方控制代表人选，失去了“发声”的资格，在未参与前，就经过人为的控制“过滤”掉了。对话所要求的听证代表必须具有的广泛性、代表性、均衡性，实际付之阙如。

二是政府单方面控制听证进程。尽管相关法规规定，听证应有两个以上的备选方案，但政府往往事先已有内定方案，其他备选项仅是“陪衬”。在听证会上，政府往往做选择性的信息说明，普通民众代表，或主动或被动，经常一边倒地投赞成票，而专家代表基本上也是或主动或被动重述政府的立场，或者选择有利于政府内定方案的理由，或者违心失语被认为不反对。普通民众代表、专家代表，常常为政府意志“背书”。即使听证会上个别代表有异议，也经常被政府故意忽视。因此，听证会被称为“听证秀”，主导“秀”的是政府，配合“秀”的是普通民众代表与专家代表。甚至，有些普通民众代表因经常性投赞成票，而在短时间内多次被选为代表参加听证会，而被称为“听证达人”、“听证帝”；一些专家代表也因或主动或被动，以专业权威的身份为政府意见背书，经常出现在政府组织的各种听证会，而被称为“砖家”。而且，政府对于听证会上没有采纳的不同意见，并不能做到及时反馈，说清楚没有采纳或者做出相反决定的原因。听证会事实上成了政府内定方案披上“正当性”外衣的工具。

结果，绝大多数民众，本来就对行政决策公共参与的有效性持怀疑态度，现在则更因行政决策公共参与有效性屡屡遭到质疑的案例，成为彻底的“旁观者”，对政府组织的行政决策公共参与不积极。比如，政府组织听证会招募公众代表公众报名不足，[①] 不愿背书的专家拒绝参与。而绝大多数民众的不参与，实际上更进一步催生了极少数特定的“配合”的公众代表成为“听证达人”、“听证帝”，“配合”的专家代表成为“砖家”。由此，形成了一个“吊诡”的场景——听证会场内，政府主导，普通民众代表、专家代表“配合”的“自说自话式”的公共参与，一再上演，仪式感很强；听证会场外，“被代表”的民众，则作为观众，“围观”听证会、“吐槽”听证会，并把“围观”听证会、“吐槽”听证会，进一步演变为民众消解决策公信力、执行力的“狂欢”。

2. 原因

我国建立服务型政府决策机制之所以存在行政决策公共参与开放性和有效性不足并存的问题，主要原因如下。

（1）行政决策向民众参与开放仍然是“选择性开放”而不是“约束性开放”。目前，我国行政决策程序法制建设，在中央纲领性文件指导下，以重大行政决策程序为重点，地方先行探索，已取得较大进展。这表现为——明确了行政决策程序法制化建设的公共参与方向，明确了重大行政决策公共参与原则。但民众参与行政决策的权利存在模糊性，民众参与权利对政府决策权的制约性不足。

① 陈冀、黄浩苑：《听证会失信于民，公众以沉默表抗议——广东省东莞市水价听证会市民代表“零参与”事件调查》，新华网，http：//www. gd. xinhuanet. com/newscenter/2011 - 06/12/content_ 22987386. htm。

民众参与行政决策的权利存在模糊性，表现为：一是明确了重大行政决策公共参与原则，但公共参与原则是否适用非重大行政决策即一般行政决策，并未做出明确规定；即使是重大决策，适用公共参与原则，在地方对政府仍然是“弱义务性”规定，而且由于重大决策与非重大决策区分的抽象性、相对性和模糊性，重大决策存在规避公共参与的可能。二是明确了公共参与主体是专家、普通民众，而且明确了参与的广泛性、代表性，但并未明确必须覆盖相关者全体及相关的保障措施。三是绝大多数地方并未明确规定，民众参与行政决策应是全程参与。

民众参与权利对政府决策权的制约性不足，表现为：一是地方重大行政决策程序规定，缺乏关于权利救济措施的规定。二是由于国家层面的《重大行政决策程序条例》尚未出台，各地关于重大行政决策程序的规定，在内容上各行其是、各自为战。三是现有地方重大行政决策程序规定，主要属于行政系统的自我约束性规定，少数是规章，多数属于规范性文件。规范层级低、权威性不高、约束力不强。

由此，在实践中，具体决策事项是否属于重大决策事项、是否启动公共参与程序、谁属于决策参与者范围、应实施专家参与还是应实施普通公众参与、在决策过程什么阶段实施参与、采取什么参与方式，完全由政府决定，政府缺乏必要的约束。行政决策向民众参与开放，实际上是政府单方决定的“选择性开放”，而非对政府而言的“约束性开放”。行政决策公共参与，由于民众行政决策参与权利的模糊性，民众参与权利对政府决策权的制约性不足，以公共参与为原则，在实践中可能变形为“以公共参与为例外”。

（2）行政决策过程中的官民互动仍然深受信息不对称和权力不对称的制约。一是行政决策过程中，官民互动的信息不对称格局，仍未发生根本性改变。在地方先行探索的基础上，国务院《信息公开条例》的颁布和实施，标志着我国政府信息公开法制建设已取得重大进展。但在实践中，政府信息公开存在着不少问题——主动公开，政府未做到及时、全面、准确、便捷地公开；依申请公开，因要求申请人需说明其有自身生产、生活、科研等特殊需要，障碍重重、难上加难。王锡锌把我国政府信息公开的现状概括为："形式上公开多，实质上公开少；结果公开多，过程公开少；原则方面公开多，具体内容公开少"。① 熊文钊则在此基础上，加上了"公众被动接受的多，主动申请获得的少；公开'正面'信息多，公开'负面'信息少，特别是政府工作失误、不足乃至违法的信息少之又少"，提出了政府信息公开存在的所谓"五多五少"现象。②而且，当民众知情权受到侵害，民众寻求权利救济时，又面临法院审理政府信息公开行政案件存在的"受理难"、"审理难"的问题。

存在上述问题与《政府信息公开条例》没有明确规定"以信息公开为原则，以不公开为例外"有关。该条例，在总则中，不仅没有写入"以信息公开为原则，以不公开为例外"，相反却规定"行政机关公开政府信息，不得危及国家安全、公共安全、经济安全和社会稳定"（简称"三安全一稳定"原则）。这既反映了民众知情权与政府保密权之间客观存在的张力，也反映了政府在推动政府信息公开工作过程中，如何平衡政府信息公开与政府信息安全主观上存在的高度谨慎。

一方面，为实施《政府信息公开条例》，国务院办公厅后续出台的补充规定，事实上扩大了政府信息不公开的范围。《关于施行<中华人民共和国政府信息公开条例>若干问题的意见》（国办发〔2008〕36号），突出保密审查，规定"凡属国家秘密或者公开后可能危及国家安全、公共安全、经济安全和社会稳定的政府信息，不得公开"。这实际上把

① 王锡锌：《关于政府信息公开的调查与建议》，《北京日报》2012年3月5日。

② 黄庆畅、盖群：《信息公开："五多五少"待突围》，《人民日报》2013年6月5日。

"三安全一稳定"原则视作能直接作为政府信息公开实施中的依据，而且把可能危及"三安全一稳定"的政府信息等同于国家秘密，绝对不公开。由于"三安全一稳定"属于不确定概念，赋予了行政机关过于宽泛的解释权，限制了信息公开范围。同时，该文件规定，"对于不能确定是否可以公开的，要报有关业务主管部门（单位）或者同级保密工作部门确定"。这是《政府信息公开条例》相关规定的再次强调，赋予了行政部门尤其是保密工作部门缺乏必要约束的过大的自由裁量权。对于依申请公开，该文件明确规定，"行政机关对申请人申请公开与本人生产、生活、科研等特殊需要无关的政府信息，可以不予提供"；"对申请人申请的政府信息，如公开可能危及国家安全、公共安全、经济安全和社会稳定，按规定不予提供，可告知申请人不属于政府信息公开的范围"。这事实上为依申请公开政府信息设置了重重障碍。而《关于做好政府信息依申请公开工作的意见》（国办发〔2010〕57号），除继续强调"行政机关对申请人申请公开与本人生产、生活、科研等特殊需要无关的政府信息，可以不予提供；对申请人申请的政府信息，如公开可能危及国家安全、公共安全、经济安全和社会稳定，按规定不予提供，可告知申请人不属于政府信息公开的范围"外，关于政府信息的适用范畴，进一步规定，"行政机关在日常工作中制作或者获取的内部管理信息以及处于讨论、研究或者审查中的过程性信息，一般不属于《条例》所指应公开的政府信息"。这实际上明确了政府内部信息或过程信息不公开，与行政决策公开，尤其是与民众参与行政决策所要求的决策过程公开相冲突。

为解决审理政府信息公开行政案件"受理难""审理难"的问题，最高人民法院审判委员会，于2009年11月2日，公布《关于审理政府信息公开行政案件若干问题的规定》的征求意见稿。但征求意见稿，实际上是从司法角度，认可了国务院办公厅后续出台的补充规定对政府信息不予公开范围的扩大。征求意见稿规定的政府信息不公开的范围包括："涉及国家秘密的；涉及商业秘密、个人隐私的，但权利人同意公开或者不公开可能对公共利益造成重大影响的除外；公开后可能危及国家安全、公共安全、经济安全和社会稳定的；经有关主管部门或者同级保密工作部门依法确定为不公开的；尚处于讨论、研究或者审查过程中的政府信息，公开可能影响正常行政管理活动和行政目的实现的；法律、法规明确规定不予公开的其他政府信息"。这引起了强烈的反对之声。对此，最高人民法院审判委员会采取了审慎的做法。该司法解释，2010 年 12 月 13 日就已经由最高人民法院审判委员会通过，但直至 2011 年 8 月 13 日正式生效实施的当天，才对外公布。在正式出台的司法解释中，关于"不予公开范围"的规定，放弃了原来的表述，照搬了《政府信息公开条例》的表述，即："政府信息涉及国家秘密、商业秘密、个人隐私的，人民法院应当认定属于不予公开范围。政府信息涉及商业秘密、个人隐私，但权利人同意公开，或者不公开可能对公共利益造成重大影响的，不受前款规定的限制"。《关于审理政府信息公开行政案件若干问题的规定》出台的曲折，点出了《政府信息公开条例》实施中存在信息不公开范围扩大问题，但该司法解释最终回避了这一问题。

与此同时，与政府信息公开息息相关的《保密法》的修改也加快了进程。修改后的《保密法》（中华人民共和国主席令第 28 号，2010/4/29）虽然在缩小秘密范围，减少定密随意现象，限定保密期限方面有一定进步，但保密范围过宽、定密随意、保密期限过长等问题没有得到根本解决；虽然规定了法律、行政法规规定公开的事项，应当依法公开，但也加强了政府的保密权。为做好政府信息公开与保密审查的衔接，国务院办公厅出台的《关于进一步做好政府信息公开保密审查工作的通知》（国办发〔2010〕57 号）强化了政府保密审查责任，要坚持"先审查、后公开”和“一事一审”原则。

另一方面，中央并没有放弃政府信息公开应“以信息公开为原则，以不公开为例外”的主张，反倒在《政府信息公开条例》颁布之后，把政府信息公开应“以信息公开为原则，以不公开为例外”直接写入了相关的中央文件中。《关于加强法治政府建设的意见》（国发〔2010〕33号）明确提出，“坚持以公开为原则、不公开为例外，凡是不涉及国家秘密、商业秘密和个人隐私的政府信息，都要向社会公开”；同样，《关于深化政务公开加强政务服务的意见》（中办发〔2011〕22号）也明确提出，“按照公开为原则、不公开为例外的要求，及时、准确、全面公开群众普遍关心、涉及群众切身利益的政府信息。”

而且，《政府信息公开条例》实施以来，为加大信息公开推进工作的力度，自2012年，国务院办公厅先后印发《2012年政府信息公开重点工作安排》（国办发〔2012〕26号），《当前政府信息公开重点工作安排》（国办发〔2013〕73号），《关于进一步加强政府信息公开回应社会关切提升政府公信力的意见》（国办发〔2013〕100号）、《2014年政府信息公开工作要点》（国办发〔2014〕12号），积极推进重点领域信息公开，加强信息公开的制度建设和基础建设，带动了政府信息公开工作全面深入开展，在回应公众关切、有效保障人民群众依法获取政府信息方面迈出较大步伐。

2012年，国务院在《中华人民共和国保守国家秘密法实施条例》征求意见稿中，为使确定国家秘密更具有可操作性，避免国家秘密的范围过宽，对国家秘密的范围做了进一步细化界定。但终稿《中华人民共和国保守国家秘密法实施条例》（中华人民共和国国务院令第646号，

2014/1/17）并未采纳。①

因此，虽然《保密法》规定，法律、行政法规规定公开的事项，应当依法公开；《中华人民共和国保守国家秘密法实施条例》规定，机关、单位不得将依法应当公开的事项确定为国家秘密，不得将涉及国家秘密的信息公开。但《政府信息公开条例》的法律效力低于《保密法》，而保密法的立法指导思想是“以不公开为原则”。《政府信息公开条例》的立法指导思想理应是“以公开为原则，以不公开为例外”。两者的立法目的显然是冲突的。目前，《政府信息公开条例》并没有写入“以公开为原则，以不公开为例外”，实际上使得政府信息公开在实践中可能变形为“以信息公开为例外”。

总之，由于民众知情权与政府保密权之间客观存在的张力，以及在推动政府信息公开工作过程中，如何平衡政府信息公开与政府信息安全之间的关系、政府主观上存在的高度谨慎，民众的知情权存在模糊性。而且，民众参与行政决策所要求的行政决策公开，对政府信息公开有更高的要求。与政府信息公开相比，行政决策公开更具动态性。行政决策公开，不仅要求内容公开、程序公开，而且要求结果公开、过程公开。由此，行政决策公开不仅要求公开结果性信息，而且要求公开过程性信息；不仅要求事后公开，而且要求事前事中公开。目前，关于政府信息公开的规定与此是存在一定抵触的，再加上权利救济措施不完善，这就造成目前我国政府信息公开是政府单方主导的“选择性公开”。

---

① 未采纳的，指《中华人民共和国保守国家秘密法实施条例》（征求意见稿）第九条，即——保密法第九条所称“泄露后可能损害国家在政治、经济、国防、外交等领域的安全和利益”，是指下列情形：（一）危害国家主权安全、领土完整、政权巩固和防御能力；（二）危害国家统一、民族团结和社会安定；（三）妨害国家外交外事活动；（四）削弱国家经济、科技实力；（五）妨害国家重要保卫对象和保卫目标的安全；（六）妨害国家反恐怖、处理突发事件的手段、措施有效实施；（七）妨害国家情报来源保护和情报活动；（八）妨害依法追查危害国家安全和其他重大刑事犯罪活动；（九）导致国家秘密保护措施可靠性降低或者失去效用。

二是行政决策过程中，官民互动权力不对称格局仍未发生根本改变。正像前文所述，要使民众不仅参与行政决策而且发挥实质性影响力，必须向民众“充权”，使民众不仅享有参与的“资格”即参与权利，还具备参与的“能力”即参与权力。建立民众参与行政决策机制，是向民众“充权”的一种方式。但仅建立民众参与政府决策机制，不加强民众社会组织建设、民众参与行政决策的体制建设，也就是说，没有后两者的“充权”，不足以从根本上打破政府对行政决策权的垄断，不足以形成民众以决策参与权力制约政府决策权的格局。

如前所述，建立服务型政府决策机制，就是通过行政决策程序的重理，把公共参与机制嵌入行政决策过程。这是在程序上向民众“充权”。应该讲，我国行政决策程序尤其是重大行政决策程序的法制建设，把“公众参与”、“专家论证”纳入决策程序，从程序上保障了民众参与权利，是向民众“充权”的重要方式之一。但程序“充权”的有效性，取决于程序的完善和程序的执行力。

必须承认的是，民众参与行政决策的程序尚存在瑕疵，比如在程序的法制建设上，并没有做到在行政决策过程的各个阶段，提供合适的参与方式，让尽可能多的不同民众得以平等地参与决策，不仅做到民众参与的广泛性、代表性、平衡性，而且使民众与政府得以平等对话。所以，进一步完善民众参与行政决策的程序是必要的。但需指出的是，仅仅完善程序是不够的，还要强化程序的执行力。这就需要参与体制建设、民众自组织建设的“充权”。但目前，我国民众组织建设明显不足，参与体制建设也相对滞后。具体如下：

首先是民众社会组织建设的不足。《国家基本公共服务十二五规划》提出，“强化社会公众对基本公共服务供给决策及运营的知情权、参与权和监督权，健全基本公共服务需求表达机制和反馈机制，增加决策透明度”，并且特别强调“发挥各类社会组织在基本公共服务需求表达、服务供给与监督评价等方面的作用”。但目前，我国绝大多数社会组织，都是政府自上而下建立起来的“官办社会组织”，行政化很严重，缺乏独立性。随着经济社会的发展，“官办社会组织”越来越不能满足我国民众利益关系日益复杂化的需要，民众有自下而上建立社会组织的需要。但民众自下而上建立社会组织，仍然面临“出生难”、“生存难”、“发展难”的窘境。

“出生难”，指对民众自下而上建立社会组织，在准入方面，虽然有所放开但仍然实施较为严格的控制政策。《社会团体登记管理条例》、《基金会管理条例》和《民办非企业单位登记管理暂行条例》都规定，社会组织登记注册由各级民政部门管，而日常性事务由业务主管单位管，也就是“必须有业务主管单位”，以形成每一个社会组织都要接受登记管理机关和业务主管单位管理的双重管理体制。这对于民众自下而上建立社会组织，是一道很高的门槛。许多民众自下而上建立的社会组织，被迫转向承担不合理税收的工商注册，更多的诸如基层社会组织则无法注册。比如，对于专业知识关系人而言，自下而上建立智库，也就是民间智库，能发出独立的声音。但因为双重管理体制，一些民间智库只能以企业的形式注册，不仅享受不到税收优惠，还要与企业一样交税。当然，本届政府《关于国务院机构改革和职能转变方案的说明》已经提出，“建立健全统一登记、各司其职、协调配合、分级负责、依法监管的社会组织管理体制”，而且《关于国务院机构改革和职能转变方案的说明》和十八届三中全会《全面深化改革决定》也已经提出，重点培育、优先发展行业协会商会类、科技类、公益慈善类、城乡社区服务类社会组织，成立这些社会组织，直接向民政部门依法申请登记，不再需要业务主管单位审查同意。但是，《社会团体登记管理条例》、《基金会管理条例》和《民办非企业单位登记管理暂行条例》尚未修订，统一登记管理体制改革尚未全面铺开，适用统一登记的社会组织范围目前仅限于四类组织；而且即使实施统一登记，还存在登记条件门槛过高的问题。比如，基层社会组织可能因无法满足登记条件而无法注册。

“生存难”，指仍未明确社会组织的非营利定位，导致社会组织不仅面临不合理的税收，而且筹措资金举步维艰。目前，我国仍然没有一部系统的非营利组织税法，许多时候依靠各个政府部门自行订立的规章来对社会组织的纳税进行管理。而且，在现行的有关税收政策中，我国并没有像许多其他国家一样，突出社会组织特有的地位，仍然是将社会组织按照营利性组织来定性进行征税（虽然许多时候给予了例外的优待），给予社会组织这种纳税主体的地位是不妥当的。① 此外，按照国外民间智库的生存模式，资金来源主要依靠企业和社会的大量捐助，以保持它的独立性、公正性，但我国一直缺乏捐款的减免税政策。

“发展难”，指政府对社会组织的功能认识仍然存在偏差，社会组织的发展仍然面临政府的不信任。目前各地政府重视社会组织参与公共服务提供功能，积极探索“把适合由社会承担的基本公共服务事项，以购买服务等方式交由社会组织承担”，但对自下而上建立的社会组织参与行政决策，仍存不信任感，担心社会组织成为对抗政府的力量。其实，自下而上建立的社会组织，是民众利益聚合、利益表达的有效方式，可以在组织内部促进个体之间的讨论和对话，整合不同的意见和诉求，并加以放大。而经过整合和放大的声音，使民众之间以及民众与政府之间的对话和交流更为顺畅、集中。这种有效的讨论与对话，能防止“民粹主义”，使协商决策成为可能。否则，政府与“原子化”的个人互动，交

---

① 李勇：《非营利组织管理的基本法律框架》，http：//www. people. com. cn/GB/40531/40557/41317/41320/3025928. html。

易成本巨大，不能保证决策的正确性，反倒易造成群体性事件。此外，作为特殊社会组织的民间智库，同样面临不公平的发展环境，与“官办智库”相比，缺乏通畅“上达”机制，难以与政府展开有效“对话”。

其次是决策参与体制建设相对滞后。前文提到，体制与机制，既相互区别又相互联系，体制指结构，机制指过程，根据系统理论，结构决定功能，过程实现功能，所以系统功能表现出来的水平高下，既取决于体制，也取决于机制，但体制的作用具有基础性。与我国其他渐进式改革类似，在推动行政决策模式从政府决策向公共决策转换的过程中，机制建设先于体制建设，表现为首先致力于建立公众参与、专家论证与政府决定相结合的行政决策机制，为此，大力加强行政决策程序尤其是重大行政决策程序的法制建设。但是，现有的关于行政决策程序的规定，基本没有关于决策参与体制建设的内容。实践中，不少地方设立了专家咨询委员会或决策咨询委员会等，但属于政府主导的松散性、非常设性的咨询机构，由精英人物组成，主要是知名专家，还有退休高官和著名企业家，没有普通民众代表，仅承担建言建策的功能，是政府内部咨询机构咨询功能的补充，参与决策功能十分有限。因此，现有的行政决策体制，仍然是政府垄断决策权的体制，并没有通过决策体制的变革，把民众决策参与权嵌入到行政决策权力结构中，明确民众参与决策角色及其权力配置，民众参与行政决策，缺乏稳定的参与平台和参与载体，即常设的参与决策机构。由于民众参与没有得到体制建设上的支持，导致民众参与角色的“弱化”和参与的“符号化”。相反，现有的决策体制，通过权力配置，维持了政府对决策权的独占性。政府控制着公共参与程序的启动、控制着公共参与的进程，完全掌控行政决策的方向与内容。因此，即使公共参与的行政决策程序再完善，也是“纸上文章”。正是意识到这一问题，广州“公众咨询监督委员会”的创建，在行政决策参与体制建设上做了有益探索。①

三、进一步建立健全服务型政府决策机制的对策

我国在建立服务型政府决策机制过程中已经选择了正确的实现方式——公众参与、专家论证与政府决定相结合，存在的主要问题是：正在探索的实现方式离科学决策、民主决策、依法决策的基本要求尚有距离，应继续加强实现方式的民主性、科学性，并以法治的不断完善予以推动，从而落实以人为本、执政为民的指导思想。为此，要明确行政决策“以公共参与为原则”，变“选择性参与”为“约束性参与”，进一步推动民众参与行政决策。在此基础上，明确政府信息“以公开为原则”，变“选择性公开”为“约束性公开”，进一步消除行政决策过程中官民互动的信息不对称；同时，加大向民众“充权”的力度，以民众参与权制约政府决策权，从而推动官民互动从“单向不对称互动”走向“双向对称互动”，最终实现“官民共决”的协商决策。

---

① 广州公众咨询监督委员会起源于同德围模式。同德围地区位于广州市的西北角，区域面积3.8平方公里，规划人口15万人，现居住人口高达23万，人口密度达6.05万人/平方公里。同德围地区为广州城市建设发展做出了重要的贡献，是广州市重要的住房解困区、拆迁安置区和教师居住区。然而，由于城市的快速扩张，缺乏系统的地区规划，导致该地区的交通、环境、治安、医疗、教育等问题均未能与市区接轨，居民幸福指数偏低。2012年初，广州市政府开始对同德围地区开展综合整治工作。同德围地区综合整治工作以“问需于民、问计于民、问政于民、问效于民”为工作的指导思想，为使公众参与渗透到地区综合整治工作的全过程，由政府牵头组建同德围地区综合整治工作咨询监督委员会，其主要职能是“收集民意、化解矛盾、过程监督、工作评价”。这就是同德围模式。目前，广州知名的公咨委有5个，分别为同德围公咨委、城市废弃物处理公咨委、东濠涌公咨委、重大城建项目公咨委、金沙洲公咨委等。广州决定在试点推广、总结经验、调研论证的基础上，适时出台指导性意见，进一步规范公众咨询监督委员会的运作，充分发挥其在重大民生决策中反映民意、协调矛盾、过程监督的作用，进一步推动政府职能转变，提高政府决策科学化、民主化水平。

（一）变行政决策“选择性参与”为“约束性参与”

行政决策向民众参与开放，是建立服务型政府决策机制的前提。针对目前因政府单方主导的“选择性参与”而造成的行政决策向民众参与开放不足的问题，建议在关于行政决策程序的法规中，明确行政决策“以公共参与为原则”，即：除依法不能或不宜开放的情形外，行政决策应向民众参与开放。为此，不仅要赋予民众行政决策参与权利，而且要明晰参与权利范围，给予民众最大范围的行政决策参与权利。具体如下：

1. 在参与客体——行政决策事项范围上，除依法规定的例外情形，全部行政决策事项，都应向民众参与开放。重大决策事项“以公共参与为原则”，非重大决策事项即一般决策事项也应“以公共参与为原则”。“非重大”不是也不应是一般决策事项不实施公共参与的理由，“非重大”只意味着，一般决策事项，在实施公共参与时，可以适用相对简易的公共参与程序。

2. 在参与主体——相关民众范围上，除依法规定的例外情形，具体决策事项相关者全体，包括利害关系人和专业知识关系人，都应给予平等的参与机会。不能以专家参与替代普通民众参与，也不能忽略弱势群体参与，更不能故意忽视反对者的参与。

3. 在参与深度——民众卷入行政决策过程程度上，除依法规定的例外情形，民众参与行政决策应是全程参与。民众全程参与行政决策，是“实在”的参与，而且，决策前、决策中的参与，比决策后的参与更“实在”。

同时，依法规定行政决策不实施公共参与的例外情形，也就是依法规定行政决策不能或不宜开放的情形，严格限制其范围。行政决策依法不能或不宜开放的情形，指紧急状况，或涉及国家秘密，或涉及依法受到保护的商业秘密、个人隐私（但权利人同意开放或者不开放可能对公共利益造成重大影响的除外），或其他当且仅当开放的潜在公共危害大于公共利益的情形。对于行政决策不开放的情形，法规应尽可能地做出严格的界定，并辅以目录管理制度，采用负面清单的方式，对不开放的情形加以列举并进行动态调整，争取使负面清单从“长清单”尽快过渡到“短清单”。而且，如果政府做出不开放的决定，应规定政府必须说明不开放的理由并接受民众的问责；如果民众行政决策参与权利受到侵害，应规定相应的权利救济措施。

如此，民众才能以行政决策参与权利制约政府决策权，才能变政府单方主导的“选择性参与”为“约束性参与”，推动行政决策进一步向民众参与开放。为此，建议我国目前正在起草的《重大行政决策程序条例》，应明确行政决策“以公共参与为原则”，全部行政决策事项，都应“以公共参与为原则”，非重大决策事项即一般决策事项可适用相对简易的公共参与程序；对于行政决策不开放的情形，采用负面清单的方式；如果暂时不能，可对重大行政决策事项实施公共参与的情形，在严格界定的基础上，以正面清单的方式加以列举，然后逐步从正面清单的方式过渡到负面清单的方式。待条件成熟，我国出台《行政程序法》时，建议《行政程序法》写入行政决策“以公共参与为原则”的条款。

（二）变政府信息“选择性公开”为“约束性公开”

针对行政决策过程中，因政府单方主导的政府信息“选择性公开”而导致的官民互动的信息不对称，建议在关于政府信息公开的法规中，明确政府信息“以公开为原则、不公开为例外”，即：除依法不能或不宜公开的情形外，政府信息应全面、准确、及时公开。为此，不仅要赋予民众知情权利，而且要明晰知情权利范围，给予民众最大范围的知情权利。具体如下。

政府信息，除依法规定的例外情形，都应全面、准确、及时公开。不仅结果性信息应公开，而且过程性信息也应公开；不仅要事后公开，而且要事前、事中公开。

依法规定政府信息不能或不宜公开的例外情形，严格限制其范围。政府信息依法不能或不宜公开的情形，指紧急状况，或涉及国家秘密，或涉及依法受到保护的商业秘密、个人隐私（但权利人同意开放或者不开放可能对公共利益造成重大影响的除外），或其他当且仅当公开的潜在公共危害大于公共利益的情形。对于政府信息不公开的情形，法规应尽可能地做出严格的界定，并辅以目录管理制度，采用负面清单的方式，对不公开的情形加以列举并进行动态调整，争取使负面清单从“长清单”过渡到“短清单”。而且，如果政府做出不公开的决定时，应规定政府必须说明不公开的理由并接受民众的问责；如果民众知情权利受到侵害，应规定有相应的权利救济措施。

如此，民众才能以知情权利制约政府保密权，才能变政府单方主导的政府信息“选择性公开”为“约束性公开”，进一步消除行政决策过程中官民互动的信息不对称。为此，建议修订《政府信息公开条例》，在总则中增加政府信息“以公开为原则，不公开为例外”条款；对政府信息不公开的情形，采用负面清单的方式；如果暂时不能，可对政府信息主动公开的情形，在严格界定的基础上，以正面清单的方式加以列举，同时，取消依申请公开的限制性条件，然后逐步过渡到负面清单的方式。此外，建议适时将《政府信息公开条例》上升为由全国人大制定的法律，同时，进一步修订《保密法》，以政府信息“以公开为原则，以不公开例外”的立法精神，平衡政府信息公开与保守国家秘密的关系，以及民众知情权与政府保密权的关系。同时，建议待条件成熟我国出台

《行政公开法》时，《行政公开法》写入行政决策“以公开为原则”的条款。

（三）加大向民众“充权”的力度

针对行政决策过程中，因向民众“充权”不足而导致的政府垄断决策权的问题，除了进一步完善民众参与行政决策的程序外，还应大力加强社会组织建设和民众参与行政决策的体制建设，从而加大向民众“充权”的力度。

1. 进一步完善民众参与行政决策的程序

目前行政决策程序法制建设，既未能充分保障相关民众全体、全程参与行政决策，也未能充分保障决策过程各个阶段民众参与的广泛性、代表性、平衡性，以及民众与政府互动的平等地位。为此，建议各地应在互相学习的基础上，积极推动相关民众全体、全程参与行政决策，并根据决策阶段的不同，不断丰富、完善参与方式，使尽可能多的不同民众平等参与行政决策。这里所说的平等，不仅指民众间的平等，还指民众与政府互动的平等地位。据此，应进一步修订各自关于重大决策程序的规定。比如，为了防止听证“走过场”，更多听取普通市民意见，《广州市重大行政决策听证试行办法》（穗府办［2011］32号），明确规定，从公开报名人群内遴选的听证代表不得少于代表总数的2/3，而国家机关或具有管理公共事务职能的组织的在职工作人员（含公务员、参照公务员管理的人员、合同制雇员）不得被选为听证代表。

此外，建议目前正在起草的《重大行政决策程序条例》，把如何从程序上保障相关民众全体、全程参与行政决策，以及决策过程各个阶段民众参与的广泛性、代表性、平衡性，和民众与政府互动的平等地位，作为立法考虑的重点。

2. 大力加强民众社会组织建设

针对目前我国因社会组织发育不充分、社会组织参与行政决策面临不信任感而导致民众参与行政决策“自组织性”不足问题，建议：

（1）进一步降低社会组织准入门槛。一是加快并全面落实社会组织统一登记管理制度改革。首先，根据《关于国务院机构改革和职能转变方案的说明》和十八届三中全会的要求，加快落实对行业协会商会类、科技类、公益慈善类、城乡社区服务类社会组织成立时实行直接依法申请登记的决定。并在此基础上，拓展适用直接依法登记的社会组织类型，彻底废除我国现行对社会组织实行的登记管理机关和业务单位双重负责的管理体制，除依法规定有前置性审批外，社会组织成立时直接依法申请登记。同时，简化并规范登记程序。

二是适当降低登记条件，实行登记制与备案制并行的管理制度。针对基层社会组织普遍规模较小、经费短缺、实力较弱的现实，适当降低基层社会组织在人员、资金、办公场所等方面的登记要求，把符合条件的基层社会组织及时纳入登记范畴。对于尚未达到登记条件但已正常开展活动且符合经济社会发展需要的基层社会组织，应当给予备案，实施备案管理。

（2）明确社会组织的非营利性定位。社会组织，或者具有互益性或者具有公益性，应明确其非营利性定位。并根据社会组织的非营利性定位，加快出台统一的非营利组织税法，进一步扩大社会组织税收优惠的范围和幅度：对社会组织在所得税、营业税、增值税等方面予以减免；进一步落实公益性捐赠所得税税前扣除优惠政策。比如，资金是民间智库的重要物质基础，为使民间智库的资金来源获得有效的保证，应鼓励、支持各类企业和个人向民间智库捐款，出台具体政策减免捐款者的税收；允许民间智库设立基金会，多渠道多形式筹集资金。

（3）积极引导社会组织有序参与行政决策。在壮大社会组织的同时，为保证社会组织有序参与行政决策，建议发展"枢纽型社会组织"。所谓枢纽型社会组织，指在同类型社会组织中发挥枢纽作用的联合性社会组织，既是同类型社会组织之间的枢纽，也是政府联系同类型社会组织之间的枢纽。目前，我国枢纽型社会组织应重点发展三种类型：一是人民团体，诸如工会、共青团、妇联、残联等，多是按人群特征来划分；二是行业性协会或联合会，主要代表是同类组织之间的行业协会，具有一定行业特征或互益性特点；三是综合性社会组织联合会或社区社会组织服务中心，具有较强的社会服务性。前面两种类型主要是按照"属人"、"属业"的方式进行枢纽管理，后一种更多地体现为"属地化"、"基层化"的管理特征。① 为此，建议：

一是加快自上而下建立的官办社会组织去行政化，使之成为权责明确、依法自治的现代社会组织，增加其在民众中的公信力，使其成为枢纽型社会组织。比如，工会、共青团、妇联、残联等人民团体，和官办行业性协会或联合会等。

二是推动自下而上建立的民办社会组织成立枢纽型社会组织。比如民办社会组织建立自己的行业协会或联合会等。

发展枢纽型社会组织，可以加强政府对民众参与行政决策的信任感，既满足了民众参与的需要，也可以使民众参与更有序，提高民众参与的有效性，并避免因民众参与带来的不必要的效率损失。比如，借助枢纽型社会组织，政府能迅速、准确找到具体决策事项的相关者；同样，借助枢纽型社会组织，民办社会组织能及时联系到相关政府部门，表达其对具体决策事项议题的关切。

---

① 王鹏：《什么是枢纽型社会组织》，《中国青年报》2013 年 10 月 28 日。

综上所述，建议加快修订《社会团体登记管理条例》、《基金会管理条例》和《民办非企业单位登记管理暂行条例》，全面落实统一登记管理制度，简化并规范登记程序；适当降低登记条件，实行登记制与备案制并行的管理制度；明确社会组织非营利性定位。此外，建议加快出台统一的非营利组织税法，适时出台《社会组织法》，明确社会组织参与行政决策功能。

3. 加快民众参与行政决策的体制建设

针对行政决策参与体制建设相对滞后的问题，建议在政府内部成立公共参与委员会（简称“公参委”），为民众参与行政决策提供体制支撑，打造参与的平台和载体，实现向民众的结构性“充权”。这一机构设置的构思，源于广州公众咨询监督委员会的启示，又是在其基础上的发展。

公参委，可以在政府及政府部门内部设置，但主要在政府部门内部设置，因为公共服务决策承办者多为政府部门。公参委，是相对独立的、民众实现参与行政决策功能，行使知情权、表达权、参与权、监督权的常设机构，是连接政府与民众，全程参与决策，实现“官与民决”协商决策的第三方机构。

公参委，实行委员会制，委员全部由民众代表组成，包括政府外部的专家代表、普通民众代表。公参委，采取常设委员会与临时委员会相结合的架构。

常设委员会，根据政府部门公共服务职能，选择掌握相关专业知识，并且知识面宽、具有公共精神、权威性高的专家、学者，作为专家代表，以期超越狭隘的专业主义；选择熟悉相关公共服务工作，并且具有公共精神、民众认可度高的人大代表、政协委员、市民，作为普通民众代表，以期超越狭隘的小团体利益。专家代表与普通民众代表各占1/2比例，以期达成专家参与与普通民众参与的平衡。委员主要由自愿报名、组织推荐产生，而且组织推荐应加大社会组织推荐比重，政府也可以特邀。政府在协商的基础上，提出代表人选方案，经公示后，确定最终人选。常设委员会设主任、副主任各一名，由委员会全体成员选举产生，并由政府部门委任，实行任期制。

临时委员会，针对具体决策事项成立，遵循“一事一会”的原则。由政府部门与常设委员会协商决定成立，于决策事项纳入议程时成立，至决策完成时终止。临时委员，包括与决策事项所涉专业领域直接相关的专家、学者代表，以及有直接利害相关的普通民众代表。代表人选，由政府部门与公参委协商决定，应保证参与代表的广泛性、代表性、均衡性。

常设委员会与临时委员会相结合的架构，保证了公参委稳定性和灵活性的平衡，保证了参与的原则性与针对性的平衡，同时保证了专家参与的专业性与狭隘专业主义之间的平衡，普通民众参与的团体利益正当性与狭隘小团体利益之间的平衡。

公参委全程参与行政决策，在决策的各个阶段，与政府协商决定决策事项相关议题。同时，公参委通过枢纽型社会组织，与各类社会组织保持广泛而紧密的联系，为民众参与行政决策，提供了第三方平台，其活动向社会公开，并接受社会监督，有利于保证参与的公开、公平、公正。

而且，加快行政决策参与体制建设，有助于行政决策参与机制的进一步完善。比如，听证会改由公参委主持，就能避免因政府主持听证会而导致政府既当“运动员”又当“裁判员”的弊端。为此，建议正在起草中的《重大行政决策程序条例》，增加行政决策体制建设的内容，规定在政府及政府部门内部应成立公共参与委员会。

第二章

改革和完善公共服务供给机制

随着社会经济的快速发展，人们的公共服务需求在短时期内快速增长，因此对公共服务供给提出了越来越高的要求。单纯依靠政府供给，显然难以适应形势发展的需要。当今世界各国都在探索公共服务供给机制的改革途径。中国自计划经济时期以来，形成了政府对公共服务大包大揽的格局，造成公共服务供给的诸多问题。改革与创新公共服务供给机制，是推动政府职能转变的迫切需要，是建设服务型政府的重要途径。

一、公共服务的三种基本供给机制

“机制”一词本是一个物理学和生物学术语，用来说明物理系统和生物有机体的发生与活动机理。现代系统理论借鉴了物理学和生物学的“机制”一词，用以说明社会有机系统的发生、发展与作用过程。美国政治学家伊斯顿认为，任何社会存在的基本条件是确立一些机制，以便做出权威性的决议来规范各种利益的分配。对公共服务的供给也是如此。公共服务的供给机制，指的是公共服务供给的方式方法及其有效运行的制度体系。[①] 政府、企业和非营利的社会组织是现代社会最基本的组织类型，在公共服务供给和资源配置方面发挥着重要的作用。基于供给主体及其运行机理的不同，公共服务供给机制可划分为三种基本类型，即政府供给、市场供给和志愿供给。

（一）政府供给机制

政府供给机制以政府作为公共服务的供给主体，以强制求公益，是较为传统的一种公共服务供给机制。政府供给机制的制度基础是公共服务的特性以及政府的角色定位。一般表现为公共服务提供与生产的不可分离，政府在公共服务供给中全权负责，同时承担资金供应者、生产安排者和具体的服务生产者等多种职责。

1．政府供给机制的主要特点

与其他供给机制比较，政府供给机制具有如下特点。

（1）政府供给具有权威性。政治学家林德布洛姆在其名著《政治与市场：世界的政治——经济制度》一书中，认为市场制度建立在交换关系之上，而政府制度建立在权威关系之上。政府供给的权威性，突出体现为政府供给一般具有法律保障，即通过制定法律制度来规范公共服务的国有化运作。如英国 1944 年出台《巴特勒教育法》，建立了面向所有年轻人的中等学校教育体制。1946 年颁布《国民保险法》，明确成立国民保险部，实现了各项社会保险的全国统一管理。1946 年实施《国民健康服务法》，建立了由中央政府统一领导、地方基层参与执行的医疗管理体制，并明确所有国民免费享有医疗卫生服务权利。1948 年推行《国民救助法》，为那些需要救助却因不具备资格而不能获得保险资助的人们建

① 金世斌：《公共服务供给机制创新：北欧的改革实践与启示》，《南京社会科学》2012 年第 7 期。

立了一个安全网。[1] 一系列法律的出台，增强了政府供给公共服务的权威性与强制性。

（2）政府供给具有计划性。政府定期制定和下达各项公共服务计划，通过等级制的行政管理体系，自上而下对公共服务的生产和配给进行指导、控制，制约公共服务发展的方向和速度。由于政府供给具有计划性，因此也容易产生集权化趋势，即公共服务的权力不但从私人领域向政府部门集中，而且在政府系统内部也从地方政府向中央政府集中。例如，英国“从战后第一届工党执政开始，原属于地方政府服务范围的水、煤气、电、公共交通、医疗服务、公共卫生等公共服务的权力往中央转移，地方当局严格按照中央政府设计的标准行事，并获得中央政府补贴”。[2] 集权意味着中央政府在公共服务中具有绝对控制的地位和作用，通过这种中央控制的方式，可以达到全国统一供应的状态。

（3）政府供给的公共服务具有普遍性。政府直接提供的公共服务，往往具有普遍性，即所有民众都被纳入公共服务对象范围，不具有排斥性和歧视性。公共卫生与基本医疗、基础教育、福利救济等被看作是政府有义务供给和保障的公共服务。政府供给公共服务，是一定时期公共服务供给的主导模式。第二次世界大战结束时，整个欧洲成为一片废墟，百废待兴。政府的作用前所未有地凸现，凯恩斯主义成为西方各国主导的执政理念，政府职能极度扩张。欧美各国的公共服务普遍采用自上而下的国有化供给模式，强调公平、责任与中央控制。从实践成效来看，公共服务国有化政策不但有效防止了经济萧条的回归，而且通过强化国家在公共服务上的责任使大多数人受益，所以，在战后受到了欧美国家

① 张菊梅：《二战后英国公共服务供给模式变革及对中国的启示》，《学术论坛》2012 年第 2 期。

② 孙浩：《英国的政党政治与福利制度》，商务印书馆 2008 年版，第 37 页。

民众的普遍支持。中国在计划经济时代，政府及事业单位是公共服务供给的主体，政府供给是公共服务供给的基本模式。

2. 政府供给机制的适用条件

任何供给机制都有其适用条件。政府供给机制的适用条件是：

（1）政府所提供的公共服务具有非竞争性和非排他性，即政府主要提供的是纯公共物品，如国防。

（2）在出现“市场失灵”和“慈善失灵”的公共物品供给领域，政府供给是必要的，如对营利性企业和非营利性社会组织的公共政策规制。

（3）对于所有社会成员都需要的基本公共服务，如社会公平、社会秩序、基础教育、基本公共卫生等，政府有义务予以提供。

3. 政府供给机制的局限性

（1）政府供给公共服务效率低下。在《新帕尔格雷夫经济学大辞典》中，“政府失灵”被定义为“由政府组织的内在缺陷及政府供给与需要的特点所决定的政府活动的高成本、低效率和分配不公平”。“政府失灵”集中表现为行政效率低下，其原因主要在于：

第一，高度垄断。政府部门不像企业那样存在市场竞争。“政府在从事经济活动时，它似乎对成为垄断者怀有强烈的偏好，即使这种垄断并无必要”。从表面上看，单一主体而非多元主体同时供给公共服务因避免重复而节约了费用，但其负面影响是明显的，政府机构会因缺乏竞争压力而忽视效率，或漠视公共服务供给的质量。[①] 正如斯蒂格利茨所指出，公共部门里竞争的缺乏会削弱人们的积极性。政府的垄断性使其失去了竞争所形成的外部压力，同时失去了改善管理、提高效率的内在动力。

第二，无产权约束。对于产权明晰的企业而言，成本与收入是紧密

---

① 仲兵，周义程：《双失灵：公共服务供给主体选择的困境解析》，《江海学刊》2009 年第 5 期。

联系在一起的，企业要根据可能的收入决定成本的投入。而政府部门花费的是纳税人的钱，政府管理成本与收入是分离的，缺乏降低成本的内在压力。由此可导致两方面的问题：一是当政府产出给定时，政府可能使用较多的资源，造成资源浪费；二是政府不顾社会需求不断扩大供给，导致政府产出超出或不符合社会需求，浪费社会资源。

第三，对政府行为难以评估。对于企业，利润是关键的评估指标。但政府行政部门往往具有多元化的目标，公共服务的投入与产出之间并不存在清晰的关系，且产出具有非营利性，因此很难对政府行政部门的“生产活动”进行有效的成本分析，对政府的产出也难以进行量化的评估。评估的困难影响了政府部门建立有效的激励约束机制。

（2）政府利益与公共利益存在偏离。政府供给公共服务的困境同时体现在政府利益对公共利益的偏离。在西方20世纪20年代以来的不少主流经济学家那里，隐含着一种基本的研究假设，即经济领域中的消费者和生产者都是追求个人利益的利己主义者，而政治领域中的政府则是无私追求公共利益的慈善的专制者。这种研究假设的必然推论就是，政府除了公共利益之外不存在任何自身的利益追求，能保证公共服务被有效率和高质量地供给。然而，政治发展的事实证明，政府并非一个天然地追求公共利益的组织，而是存在着政府利益。政府面临的政治环境使政府利益的实现从可能转化为现实。①

面对复杂的社会现实，政府经常面临短期利益与长期利益、局部利益与整体利益的抉择。著名经济学家萨缪尔森认为，政府领导的任期制所形成的选举压力使他们普遍成为“目光短浅”的政治家，他们出于自身利益的考虑，往往只关注任期内的事，而不顾长期发展问题，导致社

---

① 仲兵、周义程：《双失灵：公共服务供给主体选择的困境解析》，《江海学刊》2009年第5期。

会长远利益受损。同样，地方政府官员作为某一地区的领导人，考虑的往往只是本地区的利益，而对本地区之外的问题往往置之度外。这就导致了地方政府的某些政策在本地区可能取得效益，但对其他地区可能带来负面影响，从而损害社会整体利益。

此外，政府部门中的腐败行为更是严重损害公共利益。公职人员的行政管制权力能对公共稀缺资源进行权威性分配，因此，行政权力极易诱发腐败现象。国际经验和中国现实均证明，腐败行为严重破坏社会资源的优化配置，导致国家财产流失，极其不利于社会经济健康持续发展。

（3）难以满足多元化的社会需求。在新古典经济学的视域中，人具有“客观理性”或“绝对理性”，并能够实现利益最大化。对于行政人员而言，他们亦能通过这种“完善的理性”来实现公共利益的最大化。但是，实践证明，政府行政人员绝不可能掌握进行公共服务供给决策所需的全部信息，更没有时间和精力设计出供最后抉择所用的全部备选方案，他们只能获得有限的信息和在少数备选方案中选出比较满意的方案。不仅如此，政府行政人员所掌握的有限信息还存在着失真性和滞后性。这样，政府不得不依凭不完全、不准确的信息来供给公共服务，必然难以充分、准确和及时地满足公民对公共服务的合理期待。甚至在很多情况下，政府容易想当然地确定不同类型公共服务供给的数量、优先次序和具体时间安排，而很少考虑公众对公共服务的偏好。

美国经济学家伯顿·韦斯伯指出，人们对公共物品具有不同的偏好，而政府对公共物品的提供只倾向于反映“中位选民”的偏好，这样的结果就会使有些人的需求得不到满足。由于政府服务讲求普遍性，而人民因收入、宗教、种族背景、教育等的差异性，往往产生多元化的需求，因此在既定的公共财政水平下，政府供给必然难以满足多元化的社会需求。①

（二）市场机制

一般来说，市场机制是以自愿求私益，不同的市场主体以自愿交易的方式实现各自利益的最大化。市场供给的动力，来自市场主体追求经济利益的动机。市场机制对效率和利益的高度关注，使它具有政府供给机制所无法替代的优势。

1. 市场机制的主要特点

在公共服务的供给中，市场机制具有以下特点：

（1）竞争导向。20 世纪 80 年代后，“85% 的英国特殊社会保障预算按照合同约定投入到私营和非官方部门中去。”② 甚至监狱服务也通过服务外包引进了企业来实行管理。此外，政府将社会保障、医疗、教育等服务领域向市场开放，一方面减少了政府公共开支，减轻了政府的财政压力，另一方面，通过引入多元化的市场主体参与竞争，增加了成本控制意识，增强了顾客导向，提升了公共服务供给的效率。

（2）绩效导向。即政府注重公共服务的绩效和对绩效的评估。对公共服务机构的奖惩或资源配置都与绩效挂钩。以医疗服务为例，政府在选择资助对象时，不再优先考虑公立医院，而是看参与竞争的各类医院的“为病人提供的治疗数量”、“病床数”、“医疗专家数”等量化指标，根据医疗机构的绩效来决定是否给予资助。

（3）鼓励差别化。即政府通过引入市场机制，增加公共服务的差别化条款，提供多层次的公共服务，以满足不同社会公众对公共服务的差

---

① 席恒：博士论文《公共物品供给机制研究》，2003 年 4 月。

② ［英］诺曼·弗林：《公共部门管理》，中国青年出版社 2004 年版，第 72 页。

异化需求。例如，“教育服务从大一统的综合体系中分离出来，根据家长、学生以及学校的差异性，确定不同的学校等级和收费标准；医疗服务进行等级划分，将购买不同级别的医保的民众进行差别化对待；对失业人士领取失业津贴权利进行差别化对待，将有存款的失业者排斥在津贴范围之外。”①

从公共服务引入市场机制的效果看，审慎的民营化能有效改善公共服务的竞争性和效率，带来成本收益比更高的公共服务。在德国，清洁服务的私营化比公营部门在费用上便宜30%—40%。在法国，私营部门修建收费道路的成本比公营部门少20%。在美国，私营部门供水的运行费比公营部门低15%—60%，在防火方面，私营部门与公营部门相比节约的人均费用为30%—40%。目前，资产出售和服务外包已成为美国州和地方政府公共服务民营化使用最多的方式。1990—2000年联邦政府与私人公司、研究机构等非政府主体签订了大约2000万个合同，涉及从道路修建到监狱管理，从图书馆运营到治安消防等多个领域。②

2. 市场机制的适用范围与应用条件

（1）从公共服务的性质看，市场供给的公共服务一般是具有一定排他性或竞争性的准公共物品。对于具有私人物品性质的准公共物品，“经济利益”驱动下的市场机制供给便具有发挥作用的条件。此外，准公共物品的规模和范围一般较小，涉及的消费者数量有限，这容易使消费者根据一致性同意原则，订立契约，自主地通过市场方式来提供。由于消费者数量有限，因此达成契约的交易成本较小，从而有利于公共物品的供给。

① 张菊梅：《二战后英国公共服务供给模式变革及对中国的启示》，《学术论坛》2012年第2期。

② 陈娟：《双向互动：非公企业在公共服务供给中的角色定位与路径选择——基于浙江实践的分析》，《广东行政学院学报》2012年第4期。

(2) 公共服务市场供给的必要性来自于消费者对公共服务的超额需求,“有需求才会有市场”。部分消费者对公共服务的需求,超出了社会平均水平,具有一定的超前性或超额性。由于政府所供给的公共服务具有普遍性,只能满足社会全体成员或大多数成员的最基本的公共需求,因此部分消费者的超额需求难以通过政府提供公共服务来满足。在这种情况下,他们就会通过“直接付费”方式,即市场交易方式来满足,从而为营利性组织通过市场供给这类公共服务提供了可能性。当这类公共服务的边际收益大于边际成本时,企业在利益驱动下,就会通过市场机制,即市场中的价格机制和竞争机制来供给某些公共服务。

(3) 市场机制供给公共服务必须符合政府制定的相关规则。公共服务涉及社会全体成员或大多数成员公共利益,由代表民意的政府出面规范市场机制的运行,是政府的责任,也是市场机制健全运行的基本要求。政府规制作为政府干预的方式之一,缘于市场的不完善性。市场作为一种资源配置方式,有其自身的缺陷,如外部性、信息不对称、垄断等等,因此需要政府发挥作用对市场的上述缺陷加以纠正和补充,这是政府规制存在的合理性依据。接受政府规制和公共监督是市场供给公共服务的必要条件。

3. 市场机制的局限性

(1) 具有非排他性的公共服务无法排除“逃票乘车”行为,导致私营部门不愿供给。一般而言,按照谁受益谁负担原则,公共服务的供给成本理应由受益者共同承担,但是,对于那些具有非排他性特征的公共服务而言,根本无法排除不负担成本的人对其进行消费,由此引发了“逃票乘车”问题。当试图让别人承担公共服务成本而自己免费享用的人增加到一定数量时,私营部门供给公共服务就无法赢利甚至要赔本,因此私营部门就不愿供给该类公共服务。拉本德拉·贾的研究表明,林达尔、威克塞尔、格罗夫斯、洛布、利亚德克拉克以及维克里等人虽分别尝试着提出解决“逃票乘车”问题的方法，但都没有给出令人信服的答案。

（2）具有排他性的公共服务由私营部门供给将导致资源配置的低效率。对于具有排他性特征的公共服务而言，由私营部门供给虽然存在理论上的可行性，但在实践中则会导致资源配置的低效率。这种低效率一方面体现在，由于可收费产品的消费具有排他性，如由私人来提供，公共服务将取决于其边际收益与边际成本的均衡点，而不管其他人对这种服务的需求如何。这样一来，对社会来说，这种公共服务的供给量就会太少。可见，具有排他性特征的公共服务如果完全由私营部门遵循市场原则来提供，那么相对于消费者的需求来说，市场上的这类公共服务就会出现供给不足。私营部门供给的低效率还体现在，通过价格来控制该类公共服务的使用是不理想的。如果完全由私营部门来供给该类公共服务，那么私营部门为了收回成本和赢得利润，就要向公共服务的消费者收取费用。由于消费者对该类公共服务的需求受到其收入水平的制约，因此这种收费必然会导致一部分公众尤其是缺乏购买力的人放弃对该服务的购买或寻求替代服务，此时就可能会出现公共服务闲置现象，由此引发消费者的福利损失。

（3）公共服务市场供给会造成公共服务质量低劣等问题。在英国18世纪后期的运河建设中，以私人资金为主兴建的运河网有明显的缺点，私人从自身利益出发，没有通盘计划，没有统一的勘测，设计时各行其是，造成全国各地所修的运河宽度、深度不一，水闸、桥梁、收费标准各异，各水道联运的船只仅仅能按最狭窄、最浅的河道建造，运河未能充分利用。在铁路建设中，私人公司在利润的驱动下，哪里运营效益好就在哪里修路，任意决定线路和起止点，铁路建设无统一规划，结果有的线路设置不当，最为突出的是轨距宽窄不一，在150个城市中有66种不同规格的轨距。各铁路公司收费标准不一，彼此竞争，道路不衔接，车辆始发和到达的时间也没有统一规定，管理上相当混乱，在经济上造成了损失。[①] 20世纪70年代末以后，西方国家推行公共服务市场化改革，国家对公共服务的调控能力大大降低，公共服务权力被分散到为数众多、各不相同的私营部门，公共服务呈现“碎片化”的状态，公共服务质量参差不齐。

（三）志愿机制

政府失灵和市场失灵的存在，为一种新的机制——以自愿求公益的志愿机制的出现创造了现实的需求。志愿机制的出现，在一定程度上是为了弥补“政府失灵”和“市场失灵”所造成的缺陷。在私人物品由市场的营利组织提供、公共物品的中位选择由政府提供的同时，非政府办的社会组织可以满足社会多样化的公共服务需求，这正是世界“第三部门”——非政府、非营利的志愿性社会组织大力发展的原因。

1. 志愿机制的主要特点

（1）体现了人类在利他精神指引下自我完善的愿望。世界各国都存在志愿服务机制，其思想根源在西方社会是基督教的博爱思想和人道主义的价值观，在东方不同国家则有不同的思想根源，中国传统儒家的仁爱思想和佛教倡导的普爱思想有着重要的影响。现代意义上的志愿性社会组织最突出的特点是，在法律的约束下开展公益性活动，不以营利为组织目标，组织运作所得收益不能用于管理者与成员的收入分配，而只能用于组织的发展与公益事业的投入，因此这类机构没有动力采取追逐

---

① 仲兵、周义程：《双失灵：公共服务供给主体选择的困境解析》，《江海学刊》2009年第5期。

利润的投机行为，而主要是致力于促进社会公益事业的发展，在实现个人价值追求的同时，促进社会和谐与进步。

(2) 通过自主治理解决社会问题。志愿性社会组织之所以产生，就是为了解决社会问题。凡是不能通过政府或市场解决的社会问题，都是志愿机制尝试解决的。志愿机制的社会基础是现代社会中公民社会的发展。现代社会公民参与公共管理的机会与途径大大增加，公民参与意识与参与能力不断增强，人们相信通过自主治理能够有效地解决问题。人们组织各种志愿事业组织，不是出于对约定俗成的社会规范的顺从，而是试图通过志愿活动，解决现实问题，实现公民权利，增进社会利益。

(3) 满足多元化的社会需求。要满足社会成员多元化的公共服务需求，在公益物品的提供与生产方面，需要做各种创新实验，而社会组织具备利他精神、多元价值观和自主治理等特性，恰好是最适合做社会创新实验的，因而社会组织便成为创新公共服务方式方法的实验场。非营利组织具有实验功能，它们可以凭志愿者的理想主义去做拥有强制功能的国家不宜去做、而追求自利的企业又不愿去做的事。事实上，社会组织涉及面很广，包括文化娱乐组织、教育科研组织、医疗卫生组织、社会服务组织、环境保护组织、慈善组织、协会学会组织等多种类型。可见，对于政府失灵与市场失灵的困境，社会组织通过志愿机制供给公共服务，能满足社会成员多元化的需求，从而发挥政府与企业难以替代的作用，这也是世界各国“第三部门”——非政府、非营利的志愿社会组织大力发展的原因所在。

2. 志愿机制的运行

志愿机制的运行，简要分析，包括目标设定、途径选择、资源保障等几个方面。

(1) 志愿组织之所以存在，是为了实现特定的组织目标。志愿组织的目标设定，与公共需求和公共利益的实现，以及由于政府失灵和市场失灵所导致的政府和市场无法满足这些公共需求、公共利益等有关。也就是说，志愿机制存在的前提是公共需求和公共利益，为了实现公共利益、满足公共需求，志愿组织将这些公共需求会转化为事业目标，从而确定了志愿机制的运行方向。

（2）方向确定以后，还要选择有效的途径，或者实现目标的手段。社会组织一般不进行物质生产，没有自营资金用于事业目标的实现。社会组织一般也不能制定强制性的政策、法规，无法运用公共权力实现事业目标。在这种情况下，社会组织就必须依赖政府的委托和政策优惠、企业组织及个人的资金资助来实现其志愿事业目标。因此，在志愿事业机制运行中，政府资金支持和企业资金资助是必要的。美国学者莱斯特·萨拉蒙等所著《全球公民社会—非营利组织部门的视界》一书中，以国家为单位对非营利组织发展进行案例分析，得出这样的结论：公共部门的支持是非营利组织成长的关键因素，政府的资助是非营利组织财政收入的主要来源。[①] 政府资金支持与企业资金资助的实现，还与志愿事业组织成员的努力密切相关。这些组织成员往往具有极强的“游说”能力，通过对政府和企业的“游说”能够获得组织运行的必要资源。

（3）志愿机制中的资源转换是由社会组织的实际运行和管理来实现的。社会组织通过对输入资源的有效配置，即通过计划、协调、组织、领导和控制等管理手段和方法，有效地达成志愿事业目标的实现。志愿机制中的输出是为社会提供公共物品或公共服务，从而实现社会公共福利的最大化。

3. 志愿机制的局限性

（1）慈善资源不足。志愿机制最突出的问题是社会组织运作所需要

① 齐海丽：《非营利组织供给公共服务研究综述》，《非营利组织》2011 年第 8 期。

的开支与其所能募集到的资金之间存在着巨大的缺口。社会组织如果要得到政府的支持，就要遵从政府的意愿，这样就会使志愿事业组织所提供的公益服务失去其非政府性、民间性的立场，从而难以实现自主治理，有可能一定程度上背离组织的最初目标。

（2）社会组织的业余性。公益事业的发展必然产生对资源配置的竞争，这种竞争不但来自其他社会组织，也来自企业和政府。因此，现代公益事业急需现代化的管理理念和专业化、职业化的管理人才。但目前的社会组织却缺少这种素质和资源，大多数社会组织具有“业余性”，这种业余性会阻碍组织的发展与组织目标的实现。

（3）社会组织内部存在家长作风、官僚化、行政化作风，以组织管理者及其成员的意志来替代服务对象的意志，会制约组织作用的发挥。

（4）社会组织的非营利性和商业化经营的倾向会产生现实冲突。尽管社会组织供给公共服务，具备政府供给与市场供给所不可替代的优势，但是相比政府组织与企业，社会组织从整体上看，发展历程还不长，当前社会组织自身存在的诸多问题，限制了其提供公共服务的作用。

综上所述，政府机制是以强制求公益，通过公共权力的运作和政府组织之间纵向的“命令－服从”关系追求公共利益。市场机制是以自愿求私益，通过平等的市场活动主体之间的自由交易、公平竞争追求私人利益。志愿机制是以自愿求公益，通过具有利他精神的个体组建自主治理的社会组织，在共同信念指引下从事非营利性的活动，追求公共利益的实现。政府机制、市场机制和志愿机制作为公共服务供给的不同制度安排，有各自运行特征与有效发生作用的条件，也有各自的局限，实际上，单纯依赖哪一种供给方式，都会导致公共服务供给不足或产生其他方面的问题。

二、中国公共服务供给机制改革的动因、现状与问题

中国自计划经济时期以来，形成了政府对公共服务大包大揽的格局。改革开放至今，通过实行一系列政治经济体制变革，初步建立起社会主义市场经济体制。随着经济领域市场化改革的推进，改革与创新公共服务供给机制提到了重要的议事日程。

（一）改革动因

改革中国公共服务供给机制有多方面的动因，原有公共服务供给模式的缺陷、社会转型提出的新挑战、政府管理改革的迫切要求、西方发达国家改革的启示等不同方面，都表明了改革的必要性。

1. *原有公共服务供给模式缺陷明显*

中国公共服务供给机制改革的首要动因，在于原有公共服务供给模式存在一些明显的缺陷。主要表现以下方面。

（1）公共服务供给总量不足。公共服务供给不足是相对于需求而言的。在中国由初步小康向全面小康过渡阶段，人们对公共服务的需求水平越来越高，公共需求增长的速度也很快。据估算，近十年城镇居民公共需求年均提高的比重相当于过去五年公共需求比重的总体增幅。① 广大农民在义务教育、医疗卫生、社会保障等方面潜在的公共需求开始转化为现实需求，尤其是上亿农民工日益强烈的公共需求，需要采取措施妥善解决。公共服务需求的快速增长给公共服务供给带来了巨大压力。近年来，尽管中国政府加大了对公共服务的投入，但仍然存在公共服务

① 郑慧：《加拿大公共服务改革研究》，社会科学文献出版社 2011 年版，第 229 页。

供给总量不足的问题。

中国公共服务大部分由政府来提供，公共服务供给资金主要来源于政府的预算支出，市场投资较少。但中国目前总体上是一种经济建设型财政体制，财政支出主要还是集中在经济建设方面，公共服务方面的支出占财政总支出的比重偏小。政府单一供给模式以及财政投入不足，严重影响了公共服务的数量和质量。[①] 以2010年为例，国内生产总值397983亿元，人均国民收入达到4000美元，已进入中上收入国家行列。但该年教育支出12450亿元，占GDP比重3.1%，医疗卫生支出4745亿元，占GDP比重1.19%，社会保障支出9081亿元，占GDP比重2.28%。[②] 教育、医疗卫生、社会保障等公共服务开支仅相当于GDP的6%，而发达国家该比重高达20%至30%。政府公共服务开支偏低，必然导致公共服务供给总量严重不足。

（2）公共服务供给效率低下。改革开放前，资源配置权高度集中于政府，政府通过国家的强制力量来汲取和整合资源，包揽国家和社会公共事务，负责公共服务的生产和提供。政府及国有企事业单位成为公共服务的唯一供给主体。政府供给公共服务具有垄断性。一方面，铁路、邮政、电信等行业具有行业垄断性，规模经济客观要求一定程度的垄断。环卫、城市公交、公共文化设施等行业虽然外部经济和社会效益很大，但其内部不经济性难以吸引私人资本，于是成为政府的“责任”，由政府独家提供服务。另一方面，计划体制时期沿袭下来的思想观念与既有的利益格局固化了政府的垄断行为。严格的政府管制和行政审批制度几乎覆盖了全国性与地方性各种公共服务的生产、分配与消费环节，民间

① 丁远：《论地方政府公共服务供给能力的制度完善》，《成都行政学院学报》2011年第6期。

② 中华人民共和国国家统计局：《2010年国民经济和社会发展统计公报》，http://www.stats.gov.cn/tjgb/ndtjgb/qgndtjgb/t20110228_402705692.htm，2011-10-10。

资本不能进入公共服务生产领域，公共服务生产集中于各级各类国有企事业单位。

实践证明，垄断必然伴随低效，必然导致公共服务的质量低下、公共部门服务意识淡薄。电老虎、水霸王、铁老大、电信爷，公共设施“跑、冒、漏、滴”，“门难进，脸难看”等一度成为中国公共服务领域的真实写照。

此外，长期以来，中国的某些地方政府只注重投入，而不太注重结果，服务成本意识较差，这导致了在很多情况下，结果越坏，得到的投入反而会越多，如当学校、福利机构和治安部门工作不力，儿童表现欠佳、福利费用膨胀、犯罪率上升时，它们通常会得到更多的资助。成本高而效率低是政府供给机制难以适应公共需求变化的一个突出问题。

（3）公共服务供给结构失衡。从整体上看，中国公共服务供给存在结构性失衡。有限的公共资源分配不均衡，许多现代社会所需要的公共服务未能及时跟上。由于地方财税体制的不完备和公众参与的缺失，一些地方政府不了解或不顾及公众实际需求，大举兴建超出本地财政能力的政绩工程，盲目投资市政建设等项目，财政支出超出政府财政能力，而对于公众急需的公共教育、医疗、社会保障、对特定人群的服务等供给严重不足。此外，中国公共服务供给结构失衡还表现为城乡失衡、不同地区之间的失衡以及不同群体之间的失衡。

2. 社会转型提出新的挑战

改革开放以后，中国社会进入社会转型期。一方面，转型速度快，在短短二、三十年时间，经历西方资本主义二、三百年的发展历程。另一方面，转型形势复杂，从农业社会向工业社会转型中遇到信息化，从计划经济向市场经济转型中遇到全球化。对于公共服务供给而言，社会转型主要提出了以下新的挑战。

（1）人口老龄化的挑战。按照人口学基本原理，如果60岁以上人口占总人口10%，或者65岁以上老人占总人口7%以上，一个社会就进入了老龄化社会。中国早在1999年就已进入老龄化社会，人口老龄化具有以下特点：第一，老龄人口基数大。根据2010年全国人口普查统计数据，中国大陆现有人口13.4亿，其中60岁以上人口占总人口比例为13.3%，65岁以上人口占总人口比例为8.9%。[①] 第二，老龄人口增长速度快。中国作为一个发展中国家，人口老龄化程度和速度紧随日本和欧洲发达国家。预计到2050年，60岁及以上老年人口将超过4亿，占总人口30%以上。第三，高龄化明显。预计到2050年，80岁及以上的高龄老人达到9500万。[②] 第四，区域差异大。从统计上看城市户籍人口老龄化程度高，而流出人口多的农村地区常住人口中人口老龄化也很严重。

人口老龄化是社会经济进步的结果。但与此同时，人口老龄化对社会保障、医疗卫生等公共服务体系的平稳可持续发展提出了严峻挑战。中国是一个“未富先老”的发展中国家，人均国民收入远远低于发达国家。在社会保障、医疗卫生还没有达到发达国家水平之时，就进入了老龄化社会，老龄化问题具有规模大、负担重、高峰期持续时间长的特点，这必然给现行公共服务供给体系造成巨大压力。未来人口老龄化问题将是深刻影响中国社会经济可持续发展的重大问题，只有切实改善公共服务供给，才能有效化解老龄化问题蕴藏的社会危机。

（2）家庭保障功能弱化的挑战。中国通过实施严格的计划生育政策，家庭户人口持续减少。2010年平均每个家庭户的人口为3.10人，

---

① 国家统计局2010年第六次全国人口普查主要数据公报（第1号），2011年4月28日。

② 穆光宗，张团：《中国人口老龄化的发展趋势及其战略应对》，《华中师范大学学报》（人文社会科学版）2011年05期。

比2000年第五次全国人口普查的3.44人减少0.34人。[①] 目前三人户和二人户是中国家庭户的主要类型。与之相应，已基本形成了“四二一”或“四二二”的家庭结构。也就是说一对夫妻要赡养四个老人、抚养一个或两个小孩，家庭传统的保障功能已经普遍弱化。

家庭保障功能弱化尤其体现在独生子女家庭和空巢家庭中。首先，独生子女家庭面临“失独”风险。据估算，中国至少有100万个家庭失去独生子女，成为“失独家庭”，每年新增失独家庭7.6万个。[②] 其次，“空巢家庭”比例快速大幅增加。2000年，65岁以上老年人口生活在“空巢家庭”的占22.8%。[③] 2009年，城乡老年人家庭中“空巢家庭”均超过50%，部分城市大于70%。[④] 第三，“留守家庭”成为中国农村独特现象。2010年，中国留守儿童约有5700万，占农村儿童的1/4，30%的留守儿童父母外出三年以上。留守妇女约有4700万，留守老人有2000万以上。

家庭保障功能普遍弱化，迫切要求改革完善公共服务供给体制机制，以缓解由于家庭保障功能弱化给社会带来的不利影响。

（3）新型工业化、城镇化的挑战。党的十八大报告提出，中国要走中国特色新型工业化和城镇化道路，要加快完善城乡发展一体化体制机制，推进公共服务的一体化。加快城镇化建设对中国公共服务供给体系提出了挑战。

当前中国城镇化水平正在快速推进。与2000年普查数据相比，10年间城镇人口比重上升了13.46个百分点。新型城镇化的核心，是人的

---

① 国家统计局2010年第六次全国人口普查主要数据公报（第1号），2011年4月28日。

② 张参军：《失独家庭：疼痛谁人帮抚平》，《中国社会保障》2012年第12期。

③ 姚引妹：《经济较发达地区农村空巢老人的养老问题——以浙江农村为例》，《人口研究》2006年第6期。

④ 《中国城乡空巢家庭超50%城乡家庭养老条件明显缺失》，2010年11月7日，见新华网，http://news.xinhuanet.com/society/2010-11/07/c_12747052.htm.

城镇化。长期以来，中国的公共服务体系存在着城乡分割的问题，阻碍了城镇化的进程，不利于城乡居民基本社会权利的实现，不利于基本公共服务均等化的推进。要顺应新型工业化、城镇化的内在要求，推进公共服务的一体化，就要改革完善已有的供给机制，向所有社会群体提供公平优质的公共服务。

3. 政府管理改革提出迫切要求

政府是提供基本公共服务的责任主体，为公众提供满意的公共服务，是政府的基本职责。20 世纪 80 年代中期，中央政府自上而下启动社会事业、公共服务领域的改革。最初政府基本上是将公共服务领域改革作为经济体制改革的配套措施，改革的取向是“效率优先，兼顾公平”。在社会保障领域，为配合国有企业的改革，企业退休制度的改革提到政府议事日程。随后在医疗卫生与教育领域，启动了以“市场化”为导向的体制改革。

20 世纪 90 年代中期以后，特别是进入新世纪以来，以“非典”事件为契机，社会领域的深层次问题显性化。面对转型期深刻变革的社会形势以及公众日益高涨的社会需求，政府深刻意识到迫切需要切实转变政府职能，强化社会管理和公共服务，加快推进社会建设，完善公共服务体系，提供让人民满意的公共服务。

2002 年年底召开的党的十六大试图重新解释“效率优先、兼顾公平”的含义，使用了“初次分配效率优先、再次分配注重公平”的提法。2003 年 10 月，中共十六届三中全会正式提出了科学发展观。2004 年 9 月，中共十六届四中全会提出建构“和谐社会”的新理念。2007 年 10 月，中国共产党第十七次全国代表大会审议并一致通过将科学发展观写入《中国共产党章程》。

在科学发展观指导下，中国启动了创建“服务型政府”的进程。

2006年10月，党的十六届六中全会通过的《关于构建社会主义和谐社会若干重大问题的决定》明确要求“建设服务型政府，强化社会管理和公共服务职能”，服务型政府被第一次写入党的决定。2007年10月党的十七大报告提出“加快行政管理体制改革，建设服务型政府”。2013年党的十八大报告进一步明确服务型政府的基本内涵：要按照建立中国特色行政体制目标，深入推进政企分开、政资分开、政事分开、政社分开，建设职能科学、结构优化、廉洁高效、人民满意的服务型政府。深化行政审批制度改革，继续简政放权，推动政府职能向创造良好发展环境、提供优质公共服务、维护社会公平正义转变。服务型政府的基本功能就是为全社会提供基本的、有保障的公共服务，以不断满足城乡居民日益增长的公共需求，并在此基础上形成政府治理的制度安排。

以科学发展观为指导，切实转变政府职能，建设服务型政府，为公共服务供给机制改革创造了良好的政治环境，增加了改革创新的动力，同时也提出了更高的要求。

4. 西方发达国家改革产生示范效应

公共服务供给机制改革，是在20世纪70年代中后期从西方国家开始兴起的，英国、美国是最早开始改革的国家。改革的起因来源于应对当时欧美国家普遍面临的社会危机。

20世纪70年代中后期，经济全球化和区域一体化的趋势加速，社会发生急剧变迁，各种社会矛盾、冲突不断暴露出来。首先是财政危机。西方国家发生的经济危机，使整个社会经济处于滞胀状态，政府出现庞大的财政赤字，面临着巨大的财政压力。改革之前，英国通货膨胀率高达20%。美国在里根时期，年度财政赤字上涨了三倍，联邦债务的增加比里根以前美国历史的总和还多。其次是管理危机。一方面，政府和公共部门管理一度出现了失调、失控现象。政府和公共部门工作人员士气低落，行政效率低下，服务意识不足，官僚主义作风盛行。另一方面，公众对政府的要求越来越高，传统的政府管理方式方法受到严重挑战。第三是信任危机。由于政府的财政危机和管理危机的出现，政府的形象受到损害，普遍产生了公众对政府的不信任感。1979 年英国公民对政府满意的仅为 35%，不满意的达 54%。公民信任危机使传统的政府管理进一步受到挑战。

在面临着三大危机的同时，公民公共服务需求不断增加，欧美发达国家不得不积极寻求公共服务改革与创新之道。在公共服务供给中，各国加快推进市场化改革，鼓励多种社会力量参与公共服务，发挥它们各自的优势，减轻政府负担，提高公共服务供给的数量与质量。由于改革措施得力，在比较短的时间内，取得了比较明显的效果。

中国在社会事业、公共服务领域的改革，始于 20 世纪 80 年代中期。随着社会主义市场经济体制改革不断取得成效，市场化理念日益深入人心。而与此同时，西方国家的新公共管理理论不断传入中国，西方发达国家公共服务市场化的改革实践，为中国提供了经验和借鉴。随着市场经济体制改革的推进，中国开始探索公共服务供给机制的改革与创新。

（二）改革现状

中国在改革开放以前，公共服务几乎完全由政府包揽。1985 年后，在交通、电力等领域开始放松管制，中国联通公司参与到电信行业，以促进竞争，改善服务。1987 年大连市在全国大城市中率先推出社会办公交的重大改革措施，到 1998 年，社会各界投入联营公司资金达两亿多元。1994 年中国首例官民并举，以民营为主通过建设－经营－移交形式建成的福建省泉州市特大型公路桥梁刺桐大桥，开创了民营资本投资国家重点支持的基础设施建设的先河。

由于民营经济快速发展，中国一些经济较发达地区在企业参与公共服务供给方面取得比较明显的成效。如浙江省政府于2003年出台《关于促进和引导民间投资的意见》后，浙江民间投资公用事业的热情高涨，非公经济参与公共服务供给的进程加快。在“居民服务和其他服务”领域，2009年非国有经济的投资占总投资的64.7%。在杭州、宁波、温州、嘉兴、绍兴等城市，企业参与公共服务供给的程度更高。温州市近年来完成的交通基础设施建设投资共137亿元，其中100亿元来自民间资本。绍兴市近几年内投入180亿元建设城市广场、污水处理工程、城市门户改造等一大批城市基础设施，其中政府财政性资金投入仅占10%，其他资金都通过市场化运作手段获得，其中民营资金占了很大部分。①

目前，在基础设施建设、污水垃圾处理、公用事业、邮电通讯等领域，已基本打破完全由政府独家垄断的局面，部分国有企业实行了民营化、合同出租，公私合作也开始进入道路清理、后勤管理、基础设施建设、社区维护等边缘性服务领域，公共服务市场化趋势已初步形成。

近年来，政府购买服务成为中国公共服务供给机制改革的重要内容。一些地方政府在购买公共服务方面进行了许多积极探索。政府购买公共服务是指政府根据其法定职责，将为社会发展和群众日常生活提供服务的事项，交由政府主办的事业单位、有资质的社会组织及市场主体来完成，并根据其提供服务的数量和质量，按照一定的标准进行评估后支付服务费用的行为。从政府购买服务的主要方式来看，有公共竞标、单一来源采购、委托管理、项目补贴、项目奖励、意向性谈判、资助、凭单、公办民营、民营公助等多种购买方式，购买方式呈现多样化、复合型的

① 陈娟：《双向互动：非公企业在公共服务供给中的角色定位与路径选择——基于浙江实践的分析》，《广东行政学院学报》2012年第4期。

特点。

政府购买公共服务是在公共财政、新公共管理、新公共服务等理论与实践的共同作用下，不断发展起来的一种利用市场手段提供公共服务的模式，其目的是为了适应市场经济条件下政府履行公共管理、公共服务职责的要求，进一步转变政府职能，提高政府公共服务的质量和效益。近年来，中国各级政府对于向社会购买公共服务的探索逐渐活跃，被普遍认为是推动政府职能转变和服务型政府建设的重要途径，是公共服务供给模式的重要创新。

中国政府购买服务处于初步探索阶段，从总体上看，具有以下特点：

一是从政府采购总体规模来看，中国政府采购总体规模较小。尽管2011年中国政府采购规模达1.13万亿元人民币，占国家财政支出11%，相比2002年1009亿元的规模，政府采购规模10年间增长10倍，但是发达国家政府采购总规模一般占GDP的15%到20%，而中国2011年政府采购规模仅占当年GDP的2.4%。[①] 显然，中国政府采购总规模比起发达国家有较大差距。

二是从政府采购的项目构成来看，服务类采购比重较低。政府采购包括货物、工程、服务三大类。自2001年以来，货物采购与工程采购在政府采购总额中所占比重基本上在90%以上，服务采购在政府采购总额中的比重仅为10%左右。[②] 在服务类政府采购的构成中，纯公益性服务采购的比重极低。服务采购局限于公务车辆维修与保险、计算机通用软件、会议服务等少数领域，采购种类过于单一。[③]

---

① 《政府采购增10倍与精简开支不矛盾》，《人民日报》2012年7月9日，第2版。

② 杨会慧，杨鹏：《中国政府采购总体规模及货物结构分析》，《中国政府采购》2011年第6期。

③ 郑苏晋：《政府购买公共服务：以公益性非营利组织为重要合作伙伴》，《中国行政管理》2009年第6期。

三是从服务内容看，目前中国政府向社会组织购买服务主要局限于养老、社区、社工等公共服务领域，而在公共教育、医疗卫生、科学研究和社会保障等主要公共服务领域，很少实行购买服务。

四是从地区分布看，政府购买公共服务主要出现在上海、深圳、宁波等经济发达地区。①

五是从获得政府购买服务项目的主体类型来看，基本上为社会组织，企业参与机会较少。获得政府购买服务项目的社会组织，虽有少数为基金会和社团组织，但绝大多数属于民办非企业单位，尤其是正式注册登记的民办非企业单位。

上海、深圳等地政府购买服务的改革探索走在全国前列，这些地区的改革措施对其他地区具有较强的示范效应。上海向民间组织购买服务的范围广泛，涉及养老服务、社区服务、社会工作服务、就业再就业服务、残障服务、问题青少年服务等众多公共服务领域范围。购买方式多种多样，有公共招标、竞争性谈判、单一来源采购、委托管理、项目申请等多种方式。购买服务的资金来源，有专项业务资金、预算外资金、财政预算资金等多种渠道。浦东新区、普陀区等已开始将购买民间组织服务的资金整体纳入政府财政预算，并且初步形成了比较完善的购买服务政策体系，建立了规范的购买服务工作流程和监督评估机制。

深圳市在探索政府向社会组织购买公共服务时，不是孤立地开展购买服务，而是融购买服务于政府职能转变和对社会组织的培育发展之中，结合行政体制改革和事业单位改革来整体推进。譬如，深圳所有的社会工作服务，都是采用政府向社会组织购买服务方式来提供。深圳市把向社会组织购买公共服务作为建立新型政社关系、完善公共治理结构、创

① 黄晓勇：《中国民间组织报告（2010—2011）》，社会科学文献出版社2011年版，第19页。

新社会治理方式、构建公共服务多元供给体系的重要措施和关键环节。

2009年，宁波市出台《宁波市政府服务外包暂行办法》，这份中国首个政府服务外包的暂行办法明确规定："新开展或新增加财政拨款的公共服务项目，具备服务外包条件的，一般应通过服务外包的方式进行"。政府通过服务外包的方式变养人为办事，为社会组织参与公共服务提供了制度化的法律政策保障。

成都市出台《成都市人民政府关于建立政府购买社会组织服务制度的意见》，提出2010年在全市范围内初步形成政府购买社会组织服务的制度框架，在公共卫生、公共就业、社会保障、法律、公共文化、养老服务领域加快推进购买服务工作，到2013年，在准公共物品领域基本建立政府购买社会组织服务的机制。

此外，湖北省把向社会组织购买公共服务作为推行乡镇综合配套改革的重要措施，建立了"以钱养事"的新机制。

综上所述，当前中国公共服务供给机制改革取得了一定成效，但由于中国开展改革时间比较短，公众对改革的理解与支持度还不够，政府与企业、社会组织管理实践经验还不足，改革措施比较单一，从整体上看，改革还处于起步阶段。

（三）改革中存在的主要问题

中国公共服务供给机制改革尚处于初步探索阶段，目前改革取得了一定的进展，但也暴露出许多问题。改革中存在的主要问题包括以下方面。

1. 缺少明确的改革目标和战略部署

自20世纪80年代中期以来，中国开始推进公共服务供给机制的改革，允许企业、社会组织参与公共服务的生产与提供，探索公共服务市场化改革的具体方式。但是，在实践中，各地区、行业与职能部门并没有深入领会和把握市场化的实质内涵和实施方式，改革仍处于单项推进、局部试点的探索阶段，公共服务供给机制的改革缺少明确的改革目标与战略部署，导致各地区、各行业与各部门自行其是，改革方式与效果差别较大。

毋庸置疑，在世界各国，市场化是公共服务改革与创新的基本方向之一。但公共服务市场化具有特定的内涵和表现形式，其中最基本的问题是要区分政府责任的市场化和服务提供机制的市场化。前者把本应是政府分内职责的公共服务推向市场；后者则是在政府承担基本责任的前提下，推行公共服务生产过程的市场化，通过多元主体之间的竞争来降低成本，提高效率和质量。

中国公共服务供给机制改革目标含糊，在很大程度上是因为对公共服务领域的市场化改革存在认识误区。一些地方政府将公共服务市场化改革理解为政府责任的市场化，将公共服务市场化等同于私有化，认为将公共服务推向企业等市场主体就万事大吉。许多领域的所谓市场化改革在推行之初，本身就源于政府财政拮据的大背景，因而具有政府卸载财政包袱的意味。近年来，一些地方政府热衷于市场化的一个重要原因就在于财政方面的考虑，即通过出售公有企业，增加财政收入，同时减少财政负担，缩减政府开支。

由于对市场化存在认识误区，因此在实践中出现盲目市场化的问题。以医疗卫生领域为例，20 世纪 80 年代中期推行的前一轮医疗市场化改革，效果就不理想。20 多年中，中国卫生总费用稳步上升，但政府的卫生支出占总支出的比例却逐年下降。与此相适应的是个人医疗费用的大幅上涨。这表明，医疗卫生领域的市场化改革大大减轻了政府的财政负担，成为政府甩掉财政包袱的手段。与此同时，普通公民的负担却大大加重了，相当一部分医疗服务责任实现了从政府向普通公民的转移。

与政府责任市场化同时存在的，是服务提供机制市场化方面着力不足。第一，在市场准入方面实行严格控制，对非公立医疗服务机构排斥。第二，不同类别服务机构之间公平竞争环境和规范缺乏，公立医院享有国家财政投入和税收减免，而民营医院发展艰难，面临着巨大的税收压力，无法评定职称而导致高端医疗人才匮乏。

热衷于政府责任市场化，而服务提供机制方面的市场化严重不足，这样的问题并不限于医疗卫生领域，其他领域同样普遍存在。因此，我们需要反思公共服务供给机制改革的方向，领会公共服务市场化的内涵，把握公共服务市场化的要领。政府责任市场化的倾向应予校正，而公共服务提供机制的市场化改革不仅要坚持，而且要加大力度。没有管理体制和服务提供机制改革带来的微观效率的大幅度提高，即使政府财政投入扩大数倍，也不一定导致所期望的结果，更不能从根本上解决社会公正问题。

2. 政府职能转变滞后

社会主义市场经济体制的确立及深入发展，导致了中国政治、经济与社会关系发生了全方位、深层次的变化。随着政企分开、政社分开，政府管理公共事务的领域被重新调整和确认。目前企业和各种社会组织成为民间社会发展的重要力量，为公共服务供给机制改革创造了一定的社会条件。但是，从现行的公共服务制度安排看，公共服务供给主体单一的问题并没有从根本上得到解决，政府仍是主要的供给者，企业和社会组织的作用还远远没有得以发挥，仅仅处于补充地位。

公共服务供给主体单一的问题，从根本上说，源于政府转变职能进程缓慢。长期以来，中国将公共服务事业视为公益性事业，归属政府投资和管理，政府既“掌舵”又“划桨”，既当“裁判员”又当“运动员”，对公共服务大包大揽，不仅要投入大量的人力、物力、财力，还导致政府职能越位与缺位并存，机构臃肿，财政资金运行低效和浪费严重，公共服务质量低下。由于政府角色定位不清，政府职能转变不到位，政府与市场、社会的职能边界模糊，造成其他社会主体，如私营部门、社会组织等参与提供公共服务的机制不畅，市场准入难度大，从而不利于其他社会主体参与公共服务供给，不利于提高公共服务的质量。

公共服务供给机制改革，要求切实转变政府职能，打破政府独家垄断公共服务供给的格局，将一些公共服务项目移交给社会组织、企业等各种类型的服务主体，或者委托给其他服务机构，引入竞争机制，探索多元化的公共服务供给方式。但是，目前一些政府部门职能转变进程缓慢，职能转变不到位。

一是政府部门不愿转。有些政府部门对改革重要性认识不足，没有充分意识到社会管理应是一个多元治理的过程，不清楚政府在多元治理中的角色定位，对社会组织、市场主体在公共服务领域的重要性认识还不充分，将其置于可有可无的地位。有些政府部门摆脱不了传统上国家与社会对立的观念，过分强调政府对社会控制的功能。还有一些政府部门担心改革会造成权力资源减少，特别是编制职数减少，担心出现服务真空和监管失职等不良后果。

二是政府部门不会转。这些部门对自身职责尚未进行深入细致的梳理，缺乏统一的公共服务项目转移标准，对哪些应当属于公共服务，哪些公共服务可以交给社会组织与市场解决，哪些公共服务可以通过政府购买方式进行，认识模糊。

政府认识不足，职能转变不到位，直接影响公共服务供给机制改革进程。目前尽管各类社会组织与企业在公共服务供给中的作用日益突出，但还没有成为公共服务体系中与事业单位鼎足而立的重要主体，没有得到公共资源的大力支持，发展受到较大限制。正因如此，中国公共服务供给机制改革与创新主要集中在上海、深圳等经济发达地区，大多数地区推进缓慢。政府购买公共服务主要分布于养老、社区、社工等公共服务领域，涉及领域比较有限。

3. 法律法规不健全

公共服务供给机制改革与创新，需要得到法律支持，而中国相关法律体系建设严重滞后。当前中国公共服务公私合作供给的实践探索，面临的一个突出问题就是相关法律法规不健全，除极少部分是以法律的形式颁布外，绝大部分是以国务院规定、条例、决定等形式颁布，有关公共服务项目市场化的政策也大多仅为部门的指导意见，缺乏足够的权威性。

在实践中，一些私营机构投资公共服务项目，并非基于对合同本身法律效力的信任，而是基于对政府的信任。一旦政府领导人更替或是修改中止合同，双方合作就会受到影响甚至完全中止。法律保障缺失所带来的巨大不确定性，使私营部门的参与受到极大限制。

政府采购是中国当前公共服务公私合作供给的重要形式。与政府购买公共服务有关的法律是《中华人民共和国政府采购法》。应该说《中华人民共和国政府采购法》明确把服务列为购买对象，并强调服务是指除货物和工程外的其他政府采购对象，但由于具体指导各级政府采购的是政府颁布的《政府采购货物和服务招标投标管理办法》以及财政部国库司印发的《政府采购品目分类表》。[①] 采购品目分类表中所谓服务类只不过是针对政府提供的包括设备、会议、培训等内容的各类行政后勤服务，并没有包括针对社会和公众提供的公共服务。这也正是为什么政府

① 财政部关于印发《政府采购品目分类表》的通知，财库［2000］10号；《政府采购货物和服务招标投标管理办法》，中华人民共和国财政部令第18号，2004年8月11日。

金纳入政府财政预算。

（3）购买程序。购买程序的规范是政府选择具有较强能力的社会组织作为公共服务供给者的重要保障。为了达到这个目的，购买程序应当具有公开性、竞争性以及明确的选择标准，然而目前的购买程序远未能达到这些要求。在公开性方面，尽管名义上是公开招标，但一些地方政府通常是私底下与一些社会组织商谈，然后选择合适的社会组织；或者是通过定向购买方式把公共服务项目交给某个社会组织。在竞争性方面，由于定向购买、社会组织资质不够等原因，来参加竞标的社会组织通常数量很有限，且一些社会组织实力较弱，没有能够形成相互竞争的竞标局面。在选择标准方面，没有制定详细与合理的标准，使得选择的随意性较大，例如有些地方将是否愿意听政府话作为选择标准。购买程序存在的上述缺陷不仅使公共服务的多元选择和外部监督难以形成，而且还影响了社会组织参与公共服务购买的热情。

（4）评估机制。要全面获知社会组织所提供的公共服务的效果和问题，需要有一套专业的评估机制，但当前的评估机制还远不够成熟。在评估人员方面，评估人员组成主要以政府人员为主，人大、专家学者、社会公众参与度不够，由此在很大程度上影响评估结果的客观性和公正性。在评估标准上，还没有形成比较系统和详细的评估标准，评估标准的随意性较大。在评估方式上，主要以听取汇报和检查为主，这些方式不可避免具有主观性。

5. 公共服务市场化运作不规范

公共服务市场化是当前中国公共服务供给机制改革的主要取向之一，在实际运作过程中，存在诸多问题。

（1）政府与社会组织、企业承担的责任不明确。在公共服务供给中引入市场机制，旨在解决中国传统公共服务供给机制所造成的供给不足、效率低下、政府负担过重等问题，但矫枉过正便会出现公共责任缺失、公共服务公益性受损的问题。对于具体的政府部门而言，引入社会组织和企业参与公共服务供给，往往更多关注的是解决自身的财政压力，尽可能为自身减负，因此在与社会组织、企业的合作过程中，会将自身所需承担的责任移交出去。对于社会组织与企业而言，在公共服务项目的选择过程中，会倾向于选择易于操作、收益大的项目，而对于那些社会急需而收益较小的服务项目，会选择消极供给，这样就会导致在一些公共服务领域出现公共责任缺失，社会公众尤其是困难群体难以获得应有的公共服务。

世界银行发展报告《让服务惠及穷人》将责任视为公共服务提供中的核心概念。该报告提出了两种类型的责任关系：一是公民、国家与服务提供者之间的长线责任，“公民面向国家的表达权”和“国家与服务提供者之间的契约”构成长线责任中的控制机制；二是公民与服务提供者之间的短线责任，它将决策和权力直接交给公民，既能反映其需求，又能发挥公众的监督作用。① 从中国公共服务供给机制改革的实践看，目前这两方面的责任关系都不够明晰，在很大程度上阻碍了改革的进程。

（2）市场机制不完善。公共服务合作供给以市场为纽带，实现了政府、社会组织与企业等不同主体的合作，使公共服务从行政性生产，转变为市场性生产。然而，中国公共服务供给在引入市场机制方面还处于探索阶段，市场机制的实现形式及其运用范围非常有限，尚未建立起健全完善的市场竞争机制，对于市场竞争范围、竞争主体、竞争条件以及竞争标准等问题都没有较明确的规定，导致现行的竞争机制缺乏应有的可操作性，市场机制有效调配资源、提高生产效率的作用远远没有发挥

① 世界银行：《让服务惠及穷人》，中国财政经济出版社2004年版，第47—49页。

出来。①

中国公共服务供给市场机制不完善，抑制了政府与社会组织合作关系的构建与发展。首先，削弱了社会组织与企业参与合作供给公共服务的积极性。当前中国公共服务合作中面临的一大困境，就是社会组织与企业承接公共服务动力明显不足。其次，又会助长部分社会组织与企业的投机性，难以保障公共服务的效率和质量。最后，市场机制不健全，还会增加政府部门寻租的机会，成为滋生腐败的温床，这更会严重阻碍公共服务供给机制改革的推进。

（3）专业人才缺失。公共服务市场化运行模式是从西方国家借鉴引入的，其运行管理具有很强的专业性。中国无论是政府部门，还是私营机构，这方面的人才都比较稀缺。由于缺少专业人才，许多地方政府在某些公共服务项目上投入了很长时间，最后依然无法顺利实施。即使谈成一些项目，在定价、回报率、项目监管等关键问题上也往往会出现很多失误，最终严重侵害国家利益和消费者利益。私营机构同样存在专业人才缺失的问题，导致在项目运行过程中管理不善，难以保证项目的质量，企业也难以实现既定的效益，从而阻碍了其自身发展。

6. 社会组织发展中存在的问题

社会组织是公共服务供给的基本主体之一，也是政府购买服务的重要客体，要高质量地供给公共服务，社会组织自身必须具有一定的能力和条件。政府在选择社会组织作为公共服务供应方时，要从资质和能力上严格把关。然而从现实看，社会组织自身还存在着许多问题，使得可供政府选择的社会组织比较少。

（1）中国社会组织总体数量偏少，规模较小。从数量上看，按每万

---

① 党秀云、杨继红：《公共服务公私合作供给中的困境与对策选择》，《教学与研究》2011年第12期。

人拥有民间组织的数量计算，法国是110个，日本是97个，美国是52个，阿根廷是25个，新加坡是15个，巴西是13个。中国截至2013年6月底，依法登记的社会组织50.67万个，每万人拥有社会组织的数量不到4个。不仅与发达国家相比有差距，就是与一些发展中国家相比也存在较大差距。从规模上看，美国非营利组织2002年总资产达到24000亿美元，而中国社会组织2009年资产总额只有约170亿美元。

（2）一些社会组织内部治理结构不健全，服务能力不足。一些社会组织民主决策的机制不健全，财务制度不完善，运作不规范。一些社会组织甚至违背非营利的原则，在服务过程中乱收费，乱评比，导致非营利组织功能扭曲，降低了其社会公信度。此外，一些社会组织从业人员中专业和专职人员比重少，服务意识和服务水平不高。

（3）相当一部分社会组织独立性不强，成为政府部门的延伸机构。在中国政府购买服务的实施过程中，有相当一部分社会组织实际并非独自成长的社会组织，而是由作为购买者的地方政府发起或者倡导成立的社会组织。这些社会组织对政府单方面的依赖性较强，独立性不足，很难与作为购买者的政府处于平等的谈判和协商地位。社会组织名义上承接政府委托的公共服务，实际上对自身组织发展缺乏长期的规划，活动自主权难以得到保障，变成了政府部门的延伸机构。这一情况造成了购买行为的内部化，由此也带来了服务质量、费用以及资金透明度等一系列问题。①

目前中国非营利的社会组织能力不足和社会公信度不高，一方面是因为社会组织自身存在服务“志愿失灵”现象等；另一方面，最重要的原因还是由于中国社会组织起步时间晚、发展空间有限所致。

---

① 王浦劬、莱斯特·M萨拉蒙等：《政府向社会组织购买公共服务研究》，北京大学出版社2010年版，第28页。

三、改革公共服务供给机制的主要思路与对策

（一）进一步明确改革的目标

无论公共服务供给机制改革采取怎样的方式，改革的最终目标是改善公共服务供给，提供良好的公共服务。一般说来，良好的公共服务至少包括四个基本属性：高品质、高效率、公平性、回应性。因此，公共服务供给机制改革的最终目标包括以下几方面。

一是提升服务品质。公共服务的品质，包含多方面的含义。第一，公共服务的投入。如投入的资金与设施、服务机构的规模和条件、服务人员的数量和素质等。第二，公共服务的过程。如服务态度、服务对象等待服务时间的长短等。第三，公共服务的产出。如服务机构提供某项服务活动的数量、服务人次等。第四，公共服务的最终结果或对服务对象的实际影响。如病人因得到医疗护理，健康状况有了改善；或者孩子由于接受教育，读写算术能力得到提高。一般来说，对公共服务的投入及其产出比较容易量化，常常作为评估公共服务的指标，但是，对于服务对象而言，服务过程及服务结果更能体现服务品质的高低。因此，要提升服务品质，应全面考虑以上四个方面。

二是确保服务的公平性。公平是良好的公共服务的关键因素。良好的公共服务应该向所有人提供平等的机会，无论服务对象社会经济地位存在怎样的差异，都不影响他们对公共服务的享有。

三是提高服务效率。高效是任何良好的公共服务的基本要素。这里的效率，指的是投入产出之间的比率。所谓高效的服务，即是利用特定水平的资源提供尽可能多的服务产出。而低效率的服务是对资源的滥用

和浪费，最终会降低服务对象的整体福利水平。

四是对社会需求做出积极回应。公共服务供给内容与标准等的确定，不应该出于供给主体的意愿，而应该在一定资源条件的约束下，充分考虑社会需求，对社会需求做出积极回应。当前社会需求层次越来越高，越来越具有多元化的趋势，对公共服务供给提出了新的挑战。

进一步分析，要实现改革的最终目标，提供良好的公共服务，究竟应该如何确定公共服务供给机制改革的方向？

如前所述，政府机制、市场机制和志愿机制作为公共服务供给的不同制度安排，有各自运行特征与有效发生作用的条件，也有各自的局限，任何一种单一的制度安排都无法实现公共服务的充分和有效供给。结合报告前文对三种基本供给机制的阐述，以及对中国公共服务供给机制改革动因、现状与存在问题的分析，要提供良好的公共服务，既不能走计划体制时期国家对公共服务大包大揽的老路，也不能将公共服务供给完全推给市场，而应该结合三种供给机制的优势，建立完善公共服务多元化供给机制。

多元化的公共服务供给机制具有两方面的含义。一方面是指，公共服务供给不能单纯依赖哪一种模式，而要发挥三种基本供给模式的优势。另一方面在当前更为重要，即强调三种基本供给机制相互补充、密切配合，形成一种合作供给的制度安排。结合中国现实情况，建立完善公共服务合作供给的机制，是当前中国改革与完善公共服务供给机制的基本方向。

公共服务的合作供给之所以能够实现，从理论上分析，是因为公共服务的生产与供应（这里的“供应”应作狭义上的理解，实际含义是“安排”）两个环节可以适度分离。传统的公共行政理论视公共服务和产品为一体，它们完全由政府承担。1959 年，著名公共经济学家理查德·A. 马斯格雷夫对公共服务的供应与生产首次作了区分。1961 年，文森特·奥斯特罗姆、查尔斯·蒂博特和罗伯特·沃伦等对这种概念上的区分做了进一步的延伸和发挥，他们指出，公共服务的生产与供应应当区分开，前者既可以由私人承担，也可以由公共部门承担。服务的供应是指一系列集体选择行为的总称，它就下列事项做出决定：需要提供什么样的产品和服务、产品和服务的数量和质量标准、资金投入数量及其筹措方式、如何约束和规范公共服务消费中的个人行为、如何安排公共产品和服务的生产。服务的生产则是指如何将一系列的投入资源转化为产品和服务的技术过程。[①] 被誉为“民营化之父”的 E. S. 萨瓦斯也曾将公共服务供给分为安排、付费和生产等若干环节，并认为政府与私营部门或社会组织之间应分工协作。

综上所述，所谓公共服务合作供给，是指作为公共部门的政府以及作为非公共部门的企业、社会组织分别参与到公共服务安排、生产和付费的环节，共同为消费者提供公共服务的方式。这种合作供给的核心是政府在保证或强化自身公共服务职能和责任的前提下，引入竞争机制、价格机制、供求机制等市场运行机制，将此前由政府包揽的公共服务生产等职能转移给企业与社会组织负责。公私双方通过共同行使权利、共同承担责任、联合投入资源、共同承担风险并分享利益等方式，生产和提供公共服务。

作为一种同时发挥市场和政府优势的公共服务供给的制度安排，公共服务合作供给既不同于政府部门的垄断供给，也区别于彻底的民营化或市场化，而是一种界于两者间的有限市场化改革，旨在达到政府与市场间各自优势发挥的均衡状态。它在具体实践中主要表现为公共服务合

① 金世斌：《公共服务供给机制创新：北欧的改革实践与启示》，《南京社会科学》2012 年第 7 期。

同承包、政府购买服务、特许经营、政府参股、经济资助等形式。

公共服务合作供给虽是一种新的供给模式，但有着深厚的理论渊源及依据。事实上，当前西方国家推进公共服务供给机制的改革与创新，围绕的核心问题就是探索政府与企业、社会组织三种供给主体之间如何形成规范有效的伙伴关系，充分发挥各种供给方式的优势，克服各自的缺陷，从而提升公共服务供给的整体绩效，增进整个社会的福利水平。

20 世纪 90 年代末，随着全球化、信息化和民主化进程加快，各国面临的发展环境日趋复杂，公众对公共服务需求和政府执政期望日渐上升，经济和社会领域的变化对各国公共服务系统提出了前所未有的挑战。另一方面，20 世纪 70 年代兴起的公共服务私有化导致的公共责任缺失、公共服务质量下降、公平受损等弊端，备受公众谴责和质疑。在这一背景下，公私合作作为一种新的制度安排率先在英国实施。供给机制改革在英国许多公共服务领域获得成功。以医疗卫生为例，20 世纪 90 年代末以来，“英国政府通过重组中央与地方、公立医院与私立医院在使用医疗设施的权利，调节所承担的医疗服务责任，更新评价医疗服务的指标体系，建立兼顾公平与效率的指标体系”，使得英国新型医疗卫生服务体系更好地满足了英国民众的多样化的医疗服务需求。其他如公共交通、基础教育、市政设施等领域的公私合作改革也取得了不同程度的成功。①随着社会福利制度改革的推进，英国的改革经验很快传向美国、加拿大及欧洲其他国家，与此同时，欧盟、联合国、经济合作与发展组织以及世界银行等国际组织也在全球范围内积极推广公私合作供给公共服务的理念和经验，这一浪潮随之扩展到中国等发展中国家。②

---

① 张菊梅：《二战后英国公共服务供给模式变革及对中国的启示》，《学术论坛》2012 年第 2 期。

② 王浦劬、［美］莱斯特 · M 萨拉蒙等：《政府向社会组织购买公共服务研究》，北京大学出版社 2010 年版，第 4 页。

与20世纪中期福利国家改革与70年代末的私有化改革不同，公共服务的公私合作供给模式，把握了政府与市场的实质特性，突破了长期以来公共服务供给中，在政府与市场、社会组织间的对立状态和单一选择思维。

公私合作改革具有以下特征：一是价值多元性。即公私合作中坚持效率、公平、正义等多元价值的统一。价值的多元性决定了在政府与市场关系处理中不能偏废其一。二是主体多样性。公共部门、企业、社会组织和个人共同参与和承担公共服务，而不是单独依赖政府或私营机构。三是权责共担性。在强调保障公共服务权利的同时，也要强调承担责任，“不承担责任就没有权利”是这次改革的座右铭。

公共服务合作供给是当今各国公共服务供给机制改革的重要取向。改革开放之后，中国在基础性公共服务领域进行合作供给的改革尝试，尽管在实践中暴露出诸多问题，但公共服务供给多元化是大势所趋，探索公共服务供给机制改革与创新，也应该坚持这一基本方向。近年来，作为公共服务合作供给的重要方式，中国各级政府向社会组织购买公共服务的探索逐渐活跃，被普遍认为是推动政府职能转变和服务型政府建设的重要途径。在各地改革实践的基础上，中央政府于2013年专门出台《关于政府向社会力量购买服务的指导意见》，力促政府与社会组织等社会主体形成改善公共服务的合力。

作为一个针对公共服务供给现实困境提出的全新供给模式，合作供给具有明显的优势。

首先，实行公共服务合作供给，为政府从计划经济体制下“大包大揽”的全能型政府向“有所为，有所不为”的有限职能和有限责任政府的转变提供了实际可行途径。政府为了向公民提供更多、更优质的公共服务，通过职能分解、转移、委托和授权，将具体生产过程让渡给社会组织，便于厘清政府与市场、社会的边界，有利于推动政府职能的转变。

其次，打破了政府对公共服务的垄断，引入了市场机制。市场机制的竞争性、激励性和刚性约束，使得公共服务的承接者和提供者具有较强的创新动力，能够最大限度发掘其经营管理的潜能，使公共资源得到优化配置，公共服务的质量、效率和水平得到大幅提高。

最后，能有效整合资源，更好地回应社会需求。政府及其举办的机构所提供的公共服务，定位于大多数社会成员的基本需求，讲求普遍性。社会组织根植于社会，贴近基层社区，相关制度和运行机制相对灵活，可以根据环境和客户需要做出迅速反应和调整。政府在某些公共服务领域并不具备技术上的优势，需要利用社会组织的专业技能和人力资源。实行公共服务合作供给，可以使政府资源与社会组织资源有机整合，积极创新各种公共服务供给的方式方法，为公众提供多样化、个性化的公共服务。

（二）明确主体责任，规范政府与其他主体之间的责任关系

1. 要明确公共服务供给中的政府责任

在公共服务供给机制的改革中，政府是一个关键角色，政府责任的充分履行是改革顺利推进的必要条件和重要保障，政府责任的缺席或是履职不到位，将会直接导致改革失败。在公共服务供给机制改革过程中，公共服务生产和供应的划分有助于更好地厘清政府的重要职能。政府的基本责任是遵循和利用市场经济规律来发展公共服务事业。为此，政府需要充分调动、组织、协调各方力量，其本身要从传统的公共服务的生产者角色向组织管理者角色转变。与之相应，必须在改革过程中尽快实现政府职能的转变，厘清政府与市场、与社会的边界，明确哪些是政府必须要做的，哪些是可以交给市场和社会的。要逐步实现公共服务由

“政府直接提供、直接管理”转变为“政府购买公共服务，实施监管”，将政府部门的工作重心转移到制定发展规划、确定服务标准、加强监督管理、了解群众需求等方面。

政府从生产者的角色分离出来，更多地转变成授权者，从而使政府在公共服务供给领域的角色发生历史性的转型。尽管公共服务的生产环节从公共部门向私人部门转移，但政府在财政和服务监督方面的职责并没有减轻。推行公共服务的市场化，不是政府责任的市场化，而只意味着政府职责内在结构的调整，以及履行该职责方式的转变。也就是说，政府移交的是服务项目，而不是服务责任。

在公共服务的供给中，政府的主要职责包括以下几点。

（1）制定政策与规划。政府要了解公众需求，按照民主化科学化的原则制定公共服务供给的相关政策，安排或确定公共服务的生产者，确定公共品的数量与质量以及供给方式。要制定发展规划，合理地进行制度设计和安排，形成一个政府、市场、社会组织、家庭、社区等不同主体共同发挥作用的制度框架。

（2）加大与社会需求相适应的足额资源投入，主要是财政投入。政府不能借市场化之名减少财政投入，甚至不再投入，将市场化作为减轻政府负担和扔掉财政包袱的手段。在与民生息息相关的基本公共服务领域，政府还应加大财政投入，大幅提高基本公共服务水平。

（3）加强监管。市场机制的引入，只是使政府直接生产公共服务的责任得以大大减轻，但是，政府的监管责任却明显加重了。政府的有效监管是确保市场化改革成功的重要保障和必要条件。因为市场本身存在着公认的缺陷，因此，将市场机制引入到公共服务领域，需要在政府强有力的监管下才能得以顺利进行。尤其在市场化的准入上，政府需要通过相关制度安排将市场化建立在公平、公开的竞争性程序之上。

2. 增强社会组织与企业的责任感，降低合作风险

政府在与社会组织或企业合作供给公共服务的过程中，会弱化对承接方及其雇员日常行为的直接控制，从而降低社会组织与企业的责任。杜伯格和詹生提出了三种增强社会主体责任的不同方法：一是强化对服务标准与服务标书的核查。二是引入硬性绩效，即对原先的承诺交易全程监测。三是建立对遭受损失的个人或组织予以补偿的机制。除此之外，还有必要加强社会组织诚信建设，建立社会组织诚信档案；加强教育培训，指导社会组织健全各项制度、完善法人治理结构等。

3. 通过契约方式规范不同主体之间的责任关系

一方面，规范政府与社会组织、企业之间的责任关系。应当赋予社会组织、企业与政府部门平等的法律地位，在此基础上，政府与社会组织、企业订立契约，明确各方的权责范围，规范相互之间的关系。与此同时，社会组织与企业必须认可政府的问责需要。另一方面，社会组织、企业与服务对象之间也需要建立明确的责权关系。服务对象可直接选择提供服务的社会组织或企业，并通过公众监督强化社会组织与企业的责任感，提高服务的品质。

公共服务供给机制的改革是一个复杂而艰巨的系统工程。在借鉴西方国家经验的同时，必须考虑到中西方在现代化程度、政府职能结构、政府与社会关系以及第三部门发育状况等方面的差异。结合中国现实情况，当前既要充分发挥社会力量参与公共服务，同时更要发挥好政府应该履行的公共服务责任。

（三）加强制度保障建设

1. 建立健全法律体系

当前中国公共服务供给方面的法律依据主要以行政法规、规章为主，

没有一套系统规范的法律体系，公共服务供给机制改革缺乏有力的法律保障。要顺利推进改革，有必要增强法律法规的权威性，提高立法的层次及规范性，尽快改变中国公私合作供给在法律制度方面“上位立法不足，下位规章泛滥”的局面，制定系统、权威的公共服务合作供给法律，从法律层面保障私营机构及社会组织等多元主体参与公共服务供给。各地方政府可在统一法律规范下，根据本地区实际，制定和实施相应的地方性法规。

制定完善相关法律法规，要切实贯彻法律面前一律平等的原则。在公共服务公私合作供给过程中，法律应明确公共部门与私营部门两者间的关系，切实保障合作各方的正当权益。政府在公共服务供给中的角色是多重的，既是公共服务的合作提供者，又是制度规则的制定者和监督者。当政府充当服务合作供给者的角色时，为避免政府滥用自身权力导致不平等的合作，要赋予私人部门以申诉权，强化对政府行为的司法审查，保证公私部门在公共服务领域进行平等有效的合作。

2．制定完善配套制度

在建立健全具有权威性的法律体系的同时，还要注重制定可操作性的配套制度。要在充分调研论证的基础上，对合作供给公共服务的范围、标准以及程序做进一步细化规定。在范围上，应对公共服务内容进行系统梳理，根据公共服务项目的特性与中国现实情况，明确哪些公共服务只能由政府供给，哪些公共服务可以向私营机构与社会组织转移，哪些公共服务可以由政府购买。在此基础上，修订《政府采购品目分类表》，把公共服务购买的领域和内容纳入分类表中。为增强对实践的指导性，还可建立动态更新的“政府转移公共服务目录”、“政府购买公共服务项目库”和“承接政府公共服务职能转移社会组织库”等配套规章。在标准上，可制定基本的行业标准及公共服务标准，保证私营部门及社会组织供给公共服务的品质。特别是对于政府购买公共服务而言，考虑到公共服务购买与货物和工程的购买有较大的差异，制定专门的公共服务购买分类标准，更有利于提高购买服务的针对性和有效性。此外，在程序上，要对合作供给的资金审核、招投标办法、私营部门提供公共服务的退出机制、信息公开等关键问题做出规定。

3. 建立持续性财政保障机制

（1）实行优惠的财税政策及有效的财政补偿政策。一方面制定减免有关税费等税收优惠政策，激励私人资本投资公共服务领域。另一方面制定相应的财政补偿政策，建立规范的公共服务企业成本费用评价制度和政策性亏损评估制度，对政策性亏损以及因市场行情变化造成的经营性亏损进行相应的补贴。此外，对因价格过高而无能力消费的中低收入群体予以合理补贴。

（2）建立可持续性财政预算增长机制。根据公共需求增长情况与国家经济运行状况，在一定时期逐步提高财政开支中用于公共服务的比例。设立政府购买公共服务专项科目，将其列入年度财政预算，实行预算式管理，确保政府购买服务等公共服务合作供给方式制度化、持续化、常态化。

（3）探索政府购买公共服务财政专户统筹管理模式。由政府各职能部门根据核定职能，就本部门应转移的公共职能、服务标准和成本核算向有关机构进行申报，并经核定后，统一纳入财政预算，按项目实施进度划拨采购经费，确保服务资金及时到位。

（4）建立政府购买公共服务动态调整机制。将列入政府购买公共服务项目库的项目，按照项目发展特定和发展周期，划分为常年型和项目型两类，对具有持续性、长期性且较为稳定的常年型公共服务项目，三到五年采购一次；对临时新增的或短期的项目型公共服务项目，一年一采购，以确保公共服务的有序性和延续性。

4．完善监督机制

无论是加强政府监督，还是加强社会监督，都需要规范完善监督机制。以政府为主的监管主体应建立起规范的监管制度，对公共服务项目的申请、评审、立项、招标、签约、实施、结项、反馈等一系列环节制定具体的监管办法，并将监管责任落实到相应的部门。在纵向上，中央政府的监管机构和地方的监管机构要相互配合，合理划分监管权限。在横向上，监管机构应与其他决策和执行机构进行合理的职权划分，具有一定的独立性，确保其公正有效地履行监管职能。同时，监管机构的运行还应保持透明公开，监管机构同样需要接受社会公众的监督，如果违规操作偏向公私合作任何一方，也应该受到相应的处罚。

加强和完善监督机制的一个重要内容，是建立和完善公共服务绩效评估制度。国际经验表明，为了让服务提供有效而且反应灵敏，必须对使用资源的部门规定明确的任务，必须让它们为其使用的资源履行责任。如果向使用资源的部门提供资源，却不让它们对资源的使用承担责任，资金就不会被有效地用于实现既定的目标。竞争性的购买如果没有绩效评估也不一定能保证服务效果。目前中国公共服务绩效评估比较薄弱，严重制约和影响了购买服务的效果。因此，在推行政府购买服务等合作供给的方式时，政府需要制定评估服务效果的具体措施和办法。

在建立公共服务绩效评估制度的同时，还要建立完善信息公开制度。充分的信息公开可以改变公民、政府和服务提供者的行为。实践表明，向公民提供有关公共服务的信息是改善服务的一个成本低廉的途径，也能够获得较好的服务效果。公共服务监管机构应当定期发布监管报告，将公共服务供给的相关决策和服务绩效评估等方面的信息，通过制度化的途径让社会和公众了解，将供给公共服务的全过程置于严格的社会监督之下。

（四）完善市场机制，发挥市场机制的纽带作用

公共服务供给机制改革的重要内容，就是在公共服务供给过程引入市场机制，形成多种供给主体既相互分工、公平竞争，又互相补充、密切合作的格局。市场机制是构建政府与社会组织、企业平等合作关系的纽带，只有进一步完善市场机制，充分运用市场机制，才能激发社会组织与企业承接公共服务的积极性，使其与政府建立相互信任的合作关系，形成改善公共服务的合力。

完善市场机制，就要在不同的供给主体之间建立完善竞争机制。对于公共服务合作供给而言，市场机制的精髓，在于引入了竞争。如前所述，公共服务供应或安排与服务生产之间具有明显的区别。这种区别至关重要，它是公共服务合作供给的前提，是政府角色界定的基础，也是引入市场机制的核心。公共服务引入市场机制最具实质的内容，是把传统意义上政府承担服务生产的安排转化为不同市场主体承担服务生产的安排，通过引入多元化的主体，形成市场竞争的格局。市场竞争之所以至关重要，是因为市场竞争较好地解决了对服务机构与人员的激励与约束问题。有了服务机构之间的竞争，消费者就能进行选择。在面临市场竞争的压力下，服务机构如果不能提供让消费者满意的服务，消费者就会转向其他的提供者。为了吸引消费者，服务机构及其工作人员无须上级部门通过严格的行政等级自上而下发布计划与指令，必然会想方设法、自觉自愿地提高服务的质量，从而促使公共服务的效率与品质得以持续提升。

完善市场机制，还需探索公共服务市场化供给的有效实现形式。目前中国公共服务市场机制的实现形式及其运用范围非常有限：在国有企

业领域侧重采用私有化实现形式，在公用事业领域侧重采用合同承包形式，在基础设施建设领域侧重采用公私合作形式。除此以外，市场机制很少得以运用，市场机制有效调配资源、提高生产效率的作用远远没有发挥出来。从今后的发展趋势来看，仅仅在局部领域侧重运用市场机制是不够的。中国应该从实际出发，大胆学习与借鉴西方国家的成功经验，争取在更广泛的公共服务领域积极探索出更多、更有效的市场化实现形式，扩大中国公共服务市场机制的运用范围。例如，在公用事业领域，可以同时采用推广特许经营形式、委托经营形式、公私合作形式、发包经营形式。在公共卫生、医疗保健、食品、教育、房屋等领域，可以推广采用凭单制形式，向合格的消费者提供医疗保健、食品、教育、房屋等补贴。在大型的基础设施或工程的建造与扩建领域，可以推广采用特许经营形式。

当前，政府向社会组织购买服务，已经成为公共服务提供的潮流和发展趋势。与此同时，国际经验表明，政府购买服务不是只能采用合同形式，而是有多种工具，每一种工具都有其优缺点和最佳用途。譬如，英国政府与社会组织签订了长期伙伴关系协议，运用多种政策工具鼓励支持社会组织提供公共服务。中国香港特区政府对社会服务机构采用“整笔拨款”资助，这样政府由监控资源投入到监控服务质量的转变，能给予受资助机构在业务资源使用上更多的弹性。美国政府补贴消费者，让消费者选择社会服务机构，建立起更加市场化的外包机制，从而提升公共服务的效率和质量。

此外，要充分发挥市场机制的作用，还要深化行政体制改革，进一步转变政府职能，尤其应该深化行政审批体制改革，缩小审批事项，优化审批程序，提高行政效率，为公共服务供给引入市场机制革除体制障碍。

（五）推进社会参与

现代意义上的公共治理，是一个上下互动的管理过程，强调顾客导向和结果导向，强调以多元的、民主的协作模式管理公共事务。推动公共服务供给机制改革，建立完善多元化供给机制，不仅仅是政府的职责，也需要多种社会主体广泛积极的参与。公共服务供给中的社会参与包括两个主要方面：第一是指作为生产者或提供者的企业、社会组织等主体的参与。第二是指公民个体的参与。

1. 推进企业、社会组织参与

面对中国全面增长和深刻变化的公共服务需求，政府不可能也没有必要对所有公共服务进行全方位的直接管理，相当部分社会性和公益性的公共服务的生产，应该让更多的社会主体参与。社会组织和市场主体直接面对公民个体，较之政府部门，对公众需求反应更敏锐、回应更及时，对于差异化、个性化、非规模化的公共服务生产更具优势。这些机构利用各自优势，按国家政策与相关制度规章提供具体的公共产品及服务。在此过程中，企业和社会组织可以吸引各类专业人才，运用先进的管理手段，不断进行技术创新，最大限度地提高资源的利用效率，保证向公众生产符合标准、高质量及安全的公共服务。对于在提供公共服务过程中出现的问题，企业和社会组织要根据合同承担相应的责任。

企业与社会组织作为公共服务的生产主体，其特征及优势领域是不同的，因此，在一个健全的公共服务体系中，往往根据公共服务的特点来确定提供服务的组织。基于简单分类，公共服务可以分为硬服务和软服务。硬服务可以进行明确的成本收益测算，如垃圾收集、拖车、街道维修等。软服务侧重于服务的结果或影响，评估的指标较难量化，如精神卫生服务、孩子照料、老人照顾等。根据公共服务及不同服务主体的特性，可将硬服务更多地外包给企业，而将软服务更多地外包给非营利的社会组织。美国对地方政府公共服务提供方式的调查发现，从 1992 年到 2002 年，社会组织在老人或儿童照料、公共卫生、精神疾患、图书馆、公园维护、文化与艺术等领域的提供比例在逐年增长。在这十年内，地方政府将垃圾回收、道路维护、拖车等硬服务外包给营利性企业的比例没有显著变化。一般说来，社会组织通过志愿机制供给公共服务，比起政府供给与企业供给，具有更强的适应性与灵活性，能更有效地满足社会日益增长的多样化需求。因此在社会问题比较集中的公益性领域，如就业创业、环境保护、扶贫开发、社会救助、社区服务、慈善捐赠、志愿服务等，更应着重鼓励社会组织积极参与，让其在公共服务供给中发挥更大作用。

结合中国现实需求，还可针对不同服务类别制定更具体的项目实施方案。如在培训方面，对职业（执业）资格培训、社区居民教育、普法教育、就业技能培训等，可以由政府部门向公办、民办培训学校购买服务；对政府部门确有需要，但因条件限制而未能开展的工作，如调研、统计、评估、勘察、鉴定等，可以由政府向相关中介组织购买服务；对部分专业性或技术性极强的工作，如技术指标或规范的制定、规划论证、政府部门信息系统维护等，可以由政府向相关行业协会、社会组织购买服务；对其他社会急需发展、投入有限的社区教育、卫生、文化、科技、体育等社会事业，可通过政府购买服务等有效措施予以资助、补贴。

2. 推进公民个体参与

公共服务的有效供给离不开公民个体的积极参与。公民作为公共服务的权利主体，是治理结构中的重要参与者。公民权利被忽视，在一定程度上是造成公共服务缺乏公益性的重要原因。公共服务的提供，既需要政府和私人部门、社会组织等外部力量的介入，更需要将这种介入与公民权利的保障与实现结合起来。通过完善公共治理机制提升公民参与公共治理的能力，是确保公共服务公益性的最终决定因素。

（1）要提升公民对公共服务供给方式多元化的认识。公民的理解和信任是推动公共服务供给机制改革的重要社会基础。要通过多种方式和途径，宣传公共服务供给多元化的意义与成效，让公民认识到政府与社会组织、企业的合作是完善公共服务供给机制、增进整体社会福利的有益探索。

（2）在政策制定过程中，要拓宽公民表达社会需求与利益取向的渠道。公共服务领域的政策与全体公民切身利益密切相关，政策制定过程应具有高度的公开性、开放性和透明度，所有公民均应有完全平等的社会参与机会。在这方面，中国可借鉴发达国家经验，拓宽公民参与公共服务的渠道。地方居民对公共服务的现实需求及对当地政府提供公共服务的满意度，都能通过合法正当的渠道及时反馈给政府及相关机构。为更充分地表达公民的社会需求，可探索建立多方对话协商机制，就劳动力市场、教育培训、安全健康、失业保险、养老金和残疾人福利等问题展开充分讨论，从而发挥公民的积极性，提高公共服务的回应度和社会支持度。

（3）要鼓励公民参与具体公共服务项目的生产。公民既是公共服务的消费者，也可以是公共服务的生产者。可通过有效的激励方式，发动公民参与各种公益性的社会组织，参与各种志愿活动。公民在参与过程中，将更敏锐地辨别哪些是正当需求，哪些是非正当需求，会不断发现公共服务供给的新问题并尝试加以解决，从而不断增强公民意识、提高公民素质和参与能力。

（4）发挥公民进行社会监督的作用。作为消费者的公民，不是公共服务被动的接受者，而应对政府、企业与社会组织提供的公共服务进行监督，以有效维护自身的合法权益。在一些公共服务合作供给项目中，公民有权要求参与项目规划、设计、施工、运行管理及验收等各个环节并进行监督，以保证公共服务供给的质量及安全，使公共服务合作供给真正发挥出应有的效益。

（六）促进社会组织的发展

当前，政府在将公共服务委托给社会组织时，所面临的现实是，可供选择的社会组织数量较少，专业化程度不高，服务水平难以令人满意。为改变这种状况，政府应当通过多种举措大力培育社会组织，不断扩大社会组织的数量和规模，提高其专业化水平。为此，政府应在如下三个方面做出努力。

1. 改革社会组织管理体制

中国社会组织管理体制依然是1998年确立的双重管理体制，即登记部门管理和业务部门管理相结合的体制。这种体制虽然加强了政府对社会组织的有效监管，但也严重制约了社会组织的发展壮大。现实中很多潜在的具有“社会合法性”的社会组织因不愿或难以找到一个业务主管部门而无法取得合法身份。2013年发布的《国务院机构改革和职能转变方案》提出：“重点培育、优先发展行业协会商会类、科技类、公益慈善类、城乡社区服务类社会组织。成立这些社会组织，直接向民政部门依法申请登记，不再需要业务主管单位审查同意”。目前，中国大多数地方已经开始社会组织直接向民政部门申请登记的试点，今后还应继续深化社会组织管理体制的改革，取消社会组织的业务主管部门，完善社会组织的监督工作，促进社会组织的全面健康发展。

2. 完善社会组织稳步发展的扶持机制

政府要有计划、有重点地培育和发展一批在公共服务中能够发挥积极作用的社会组织，特别是枢纽性社会组织，如行业协会、社会组织联合会等，通过以社管社、以社带社，形成合理的社会组织结构。要建立人才激励机制，加大对社会组织领军人才的培育和引进，为社会组织代表提供参政议政的机会。政府在购买公共服务时，应重点向社会组织倾斜，制定包括资金、税收、人才、场地等在内的多种优惠措施来支持社会组织发展。在这些措施中，资金支持尤其重要。在国外，社会组织的生存发展离不开政府的资助，如德国非营利组织约70%的收入来自政府，法国为60%，意大利为43%，英国为40%，澳大利亚为56%。中国政府应加大对社会组织的资助力度，建立与完善社会组织稳步发展的扶持机制。

3. 营造有助于社会组织发展的社会氛围

目前，中国社会成员的公民意识不强，对公益事业参与热情不高，社会大环境的不成熟成为制约社会组织发展的重要因素。社会组织的发展壮大离不开良好的社会氛围，政府应当通过电视、报纸、网络等途径，采用各种各样的方法对社会组织的作用进行宣传，提高社会公众对社会公益事业的责任心和参与度，形成有助于社会组织发展的社会环境。

第三章

政务服务中心的建设与发展

1999 年，浙江省上虞县（现为上虞区）成立第一家真正意义上的政务服务中心。十多年来，为适应社会经济发展的需要，我国政务服务中心发展迅速，显示出强大生命力。根据课题组基于政府网站的调研统计，截至 2012 年 12 月底，我国地方政府共设立政务（行政）服务中心 3161 个，约占地方政府总数的 96%。除港澳台地区外，31 个省级政府设立政务服务中心 11 个，约占省级政府总数的 35%。333 个地市级政府和 68 个直辖市下设的区政府，共设立政务服务中心 392 个，约占地市级政府总数的 97.7%。2862 个县级政府和市辖区共设立政务服务中心 2758 个，约占县级政府总数的 96.4%。全国 43218 个乡镇（街道）共设立 30615 个便民服务中心，约占乡镇和街道总数的 70.8%。

党的十八大提出了“深化行政审批制度改革，继续简政放权，推动政府职能向创造良好发展环境、提供优质公共服务、维护社会公平正义转变。”十八届三中全会进一步明确提出“全面正确履行政府职能”的原则，要求“进一步简政放权，深化行政审批制度改革，最大限度减少中央政府对微观事务的管理，市场机制能有效调节的经济活动，一律取消审批，对保留的行政审批事项要规范管理、提高效率；直接面向基层、量大面广、由地方管理更方便有效的经济社会事项，一律下放地方和基层管理。”这些重要论述为加快政务服务中心的发展，全面推进服务政府、责任政府、法治政府、廉洁政府建设，提高依法行政和政务服务水平，指明了方向。

一、我国政务服务中心建设的基本特点

我国政务服务中心发展不平衡。尽管不同地区的政务服务中心发展各有特色，但是十多年来，各地政务服务中心在相互学习、相互借鉴的过程中，形成了以下共性特点。

（一）便民高效：共同的目标定位

作为推进行政审批制度改革的主要载体，各级政务服务中心都以行政审批为核心，以“便民、高效、廉洁、规范”为宗旨，将分散在政府各职能部门的审批收费项目集中在一起，按照“一门受理，并联审批，统一收费，限时办结”的运行模式，实行“一站式”办公。《关于深化政务公开加强政务服务的意见》（中办发〔2011〕22 号）明确提出，行政服务中心是实施政务公开、加强政务服务的重要平台。政务服务中心的建立，在简化办事流程、提高办事效率方面取得了很大成绩，对于转变政府职能、建设服务型政府，有效解决“政府权力部门化、部门权力个人化、个人权力利益化”的问题起到了重要作用。

（二）“两集中、两到位”：职权配置共同要求

2004 年，江苏省镇江市行政服务中心以职权配置为突破口，率先在全国推出“两集中，两到位”改革，探索破解制约政务服务中心发展的

体制性障碍。“两集中”是指在不增加人员编制、不增设内设机构和领导职数的前提下，清理和归并行政部门的审批和服务职能，部门审批、服务职能向一个处（室）集中，成立集中行使审批、服务职能的行政服务处（室）。在此基础上，行政服务处（室）成建制集中进驻政务服务中心，实行窗口办公。“两到位”是指各部门的审批、服务事项进驻政务服务中心到位，部门对进驻政务服务中心的处（室）的授权要到位。进驻中心的单位专门刻制行政审批（许可）专用章，供窗口办理审批（许可）事项使用，而无须再加盖单位行政印章。这种做法增强了窗口的直接审批功能，在一定程度上解决了审批体外循环问题。

实施“两集中、两到位”以后，进驻政务服务中心的行政审批处（室）具有四项基本职权：受理权、直接审批权、分办权（对涉及需要转后台处理的事项，有对机关各职能处室分办的权力）和督办权（对整个办事过程和结果负责，拥有全程监督权力）。而后台的相关处（室）则从具体的审批事务中解放出来，转而负责相关业务和政策法规的研究、工作规范和标准的制定、审批监管以及重大或复杂事项的决策和办理。这种部门内部的职能重新分工是基于现行行政体制的一种创新性改革，在一定程度上实现了行政审批权的决策、执行与监督的有效分离，也避免了一些部门将执行环节连同审批权力盲目集中到政务服务中心，导致后台职能处（室）无所事事，甚至引发前后台之间不必要的矛盾冲突。

“两集中、两到位”破解了政务服务中心的发展瓶颈，强化了政务服务中心公共服务的主体地位，也提高了政务服务中心的整体运行质量。政务服务中心权力配置改革的“镇江模式”取得成功之后，“两集中、两到位”成为国内政务服务中心的发展共识和行政审批权力重新配置的共同要求，得到了积极地推广和响应。

（三）并联审批：流程再造的共同趋势

企业办事的时间长短，是衡量政府服务水平与服务效率高低、地方投资环境好坏最直观的一把尺子。通过流程优化和再造，实现审批事项由串联向并联发展，是政务服务中心管理创新的最大亮点。

目前各地并联审批的范围和办理流程缺乏统一的规范，执行力度各不相同：有的开展较好，有的有名无实。同时，前台流程再造与后台沿袭传统审批方式之间的矛盾也日渐突出。

2007 年，成都市设立“加快行政审批制度改革暨推进并联审批工作小组”，率先在全市范围内整体推进政务服务中心并联审批改革。工作小组根据现行审批项目之间的因果关系，提出了“对各审批项目之间存在法定因果关系的实行串联审批，对各审批项目之间无法定因果关系的实行并联审批”的原则。并联审批的改革按照“许可预告、服务前移、一窗受理、内部运转、并行审批、限时办结、监控测评”7 个步骤进行。所谓“服务前移”是指，在流程优化之前，对审批环节进行细分，将其中可以不纳入审批环节的工作，转变为审批部门的服务工作，前移到审批启动之前开展。通过将服务事项从审批环节中剥离，为精简审批环节，提高审批效率创造了重要条件。所谓“一窗受理”是指，行政服务大厅设立“并联审批综合窗口”，对并联审批流程内的各审批项目统一受理申请，统一发放证照，实行“一个窗口对外”的服务，并联审批内的各审批部门原则上不再独立接办此类审批事件。所谓“内部运转”是指，综合窗口受理并联审批事项的申请后，将企业的申请材料转发给各相关审批窗口，申请人不需要再逐一到各审批窗口逐一办理相关手续。所谓“并行审批”是指，各相关行政机关收到从综合窗口转来的申请资料后，同时启动对申请的审核工作，提出具体审批意见。所谓“监控测评”是指，并联审批流程启动之后，各部门的审批工作由行政服务大厅的“并联审批综合窗口”进行监控。“并联审批综合窗口”通过内部运作监督、限时办结监督和公众投诉监督等方式，及时统计分析审批部门工作情况并予以测评考核。

并联审批改革通过实施流程优化和再造，精简了审批环节，缩短了工作时限，提高了审批效率和服务效能，逐步成为各地政务服务中心的工作重点，越来越多的政务服务中心学会了按主题、按项目实施流程再造，通过并联审批压缩时限，不断优化流程，提升公共服务品质。

（四）公共服务标准化：政务服务供给方式完善的共同方向

1980 年，美国前总统里根提出联邦政府应该向企业学习，以提高政府管理与服务水平。此后，美国联邦政府开始将标准化的管理思想与技术引入到公共服务中来，越来越多、越来越精细的指标和标准被纳入政府的评估体系，开启了美国历史上持续时间最长，也是最成功的政府管理改革。在西方发达国家，从单纯公共服务品质的标准化到政府的全面质量管理、标杆管理以及后来的平衡计分卡，这一过程延续了近 30 年。

对于中国来说，公共服务标准化并不是一个遥远的身影。近年来，受新公共管理运动的影响，标准化管理越来越多地开始在政府管理实践中得到应用。2007 年 8 月，山东省胶州市九龙镇将公共服务标准化应用于便民服务中心建设，创造出《便民服务中心胶州市地方标准》，并在胶州市各乡镇推广，受到基层群众与社会各界的好评。2008 年 9 月，九龙镇人民政府与胶州市质量技术监督局在原标准的基础上，进一步修订形成了山东省《乡镇政府便民服务规范》，后经山东省质量技术监督局批准，《乡镇政府便民服务规范》开始在全省推广。2008 年 10 月，湖南省质量技术监督局组织制定的湖南省地方标准——《政府行政服务中心服务规范》、《政府行政服务中心质量管理与考核评定》在长沙通过审定。2009 年 4 月，龙岩市受权起草编制的福建省地方标准——《行政服务中心标准体系及其编制规则》获福建省标准专家组审定通过。

从公共服务供给角度来看，政务服务中心标准化建设涉及审批和服务的内容、流程、行为和评价等标准化，以及政务服务中心的行为识别系统（BIS）的统一设计和统一管理等诸多方面。实现公共服务标准化，一方面增加了社会公众的知情权、监督权，限制了职能部门的自由裁量权；另一方面通过规范化的标准理顺了政府部门之间的关系，避免部门之间相互扯皮推诿；更有意义的是，规范化评估所形成的窗口工作人员的自我改进机制不断得到强化。政务服务中心标准化建设使得无论是投资业主、办事群众还是管理者，都自觉按照标准办事，从而有效改变了各种“行规”和“潜规则”，为建立一个高效运转、透明阳光的政府做出了重要贡献。各地的实践充分证明，通过标准化建设规范部门窗口的公共服务行为，是全面提升政务服务中心服务能力的有效路径。

（五）电子服务：政务公开与审批服务的共同技术平台

进入 21 世纪以来，随着互联网的应用普及，电子政府建设日新月异，公共服务电子化在提高管理效率、降低行政成本、推进公共服务等方面发挥着越来越重要的作用。与实体性的政务服务中心相比，网络化审批服务正在取代窗口式和部门式的政府服务方式，成为政府“一站式”服务的主要形式。

2005 年底，OECD 国家已经完成了政府服务全部上网的目标，所有政府手续中都可以实现上网办理，公共服务网络化已经成为“一站式”服务的主导方式。公民登录政府门户网站后，选择相应入口，一般通过三次点击就可以方便快捷地找到自己所需要的服务内容，然后根据需要提出一项业务请求，按要求填报表单，把材料提交给一个“虚拟政府”。完成上述手续后，“虚拟政府”会自动将客户的资料分发给各相关部门，并在规定的时间内监督其审批，公民便可以“足不出户”地享受政府服务。

公共服务电子化为政府跨部门业务整合创造了条件。我国政务服务中心在建立之初，普遍没有考虑到电子化服务发展的需要，政务服务中心主要是各部门办事窗口简单的物理集中，很多业务还必须由政务服务中心的工作人员拿回本部门去办理，信息技术的应用只是为了满足某个部门的内部信息管理需要或是通过网络进行简单的信息发布，没有有效利用信息技术开展跨部门业务整合工作。近年来，随着政府职能转变步伐的加快以及建立服务型政府的需要，公共服务电子化的作用日益凸现，一些地方开始按照“统一规划、整合资源、分步实施”的要求，将政务服务中心信息化建设纳入电子政务建设总体规划，充分利用现有政务信息化平台资源，实现各级政务网络平台与政务服务中心及部门局域网的系统联结，逐步完善网上公告、网上受理、网上办理、网上审批和网上监管功能。这种“后台数据库共享、平台业务整合和前台一表式受理”的整体、协同政务模式，将整个规则内嵌于软件中，使整个政务过程在“内嵌控制”下自动完成，公共服务过程变得更加透明。电子政务的发展实践表明，我们必须将公共服务电子化摆上政务服务中心发展的战略层面，在体制和流程整合的基础上，加快推进电子政务建设，把政务服务中心的服务集中与政府部门网站的业务整合有机结合起来。

二、政务服务中心发展中存在的主要问题

十多年来，我国政务服务中心一直遵循诱致性制度变迁[①]的逻辑不断发展。在加速经济发展的大环境下，为了扩大招商引资的规模，发达地区的基层政府率先建立行政（政务）服务中心，推行集中审批改革，用单位交易费用较低的制度安排，替代单位交易费用较高的制度安排，提高了政府资源配置的效率。这种来自基层自发需求的诱致性制度变迁，尽管在当时还是“非法”的，但是，在经历了实践检验之后，改革成果得到了上级政府和政府高层领导人的赞许，制度变迁的收益经由媒体宣传获得社会认同，政务服务中心通过“学习—模仿”机制向全国扩散。由于地方政府和部门推动制度变迁的动机和拥有的改革资源存在差异，我国政务服务中心在取得重大发展成绩的同时，也面临着诸多制约进一步发展的主要问题。

（一）信息公开不能适应政务服务的发展需要

深化信息公开是全面推进政务服务中心建设的基本前提，没有有效的政务公开，集中审批和政务服务就难以取得突破性进展。

2008 年 5 月《政府信息公开条例》实施以来，各级政府都建立了本级政府信息公开的工作机构，出台了本级本部门的政府信息公开指南、目录和相关制度，信息公开朝着渠道多样化、便捷化和规范化方向发展。但是，受到诸多因素的制约，实施的结果却不尽人意。

---

① 经济学家将制度变迁归结为三种基本模式：诱致性制度变迁、强制性变迁以及中间扩散性制度变迁。参见林毅夫：《关于制度变迁的经济学理论：诱致性变迁与强制性变迁》，上海三联出版社 1994 年版，第 382 页。

1. 信息公开的内容质量不高

政务服务中心是企业和公民办事的窗口，涉及政府审批、服务的信息需要充分满足服务对象的办事需要。但是，政府现阶段信息公开的内容却普遍存在“四多四少”现象[①]。一是抽象的多、具体的少。即通知、公告、规章等抽象性的文件多，具体指导部门如何执行、群众如何办事的政府信息少。二是静态的多、动态的少。数据更新不及时，有的长时间无数据更新，或为应付检查突击更新数据。三是一般的信息多、关键的信息少。与政府部门有关的职能、职权依据及事权、财权和人事权等关键性、深层次的内容信息公开较少，结果性的信息公开多，而事关公民切身利益的过程性信息公开较少，重要领域甚至无数据公开。四是事前告知的多，事后反馈评价少。即对群众评议和社会评价等方面的信息公开少。

2. 政务公开的项目和标准不统一

按信息公开制度的要求，涉及公民和企业的重要事项要做到事前、事中、事后全过程公开。由于缺乏相关标准，关键领域和关键环节的信息公开不足，行政权力运行过程不透明的问题比较突出。现阶段我国政务公开的项目和标准普遍存在“四不统一”的状况：相同层级的不同地方政府，其行政审批服务项目和办事标准不统一；上级政府和部门通过政府网站或纸质宣传材料所公布的行政审批服务项目和办事标准，与下级政府和部门通过政府网站或纸质宣传材料所公布的行政审批服务项目和办事标准不统一；政府门户网站信息公开栏目所公开的行政审批服务项目和办事标准，与政务服务大厅所公开的行政审批服务项目和办事标准不统一；政务服务大厅所公开的行政审批服务项目和办事标准，与公

① 杨亚佳：《政府信息公开存在的问题及其完善》，《人民论坛》2013 年第 8 期。

民通过政府“一号通”服务热线获得的行政审批服务项目和办事标准不统一。

政务公开的项目和标准不统一，影响着政务服务品质的提升，尤其是办理跨区域、跨层级的审批服务事项，给公民办事带来很大的困扰。

（二）各地对政务服务中心价值的认识参差不齐

从纵向来看，政务服务中心发展水平省级高于地市级，地市级普遍高于县级，乡镇及以下的基层政务服务中心建设基本处于探索阶段，呈现出政务服务中心发展水平逐层递减的现象；从横向上看，县一级政务服务中心的发展不平衡性远远高于地市一级政务服务中心，经济发达地区政务服务中心建设力度远远大于欠发达地区，而近30%的乡镇，政务服务中心建设仍然处于空白状态。

研究表明，由于缺乏法律和制度的支持，我国政务服务中心建设在很大程度上还是“一把手”工程，地方党委和政府主要领导对建设政务服务中心的价值判断、对开展集中审批服务的重视程度成为政务服务中心发展水平高低的重要决定因素。一些中央政府垂直管理部门和省级政府垂直管理部门过于强调本部门业务的特殊性，对进驻政务服务中心存在抵触心理；一些地方政府和部门的领导对开展集中审批的重要性认识不足，对政务服务中心的建设不重视、不支持，甚至应付了事；一些地方政府的领导人甚至认为成立政务服务中心是权宜之计，应付观望的思想严重。由于主要领导不重视，有些地方政务服务中心甚至连基本的场地和人员都未配备齐全。这些状况制约了政务服务中心整体效能的提高，也影响着地方投资环境和营商环境的进一步改善。

（三）集中审批落实不到位

推进行政审批“职能归并”的改革是一个长期的、艰难的过程，真正实现多个审批职能向一个审批科室集中，审批科室向行政服务中心集中，设立窗口集中公开承办审批业务，需要政府各部门统一认识，共同持续推进。调研发现，很多地方政府的职能部门在选择进驻项目上往往“避重就轻”、“留肥进瘦”，有的甚至象征性地把部分无关紧要的审批事项进驻服务中心，含金量高或者有利可图的审批项目则以各种理由留在部门办理。有些部门将项目审批过程割裂开来，把重要的办理环节留在部门，造成“体外循环”、“两头受理”等现象。此外，与审批事项相关的配套服务事项进驻难度大，特别是一些基本建设项目审批需要中介机构出具评审、鉴定、检测等报告，由于中介服务的不配套、不完善，导致办事企业和群众还要跑多个相关单位。

从全国范围内政务服务中心集中审批比较的结果来看，同一层级的各政务服务中心进驻的项目极不平衡，有的进驻项目多，办件量大，运转顺畅；有的政务服务中心集中审批流于表面，“两集中、两到位”的运行基本处于停滞状态，进驻单位和进驻项目少，不能形成完整的审批链条。集中审批落实不到位，是导致审批窗口沦为“收发室”和“中转站”的主要原因，也是目前制约政务服务中心发展、影响“一站式”服务功能发挥的主要症结。

（四）授权不足现象比较普遍

充分授权是政务服务中心发挥集中审批服务的必要条件。研究发现，虽然有些地方将大部分审批事项转入政务服务中心办理，但是，部分职能部门对进驻中心办理审批的窗口授权不到位，具体窗口办事人员缺乏相应的决定权，现场办结功能不健全，“即办件”比例偏低，出现当事人先到中心申报材料，再到职能部门办理审批，在中心与部门之间来回跑的现象。政务服务中心成了部分单位的“收发中心”，窗口成了“传达室”，不但没有方便群众，反而增加了群众的负担。有些地方由于授权不到位，政务服务中心的职能部门窗口“承诺件”居多数，多数事项要回到原单位办理。同样的事项在开展“两集中、两到位”较好的政务服务中心，由于授权到位，已经成为“即办件”，可以现场办结，而在“两集中、两到位”落实不好的政务服务中心，由于授权不到位，依然作为“承诺件”处理，需要回到原来的部门在规定的时间内办结。一项对窗口工作人员授权情况的随机调查表明，认为一点没有授权或简单事项有决定权的达61%，认为有完全决定权的仅占9%，36%的受访者认为对部分事项有决定权，62%的受访者认为，如果授权到位，一半以上的“承诺件”可以改为“即办件”，可以现场办结。

三、加快政务服务中心发展的对策建议

2011年，中共中央办公厅和国务院办公厅颁布了《关于深化政务公开加强政务服务的意见》，党的十八大和十八届三中全会进一步强调创新行政管理方式，加强服务型政府建设。这些为我国政务服务中心的发展指明了方向，并在服务理念、服务内容、服务对象、服务方式、服务领域、服务效能等方面对政务服务中心的建设提出了新的要求。

（一）逐步确立政务服务中心的公共服务主体地位

我国政务服务中心从成立之初就秉承“便民高效”的服务理念，依托“一站式”物理大厅，积极探索集中审批、协同服务的政府管理新模式，有效地推动了政府由“管制型”向“服务型”的转变。现阶段，我国政务服务中心建设应以建设高效、廉洁、公正、透明、人民满意的服务型政府为指导，将政务服务中心建设纳入行政改革战略体系之中，坚

持以“不断优化行政审批”为核心整合相关服务，将各级行政服务中心建成新型公共服务集合体，通过建立完善的服务体系，创新服务机制，提高办事效率，为各类市场主体创造公平的发展环境，为人民群众提供良好的公共服务，逐步确立政务服务中心的公共服务主体地位。

1. 进一步明确政务服务中心的职能定位

科学合理地确定政务服务中心的职能是继续推进政务服务中心建设的基础。十多年来，政务服务中心已经成为推进行政审批制度改革和实施政务公开的重要平台，政府推进公共服务的前沿阵地，以及“转作风、树新风”的主要窗口。在新的历史时期，我国政务服务中心将以“行政审批”为核心，集“政务公开”、“行政审批”、“公共资源交易”和“公共服务”四项职能为一体，逐步发展成为新型公共服务集合体。为此，各级政政府要全面贯彻落实中央下发的《关于深化政务公开加强政务服务的意见》，进一步规范和发展各级各类政务服务中心的机构职能、管理制度、运行模式、人员配备、服务内容等。政务中心的建设要充分结合当地社会经济发展的需要，改革与之不相适应的行政管理体制，加大政府职能转变的力度，为政务服务中心的健康持续发展提供体制和制度保障。

2. 坚持“以公民需求为导向”

推行“一站式”政务服务是发达国家政府向企业学习、改革政府服务的重要手段，其核心理念是“以公民需求为导向”，不断改善服务，提高效率。在“一站式”政务服务的模式下，政府通过整合公共服务的供给，使公民办理事务能够在一次单一接触中完成，方式可以是面对面、电话或传真、互联网等。对公民而言，“一站式”政务服务应该是“方便的、可获取的、并且人性化的”，至于服务机构设置和服务范围的确定，各地可能因实际情况不同而有所差异。

为了确保政务服务中心管理建设的成效，国外在建设“一站式”政务服务机构过程中，都以开展大规模调研为先导，对公民进行了广泛的调查，了解公民希望得到什么样的公共服务，希望通过什么渠道提供。例如，1992 年，德国哈根（Hagen）就做过这样的调查，询问内容是了解公众认为“一站式”服务什么因素重要。调查结果发现，“所有的服务都在一栋楼里”并不是公民认为最重要的，而“友好的工作人员”、“很容易理解的表格”和“有指导性建议”按重要程度得分被列为前三名①。可见，政务服务中心的软环境建设比硬件设施在民众心里更为重要。

3. 围绕“两集中、两到位”加强制度建设

“两集中、两到位”是政务服务中心的核心制度。行政审批项目较多且涉及两个以上科室的部门，要进行职能归并，要将部门行政审批职能向一个科室集中，成立审批科室，并将该审批科室向政务服务中心集中，整建制进驻政务服务中心运作，真正使政务服务中心窗口成为部门实施行政审批的唯一窗口。要充分发挥职能归并的作用，政务服务中心必须加强相关配套制度建设。一方面，要完善窗口集中审批的管理制度，全面落实“首问负责制、限时办结制和责任追究制”，建立绩效考核评议制度等，确保中心窗口办理各项工作都在制度范围内运行。另一方面，加强中心内部管理，全面推进中心各项工作的标准化建设，确保中心工作运转有序、管理规范、公开透明、高效廉洁。与此同时，要围绕“授权到位”完善政务服务中心运行机制，在全面清理审批事项的基础上，扩大进驻政务服务中心办理事项的范围并充分授权，为群众提供优质高效服务。各部门要对窗口授权到位，进入政务服务中心的审批项目，其

① 贾涛、陈翔：《国外一站式政府服务机构建设的做法及对我国的启示》，《中国行政管理》2007 年第 5 期。

受理、审批、发证等环节必须在中心履行。对不需要现场勘察、专家讨论等有出厅环节的事项，要保证在窗口审核、盖章、制证三位一体。

（二）围绕行政审批改革提高政务公开的质量

公开透明是服务型政府建设的重要目标。围绕公民和企业关心的审批制度改革，深化政务公开，提高政府工作透明度，有利于人民群众加强对政府行政行为的监督，促进政务服务建设。

1. 公开信息

政务服务中心承担政府信息公开的重要职能，除了做好审批事务的公开透明以外，政务服务中心要进一步丰富政务公开的内容，加大政府信息公开力度，重点推进财政预算、公共资源配置、重大建设项目批准和实施、社会公益事业建设等领域的政府信息公开。医院、学校、公交、公用等公共企事业单位要重点公开岗位职责、服务承诺、收费项目、工作规范、办事纪律、监督渠道等内容。建立健全政府信息公开的监督和保障机制，定期对政府信息公开工作进行评议考核，努力把政务服务中心建设成为发布法律、政策、重要决定、重大事项等政务信息的窗口，收集群众对政府工作及当地经济社会发展的意见建议的重要渠道，进行重要决策和行政许可、行政复议、行政处罚等听证、质证的重要场所，受理相关咨询投诉等政务公开的平台。

2. 透明权力

政务服务中心依托“一站式”服务，达到审批职能集中、审批事项集中和审批人员集中，最终逐步实现决策、执行和监督的分离。要把公开透明作为政府工作的基本制度，拓宽办事公开领域。所有面向社会和公众服务的政府部门都要依法公开办事依据、条件、要求、过程和结果，充分告知办事项目有关信息。要着力推进行政权力运行公开透明和程序化，按照权力取得要有据、配置要科学、运行要公开、行使要依法、监督要到位的要求，把公开透明要求融入权力运行的全过程，保证公开内容真实可信、过程有据可查、结果可以追溯。

3. 强化监督

完善现有的行政审批电子监察系统，逐步推进行政权力和各类行政程序网上公开，接受群众监督。充分发挥电子监察的优势，加强对重点领域、重点部门、关键环节的监控，强化对行政审批全过程的监督。建立健全行政审批和服务公众的评议制度、第三方评价制度、人大代表质询制度和绩效评价制度，提高监督的针对性和有效性。

（三）推进行政审批改革的二次设计

行政审批制度改革是各级政务服务中心的核心工作，十多年来，我国行政审批制度改革表现为如下基本特点：第一，重视量化改革——每次改革的成果集中体现为数量的精简；第二，协商改革——改革的内容需要征询被改革部门同意，在协商的基础上完成；第三，交办改革——由中央政府根据需要将审批改革任务交办给相关的部委，由于行政审批制度改革的复杂性和长期性，这种带有临时性的交办任务，使得相关部委很难从全局高度进行统筹设计。

这种以"量化改革、协商改革"为特征的行政审批改革的初始设计导致了改革的碎片化，行政审批事项的存量边清理边增加，增量缺乏有效的审查控制。长期以来，行政审批改革需要审批部门的同意，这直接招致改革的主导权由被改革部门控制，触及核心利益的改革事项难以推进。许多部门的行政审批数量明减暗增，改名更姓规避法律。很多行政机关，都是用"登记、备案、核准、审定、年检、认证、监制、检查"等非许可审批等方式来规避《行政许可法》，彰显自己的存在和价值，给企业和公民设置“门槛”，与审批没什么区别，而且多数是收费的，增加了企业和公民的负担。《行政许可法》一些规定被架空，难以落实。

因此，要全面履行政府职能，进一步深化行政审批制度改革，必须推进行政审批改革的二次设计。所谓“二次设计”，是针对以“量化改革、协商改革”为特征的行政审批改革的初始设计而提出的“再改革”。“二次设计”将行政审批制度改革作为转变政府职能的突破口，以充分激发企业和市场活力为目标，在坚持“量化改革”的同时，更加重视行政审批改革的质量和可持续性，全面推动有限政府、廉洁政府和服务型政府建设。

1. 设立权威部门主导改革

由于行政审批改革具有长期性、复杂性和重要性，部门牵头改革会延缓改革进程、降低改革效能。为此，中央、省、市、县级政府应授权成立行政审批改革办公室（审改办），作为特设机构，主导、统筹、研究、推进、监督行政审批改革工作。改什么？怎么改？应由审改办决定。行政审批改革办公室作为常设的权威部门需要综合编办、监察、法制、财政等部门的力量，地方政府行政审批改革办公室可以设在政务服务中心。

政府审改办要用群众路线指导行政审批改革，开门改审批，按照“为民、便民、亲民”的宗旨，充分听取行政相对人的意见，而不是闭门造车，或由行政部门自己说了算。坚持专职改审批，建设一直专职队伍，研究、精通审批事项，避免外行领导内行改革；坚持持续改审批，根据政府行政审批中存在的主要问题，攻坚克难，有计划有步骤地科学推进；坚持规范改审批，依法合规地推进审批制度改革。

2. 全面清理行政审批事项

所谓全面清理行政审批事项，就是要将许可审批、非许可审批和公共服务事项统一纳入清理范围，避免更名改姓，名改实不改。《行政许可法》第二十条规定：“行政许可的实施机关可以对已设定的行政许可的实施情况及存在的必要性适时进行评价，并将意见报告该行政许可的设定机关。”据此，审改办要负责对行政审批事项的合法性和合理性进行审查和清理，按照统一的规则，规范现有审批事项的名称、权力来源、内容、流程和监管，做到严格设定标准、严格设定程序、对设定和实施的行政许可进行严格监督。在这方面，广州市明确清理行政审批、备案事项的“十大原则”[①] 值得借鉴。

许可审批的清理重点是法律、法规授权设立的行政许可审批事项，政府及部门是否以规章、文件等形式设定或变相增加行政审批项目，是否越权附加审批条件。非许可审批清理的重点是政府规范性文件设立的涉及公民和企业的行政审批事项。无法律、法规依据，根据行政规范性文件设立的行政许可和非许可审批事项，一律取消；根据规章设立的行政审批事项，必须重新审查规范；无法律、法规、部门规章依据设立的，具有审批、备案属性的登记、年检、年审、监制、认定、审定以及准销证、准运证等事项，一律取消；无法律、法规、规章依据设立的备案事项，一律取消。公共服务事项清理要遵循“合法性、合理性、便捷性和第三方服务”的原则，清理重点是：教育、文化、医疗卫生等公共服务领域的审批、备案事项，市场监管、社会治理、民生保障方面的审批、备案事项，资料性审查、项目评估、统计分析及从业资格、资质审查和职称评审等审批、备案事项。以一般业务管理事项为名实施的审批，一律取消。

3. 建立行政审批权力清单制度

2013 年中共中央、国务院《关于地方政府职能转变和机构改革的意

---

① 参见《广州市第五轮行政审批制度改革工作方案》，《广州市人民政府令（第 90 号）》。

见》提出："梳理各级政府部门的行政职权，公布权责清单，规范行政裁量权，明确责任主体和权力运行流程。"十八届三中全会决定明确要求："推行地方各级政府及其工作部门权力清单制度，依法公开权力运行流程。"按照进一步简政放权、深化行政审批制度改革的工作部署和2014年《政府工作报告》关于"确需设置的行政审批事项，要建立权力清单制度，一律向社会公开，清单之外的，一律不得实施审批"的要求，中央政府在建立行政审批事项清单制度上做出了表率。2014年3月，国务院审改办公开了国务院60个部门的行政审批事项汇总清单，共计1235项。按照国务院要求，各部门不得在清单之外实施行政审批。

所谓行政审批权力清单制度，是指政府及其部门或其他主体在对其所行使的行政审批权力进行全面梳理基础上，将行政审批职权目录、实施主体、相关法律依据、具体办理流程等以清单方式进行列举和图解，并公之于众；行政机关不得在清单之外实施行政审批，实行"法无授权不可为"。

行政审批权力清单制度是政府及其部门以"清权、确权、配权、晒权和制权"为核心内容的重要改革。所谓"清权"，是指全面清理政府及部门的行政审批和公共服务权力；所谓"确权"就是依据"职权法定"的原则，编制权力目录和运行流程图；所谓"配权"，就是依据"合法性、合理性和便捷性"原则，对现有权力进行调整、优化权力流程；所谓"晒权"，是指政府及部门要通过各种途径公开权力清单和流程；所谓"制权"，是指建立健全行政审批事项的事中事后监管制度。

建立行政审批权力清单制度，其实质是给行政审批权打造一个透明的制度笼子，其目的在于厘清公权力与私权利的边界，为行政机关依法审批提供基本依据，方便公民和企业办理相关行政审批事项。

4. 建立审批和服务事项代码库

在建立行政审批权力清单制度的基础上，国务院审改办应按照地域、审管部门、来源等因素，依据可管理性原则，设计统一的行政审批事项和公共服务事项代码编制规则。

各地根据统一设计的编码规则，对每一个行政审批事项和公共服务事项进行赋码，从而形成国家统一管理的行政审批事项代码库，地方公共服务事项代码库。有了国家统一的行政审批事项代码库和地方公共服务事项代码库，各级政府就可以依据统一代码，按最小颗粒度对行政审批事项和公共服务事项进行量化管理，避免行政审批改革的“数字游戏”，最大限度地防止政府越位、缺位与错位。

（四）加强标准化建设，规范权力运行

标准化是指为了在一定范围内获得最佳秩序，对现实问题或潜在问题制定共同使用和重复使用的条款的活动①。推进行政审批标准化是行政审批行为重复性特性的内在要求，是保持卓越管理水平和服务品质的有效工具，是规范行政审批权力的有力手段，也是实现审批环节无缝衔接的基本前提。

1. 行政审批标准化的目标

标准化最早起源于企业。商业服务标准化为政务服务标准化提供了可资借鉴的经验。1997 年美国全国绩效评估委员会汇集联邦政府各机构制定的顾客服务标准，出版了有史以来第一本政府的服务标准手册——《顾客至上：服务美国民众的标准》。这对我国探索行政审批标准化有启发和借鉴的价值。

实施行政审批服务标准化，就是将标准化的理念、原则和方法引入到行政审批服务领域，制定出一套适合行政审批服务自身改革和发展要

① GB/T20000．1－2002《标准化工作指南》，第 1 部分标准化和相关活动的通用词汇。

求的系统规范的管理体系，以达到提高行政审批服务管理水平和行政服务质量的目的。在我国，行政审批标准化的核心是规范行政审批的自由裁量权，即对审批要素进行细化、明确化，以此杜绝审批腐败和权钱交易。具体来说，行政审批服务标准化的目标是：

（1）规范行政审批行为。通过标准化限制审批过程中的自由裁量权，消除行政审批过程中审批行为的随意性、差异性，提高行政审批服务的规范性和稳定性。为此，需要对内制定行政审批业务手册，建立标准化审批流程，规范审批事项的条件、流程、时限，引导办事人员按照公开的标准办事，实现阳光审批。对外则通过发布《办事指南》，作为行政相对人申请行政审批的具体依据，将办事具体条件、要求，一次性明确告知企业和公民，明确审批事项、审批要件、审批流程和环节，增加社会公众的知情权，做到谁来申请、谁来审批，结果都一样。

（2）控制行政审批服务的质量。标准化是一个“制定——执行——评价——完善——再执行”的过程。一方面，行政审批服务标准化通过对法定审批流程进行精简、合并、压缩审批中间环节，实现单个行政审批事项服务质量的优化；另一方面，通过行政审批服务标准化，整合相关部门的审批权，实现以项目为核心的并联审批无缝衔接。从这个意义上来说，标准化既是规范审批人员行为的工具，更是保证行政审批服务质量“便捷、透明、顺畅、高效”的稳定器。

2．行政审批标准化的内容

从山东省新泰市、浙江省宁波市以及四川省等地的行政审批的标准化实践来看，行政审批标准化内容主要包括“行政审批服务通用基础标准”、“服务提供标准”、“服务保障标准”三个部分，基本都是在参照GB/T 15496、GB/T15497、GB/T15498、GB/T19273（企业标准系列国家标准，以及服务标准化工作指南国家标准）的基础上构建的，缺乏对政务服务标准特殊性的深入研究，针对性不强。

在国外，中央政府是政务服务标准化的主要推动力量，标准化的过程是自上而下的过程。通常是由中央政府出台一个总的宪章（如英国的《公民宪章》），从内容上规定政府服务范围和相关标准要素，之后各个部门再根据自己的实际情况，提出自身的标准，落实总的标准要求。因此，对我国政务服务标准化来说，在总结地方经验的基础上，国务院审改办需要加强政策层面的顶层设计，以更好地指导各地标准化的实践。从行政审批服务的特殊性来说，我国现阶段行政审批标准化的内容主要应该包括：行政审批事项的标准化、审批要件的标准化、审批流程的标准化、办事指南的标准化、办事制度的标准化、基础设施的标准化、表单标准化、收费标准化和评估改进标准化等。

3．推进行政审批标准化需要注意的问题

（1）警惕和杜绝以标准化为名进行不合理的利益锁定。标准化在一定程度上是对行为的定型化，在推进行政审批标准化的过程中，如果简单地将标准化等同于现有法律规范和部门既有的规范，有可能使标准化变成部门利益锁定的工具，走向标准化的反面。

（2）采取分步推进的策略。行政审批标准化是对传统审批行为的根本性改造，是对原有行政方式、行为习惯的极大挑战，推进过程中要充分考虑到可能遇到的阻力，通过制订合理的实施意见，最大限度降低行政审批标准化过程的阻力，增加标准化改革工作的可操作性。可以采取先易后难、先单后联、突出重点、试点先行的方法。即先细化各个部门单个事项的行政审批标准，再综合形成行业、领域涉及多个部门的联合审批标准体系；先选取基础较好、关系经济社会发展大局的部门作为试点，再在试点成熟的基础上加以总结推广和深化提升。

必须清醒地认识到，行政审批标准化的过程是一个制定标准、执行标准和评估标准的过程，也是不断提升行政审批服务品质，提高公民满意度的过程，这一过程只有起点没有终点。

（五）有步骤地推进网上与大厅审批服务一体化

国内外的实践充分表明，在信息时代，没有信息技术的有效支撑，政务服务中心的“一站式”服务很难有效发展下去。2008 年，广西壮族自治区依托“政务服务及监察通用软件”，率先在全国范围内建成三级联网的政务服务体系，实行政务服务三级联动和电子监察三级联网，收到了很好的效果。

1. 依托政务外网实现审批服务业务横向一体化

横向一体化建设以行政审批为中心，以业务流程再造为重点，通过部门之间的业务协同，将涉及联审联办、并联审批的前置、后置环节连接起来，经由流程再造之后，形成高效、完整的审批服务链条，实现审批服务无缝隙链接。对于各国政府来说，“一站式”政务服务机构的前后台关系处理都是一个难题。“一站式”服务客观上要求把政府服务和信息集中到一起提供，但是各职能部门既有结构的区别，也有职能履行的差异，更有各自利益的考量，要做到“一体化”整合，客观上存在着诸多的困难。因此，要坚持“有所为，有所不为”的原则，依托国家统一的政务外网，从横向上实现各级政府政务网络平台与政务服务中心及部门局域网的联网，真正实现网上审批、电子监察等跨地区、跨部门的协同办公业务，做到政务服务中心与窗口之间、窗口前台与后台部门之间、各部门之间的信息共享、协调联动。

2. 依托标准化实现行政审批服务业务纵向一体化

纵向一体化建设以服务功能下沉为中心，推进政务服务逐步向乡镇、社区延伸。具体来说，省至县级政务服务中心以服务标准化为中心，以上下协同为重点；乡镇以下的便民服务中心以服务便捷化为中心，以服务整合为重点。两者互为补充、相互呼应，分级推进。科学推进行政审批服务业务纵向一体化，必须依托标准化建立省级行政区域内政务服务中心行政审批系统和便民服务系统信息技术标准，通过统一的数据交换平台，从纵向上形成全区政务服务中心之间规范统一、上下联动的行政审批电子网络体系，有效解决同一行政审批业务在不同层级机关之间的沟通协作问题。

3. 依托政府门户网站实现网上和大厅审批服务一体化

与综合信息类门户网站（如新浪、搜狐）相比，政府门户网站是功能性门户，其最大的不同在于能够实现业务在线处理。为了更方便公民通过互联网获取政府服务，经过20多年的探索，发达国家的政府门户网站已经具备了汇聚、展示和引导三大基本功能。所谓汇聚功能，就是将政府各部门的网上办事功能，通过信息技术汇聚到门户网站上来，通过流程整合和优化，统一在网上提供；所谓展示功能，就是将汇聚到政府门户网站上的各部门的办事功能，按照事件主题、类别，或者按照办事主体类别，集中在门户网站上展示出来，方便公民查找；所谓引导功能，是指当公民在政府门户网站上点击某一事项开始办理时，系统将自动引导公民按照提示办理完整个流程。

随着公共服务网络化成为“一站式”服务的主导方式，发达国家十分重视政府门户的建设，并把它作为政府与公民沟通的桥梁和提供公共服务的主渠道。政府门户网站最主要的功能就是为公民和企业提供各种可获得的在线服务，并强调直接服务能力，“do it online”（在线办理）成为发达国家宣传政府门户网站的标志性口号。1999年成立的新加坡“电子公民中心”已经成为“世界上最完善的提供综合性服务的范例”。

截至2014年6月，我国网民规模已经达到6.32亿。随着互联网应用的普及，越来越多的公民开始习惯于通过网络获取政府服务，建设网上办事大厅，将政务服务中心的审批服务事项搬到网上，是顺应时代发展潮流的需要。2012 年 10 月，广东省依托政府门户网站，正式开通政府网上办事大厅，计划到 2014 年底将连通全省所有县区网上办事分厅，形成“横向到省直厅局、纵向到各县区”网上办事系统，积极探索网上办事大厅和实体办事大厅审批服务一体化。

从全球范围来看，建立以顾客为中心的政府门户网站实现“一站式服务”，已经成为世界各国政府的共识。网上办事大厅通过“逻辑集中，物理分散”的运行模式，将物理上分散在政务服务中心窗口办理的审批事项，集中到一个“虚拟大厅”，实现网上办事“部门全覆盖、事项全覆盖、流程全覆盖”，为企业、群众提供一站式、跨地域、7×24 小时、公开透明的行政审批服务。当公民进入网上“虚拟大厅”，找到自己需要的服务，按要求提交相关材料，系统就会自动将客户的资料分发给各相关部门，并在规定的时间内监督其完成审批，从而实现政务服务中心的“实体大厅”与网上“虚拟大厅”审批服务的一体化整合。

“一站式”政务服务是 20 世纪 70 年代以来西方发达国家公共管理改革的重要成果，也是服务型政府建设的重要载体。我国政务服务中心是在借鉴国外“一站式”政府服务模式的基础上，结合我国的国情进一步发展起来的。政务服务中心出现以后，“自下而上”制度需求与“自上而下”的制度供给交互推动，增量改革与边际创新此起彼伏。经过十多年的发展，改革成效的外溢性和改革主体的受益性，决定了政务服务中心发展的不可逆性。党的十八届三中全会从发挥市场配置资源决定性作用和更好发挥政府作用的高度，对深化行政审批制度改革、加快转变政府职能提出了新的更高要求。未来政务服务中心的建设，不仅需要地方政府根据自身的发展需求去创新，更需要中央政府适时出台相关文件、法规、法律来推动这一进程朝着既定的改革目标发展。

第四章

改进养老服务体系

党的十八届三中全会明确提出了“积极应对人口老龄化，加快建立社会养老服务体系和老年服务产业”的要求，这既是我国科学应对人口老龄化的重要战略思想，也是加快建设养老服务体系的重要契机。养老服务是指，为老年人提供生活照料、医疗卫生、健康护理、精神慰藉等一系列服务活动。其体系建设作为一项系统工程，需要国家、社会和家庭共同努力、合力构建。

人口发展经历了由年轻型向成年型，进而向老年型转变的历史过程。人口老龄化是人类社会发展到一定阶段必然出现的人口现象，是科学医疗水平和人们生活、健康水平提高的必然结果。养老服务问题是由人口快速老龄化导致供需矛盾而引发的一个涉及国家的政治、经济、文化和整个社会的，关系国计民生及社会和谐稳定的全局性、战略性民生问题，是世界各国必须面对、必须妥善解决的社会发展问题。构建社会化的养老服务体系有利于减轻家庭负担，提高老年人生活质量；有利于推动产业结构调整，培育新的经济增长极；有利于体现社会对老年人的人文关怀，增强国人的民族自豪感；有利于社会的文明建设与和谐稳定。

一、养老服务的巨大压力与挑战

（一）老年人口基数大

我国是世界上第一个老年人口过亿的国家。联合国、美国普查局、国家老龄工作委员会、国家人口计生委，对我国人口结构变动及人口老龄化分别进行了预测（参见表4－1）。尽管四种预测因使用的方法和测算数据不尽相同，导致结果不尽一致，但在阶段性划分以及发展趋势预测、基本结论上大致相同。四种预测显示，2020年，我国60岁及以上老年人口占全国总人口的比例达17%左右，其中80岁及以上高龄老年人，占老年人口总数的12%左右；在2030到2050年期间，我国老年人口的总量将逐渐达到峰值，老龄化水平将超过20%。到2050年，60岁及以上老年人口将达到约4.5亿人，占当时全国总人口的30%以上，进入重度老龄化平台期，其中80岁及以上高龄老年人口占老年人口总数的20%以上。

表4－1　国内外有代表性的中国人口与老龄化预测结果

		2000年	2010年	2020年	2030年	2035年	2040年	2050年
全国老龄办	总人口（亿人）	12.73	13.60	14.44	14.65	14.61	14.51	14.02
	60岁及以上人口占总人口（%）	10.42	12.78	17.17	23.92	26.96	27.88	30.95
	65岁及以上人口占总人口比重（%）	7.14	8.59	12.04	16.23	19.55	21.96	23.07
	80岁及以上人口占60岁以上人口比重（%）	9.50	12.24	12.38	12.80	14.39	15.77	21.77
国家人口计生委	总人口（亿人）	12.69	13，61	14.34	14.51	14.47	14，35	13.76
	60岁及以上人口占总人口（%）	10.24	12.57	16.96	24.46	27.45	28.63	32.73
	65岁及以上人口占总人口比重（%）	6.93	8.29	11.98	16.68	20.16	22.56	24.41

联合国	总人口（亿人）	12.70	13.52	14.21	14.58	14.58	14.48	14.09
	60岁及以上人口占总人口（%）	10.10	12.50	17.10	23.90	27.00	28.10	31.10
	65岁及以上人口占总人口比重（%）	6.90	8.40	11.90	16.20	19.60	22.20	23.70
	80岁及以上人口占60岁以上人口比重（%）	8.90	11.50	11.70	12.00	14.60	16.40	23.50
美国普查局	总人口（亿人）	12.69	13.48	14.31	14.62	14.61	14.55	14.24
	60岁及以上人口占总人口（%）	10.09	12.38	16.93	23.92	27.05	28.31	32.24
	65岁及以上人口占总人口比重（%）	6.93	8.26	11.86	16.93	19.91	22.56	24.49
	80岁及以上人口占60岁以上人口比重（%）	9.38	11.16	11.86	12.72	15.74	17.74	25.31

数据来源：国家人口计生委发展规划与信息司：《人口发展战略研究报告（2010－2011）》，中国人口出版社2013年版，第564页。

根据《中国老龄事业发展报告（2013）》，2012年，我国60岁及以上老龄人口已达1.94亿，占全国总人口的14.3%，2013年，该数值将突破2亿。美国战略与国际研究中心（CSIS）发布报告称，到2030年，中国的老年人口比例将与美国持平，达到24%。到2050年，我国老年人口将占世界老年人口的20%。比届时的世界第一人口大国印度的老年人多1亿，相当于届时第三人口大国美国的总人口。[①] 到那时，每10个中国人中将有3名老年人，全世界每5名老年人中就有1名中国老年人。银发浪潮所带来的巨量的潜在养老服务需求，对我国产业结构、社会结构、经济社会的发展的影响，将是十分巨大、极其深刻的。

（二）老龄化速度快

根据2010年第六次人口普查数据，1982年我国60岁及以上老年人口的比例为7.62%，1990年为8.57%，2000年为10.33%，2010年上

① 王贵林、孙飞雪、何毅：《应对人口老龄化问题的政策与法律研究》，兰州大学出版社2012年版，第99页。

升到13.26%，2012年上升到14.3%。从1980年到1999年，我国在不到20年的时间里，以平均每年3%的增长率基本完成了人口年龄结构从成年型向老年型的转变，进入了人口老龄化阶段。世界上法国完成这一历史过程用了115年，瑞典用了85年，美国用了66年，英国用了45年，最短的日本也用了25年，而我国用了不到20年的时间。①

我国人口老龄化速度加快的主要原因是社会的发展进步、医疗水平的提高使死亡率下降，人们生活质量的改善使老年人平均预期寿命不断延长；另一方面是计划生育政策的实施导致生育率下降，限制了人口总量的增长。2000年到2010年的10年之间，年均人口增长0.57%，比1990年到2000年的年平均增长率1.07%下降0.5个百分点，远低于人口老龄化年均3%的增长速度。加之新中国成立后第一次出生高峰的婴儿潮正在进入老年行列，多重因素的作用加快了我国的老龄化速度。据第六次人口普查数据显示，我国人口老龄化大规模超前快速发展，使人们对老龄化给经济社会造成的深远影响认识不足、准备不充分，导致因养老服务供给不足产生的供求矛盾加剧，作为一种负能量提前释放，容易形成影响人们家庭生活、危及社会稳定的风险。

（三）老龄化分布差异明显

老龄化分布地区差异明显深刻反映了我国社会主义初级阶段的国情。主要表现在：一是地区之间差异。2010年我国大陆31个省市中，有26个进入人口老龄化社会，只有西藏、青海、宁夏、新疆、广东5个省没有进入，其中除广东省以外，其他4个省均位于我国西部地区。因此，在进入人口老龄化的时间上，东部经济发达的大部分地区的速度普遍快

① 顾劲扬、励建安：《人口老龄化问题分析与对策》，《南京医科大学学报（社会科学版）》2004年第2期，第126页。

于中西部经济欠发达或者不发达地区，具有明显的东高西低的区域梯次特征。如上海于1979年成为第一个进入人口老龄化的直辖市，而西部的宁夏回族自治区则于2012年以后才步入老龄化社会，时间跨度长达30年。

二是城市与农村之间的差异。根据第六次人口普查数据，我国城乡人口老龄化倒置，即农村高于城镇。2010年农村老龄化水平为14.98%，城镇为11.7%，这与我国经济的市场化推进，人口大规模流动，大量农村剩余青壮年流入城市有着直接的关系。尤其是大量农村青壮年流入东部经济发达地区，使东部地区老年人口得到稀释，缩小了老年人口在该地区总人口中的占比，使东部发达地区老龄化速度呈减速状态，而中西部经济欠发达地区因流出人口较多，人口基数缩小，导致老年人口的绝对值增大，老龄化提速。

三是男女老年人性别差异。根据2010年第六次全国人口普查数据显示，我国1.78亿老年人口中，男性老年人口为0.87亿，女性老年人口为0.91亿，男女比例为49.01%，50.99%，女性老年人口比男性老年人口比例高1.89个百分点。这意味着我国女性老年人口的平均预期寿命高于男性，即女性存活率高于男性，而死亡率低于男性。

（四）高龄化和失能化问题突出

伴随着人口老龄化水平的提高，我国80岁及以上的老年人正以年均5.4%的速度增长。[①] 据《人口发展战略研究报告》预测，到2023年，我国高龄老年人口将增长到3000万人。到2050年前后，达到最高峰值1亿人。那时高龄老年人占我国全部老年人的比例也将达到23%，在

---

① 王贵林，孙飞雪，何毅：《应对人口老龄化问题的政策与法律研究》，兰州大学出版社2012年版，第100页。

2100 年将达到 30%，[①] 占我国 60 岁及以上老年人口的 25%。这表明我国高龄人口是老年人口中增长速度最快的群体之一，高龄化使我国成为世界上高龄老人人数多、压力大的国家。2010 年末，全国城乡部分失能和完全失能老年人约 3300 万人，占全体老年人口的 19.0%，其中完全失能老年人 2010 年就已达到 1084.3 万人左右，占老年人口的 6.25%；预计 2015 年，将达到 4000 万人。到 2015 年，十二五规划期末，完全失能老年人口将达到 1239.8 万人，占老年总人口的 6.05%（参见表 4－2）。[②] 虽然失能人口占老年人的比例略有下降，但是失能人口的规模在未来却呈现稳定增长。同时，无子女老年人也越来越多。2012 年，中国至少有 100 万失独家庭，而且每年以约 7.6 万个的数量持续增加，[③] 从而使我国老年人口高龄化、失能化问题更加突出。

表 4－2　全国未来失能老年人口状况预测（占老年人口的比例）

	2000	2006	2010	2015
重度失能	0.50%	0.68%	0.84%	1.08%
中度失能	0.34%	0.33%	0.32%	0.31%
轻度失能	5.83%	5.41%	5.15%	4.83%
失能人口	8，459，048	9，100，014	10，843，118	12，398，132

资料来源：中国老龄科学研究中心课题组：《全国城乡失能老人状况研究》，《残疾人研究》2011 年第 2 期，第 13 页。

老年人年龄的增加，各项生理机能的下降，必然使失能、半失能的

---

① 国家人口计生委发展规划与信息司：《人口发展战略研究报告（2010－2011）》，中国人口出版社 2013 年版，第 564 页。

② 中国老龄科学研究中心课题组：《全国城乡失能老人状况研究》，《残疾人研究》2011 年第 2 期，第 13 页。

③ 吴玉韶、党俊武：《中国老龄事业发展报告（2013）》，社会科学出版社 2013 年版，第 3 页。

概率加大，使高龄老年人成为失能、半失能和患病率最高的群体。高龄老年人由于行动不便需要各方面适当照护，而失能、半失能老年人则更需要专人重点照护，该特点使高龄、失能老年人的服务需求在养老服务中占有重要地位。

（五）老龄化超前于社会经济发展

就发达国家人口老龄化的规律而言，一般是人口老龄化与经济发展相适应，先富后老或边富边老同步而行。也就是说，发达国家的人口老龄化是伴随着工业化和现代化进程边富边老的一个缓慢渐进的历史发展过程（参见表4－3），因而使这些国家有着较充裕的时间积累财富，建立健全制度，培养培训人才应对老龄化。发达国家在进入老龄化社会后，虽然也存在着养老服务的供需矛盾，但由于准备较充分，有较完善的养老保障体系，因此，影响稳定的社会风险系数不大。而我国历史上长期处于贫困状态，还没有来得及准备，就在不到20年的时间完成了人口结构由成年型向老年型的转变，走完了发达国家用了近半个多世纪才走完的路程，我国的老龄化问题必然与发达国家的老龄化问题存在着诸多不同之处。

表4－3 中国与部分国家老年人口比例倍增时间比较

国别	10%～20%（60＋）	年数	7%－14%（65＋）	年数
法国	1850～1990	140	1865～1980	115
瑞典	1890～1970	80	1890～1975	85
意大利	1911～1990	79	1921～1988	67
美国	1937～2015	78	1944～2010	66
荷兰	1930～2005	75	1940～2005	65
加拿大	1940～2010	70	1994～2008	64
丹麦	1911～1980	69	1921～1980	59

瑞士	1930～1995	65	1930～1985	55
西班牙	1950～2000	50	1950～1990	40
中国	2000～2027	27	2000～2028	28
日本	1970～1995	25	1970～1995	25
印度	2015～2040	25	2000～2030	30
韩国	1997～2020	23	2000～2020	20

资料来源：邬沧萍等：《中国人口老龄化：变化与挑战》，中国人口出版社 2006 年版。

为了更深入认识、理解我国人口老龄化的特点和由此引发的养老服务供需矛盾的严峻形势，本报告从四个维度与发达国家作进一步的比较：一是与发达国家人口老龄化的经济发展水平进行比较。西方的一些学者研究认为，通常人口老龄化是与经济社会发展同步。如英国等发达国家进入老龄化社会时，人均 GDP 一般为 5000～10000 美元。即使较早进入人口老龄化的发展中国家乌拉圭，在 2000 年，人均 GDP 也达到了 2000 美元。而我国在 1999 年进入人口老龄化时，人均 GDP 仅 800 美元，与发达国家相比差 6～12 倍，与发展中国家的人均 GDP 相比也相差近 3 倍（参见表 4－4）。中国的现实颠覆了上述结论，证明我国是在未实现社会现代化、经济尚不富裕、人均收入较低的情况下，进入了人口老龄化，属于未富先老、未备先老的国家。今后中国面对的将是逐渐加快的老龄化速度和汹涌的银发浪潮。尽管我国与日本的老龄化过程有许多相似之处，但如果仔细分析发现可比性并不强，原因是中日两国老龄化所依赖的经济基础不同。日本进入老龄化社会时，人均 GDP 已经达到 1 万美元以上，健全的社会保障制度，较完善的公共服务设施，国家藏富于民的政策，可接受的贫富差距，使日本老年人有能力支付高昂的养老服务费用。日本虽然有少子化倾向，但没有大规模的独生子女家庭。而我国进入老龄化时，不但公共服务基础设施长期投入不足，人均收入低、支付能力不足，而且贫富差距大。尤其需要指出的是，现实中我国70岁以上的老年人均出生于新中国成立前，他们的经历与共和国的建设同步。尽管这些老年人收入低，生活需求水平不高，但由于家庭规模较大、家庭子女较多，在某种程度上维持或抵消了他们在养老服务需求中对经济和人力的依赖。但是出生于50年代，即当前的低龄老年群体，正陆续进入高龄阶段。因这一部分群体在结婚生子时，正赶上计划生育政策和改革开放，被削弱的家庭养老功能以及较低的支付能力导致他们对社会化养老服务的依赖性更高。

表4-4 进入老年型社会时人均GDP国际比较

国家 （年份）	人均GDP（美元） （购买力平价）	老龄化程度（%）	
		60岁及以上人口比例	65岁及以上人口比例
世界（2000）	7446	10.0	6.9
中国（2000）	3976	10.1	6.8
中等收入国家（2000）	5734	-	6.6
美国（1950）	10645	12.5	8.3
日本（1970）	11579	10.6	7.1
以色列（1975）	12270	11.8	7.8
韩国（2000）	17380	11.0	7.1
新加坡（2000）	23356	10.5	7.2

资料来源：中国人口与发展研究中心课题组：《中国人口老龄化战略研究》，载《经济研究参考》2011年第34期，第3页。

二是与发达国家应对人口老龄化的社会保障制度进行比较。发达国家在人口老龄化到来之前，社会医疗、养老等保障制度体系已基本建立。第二次世界大战之后，福利国家的建设，特别是北欧国家，从摇篮到坟墓社会福利政策的推行，使社会保障制度更加完善，而在此基础上建立的养老服务体系基础也更为合理，对促进经济发展、稳定社会起到了积极作用。反观我国，原有的社会保障制度就不健全，基本处于缺失和碎片化状态。1999 年老龄化社会到来时，我国的社会养老保障制度建设尚处于拆除旧的计划经济时代的社会保障基础，向新的养老保障制度过渡转化的起步阶段。养老服务就是在这样一个社会背景下开始作为一个社会问题进入人们视野。

三是与发达国家老龄化的社会环境进行比较。西方发达国家伴随老龄化的历史进程，建立了比较完备的保障老年人权益的法律法规、比较完善的公共服务基础设施、健全的且运行良好的养老服务体系，以社区为依托的社会养老服务支持体系，而老年长期照护体系的构建更是为老年人提供了一张具有底线效应的最后安全网。但对我国而言，保障老年人权益的法律体系尚不健全，为老年人服务的基础设施严重缺失，社区建设还处于起步阶段，资金短缺问题更为突出，养老服务市场发育不良。由此可见，与发达国家应对人口老龄化的环境相比，我国不仅仅在应对老龄化的养老保障制度体系建设上面临压力，而且在应对老龄化的准备时间、财富积累、基础设施、社会建设等方面存在诸多准备不足。再加之我国老年人口快速增长和养老服务需求激增，使得我国所面对的由老龄化所引发的养老服务压力与挑战，是一种人口数量与发展速度、制度构建与基础建设双重叠加的压力与挑战。

四是与发达国家人口老龄化的历史进程进行比较。根据预测，2010 年以来，我国老龄化不断加速，老年人口占比平均每 10 年依次推高 3.5、4.2、5.9 个百分点。到 2040 年左右，我国老龄化速度才放慢，平均 10 年增加 1.5 个百分点，直至 2050 年基本稳定。① 比较表明，虽然我国老龄化比西方发达国家晚了半个多世纪，但是发展速度惊人，这与我国 20 世纪 70 年代实施计划生育政策人为大量限制出生率，放慢人口增

---

① 王胜今、于潇：《中国人口老龄化问题研究》，吉林人民出版社 2012 年版，第 5 页。

长速度有着直接的关系。这是世界人口发展史上特有的不可复制的中国现象。

通过上述分析比较，可以清楚地看到，我国的老龄化所带来的重要问题是老龄化超前于经济社会发展引发的大规模的快速激增的养老服务需求和解决这种需求的复杂性和艰巨性。政府必须高度重视、积极应对，下功夫解决由谁为老年人服务、拿什么服务、怎么服务的问题。

二、发达国家养老服务的主要经验和启示

老年人需求的复杂异质性，使发达国家逐渐意识到老年人需要的不仅仅是医疗保险和养老保险的经济支持，还应包括生活服务、医疗服务、家政服务、社会服务和其他支持性养老服务。为此，20 世纪 50 年代，发达国家根据自己的国情构建了具有不同特点的养老服务体系，为我国提供了可比较借鉴的参照系。

（一）发达国家养老服务的主要模式

根据养老服务的筹资来源和输送方式，可将发达国家养老服务划分为三种模式：第一种是以美国为例的市场与救助相结合的养老服务模式；第二种是以德国、日本为例的社会保险制度为筹资基础的养老服务模式；第三种是以瑞典、丹麦为例的普惠式为主的养老服务模式。

1．市场与救助相结合的养老服务模式

（1）养老服务的筹资。美国在 20 世纪 40 年代就已成为老年国家。迫于人口老龄化的压力，美国通过服务供给主体的多元化，不断完善养老服务体系的构建。这一特点是由美国社会化、私有化和市场化国情所决定的。美国养老服务责任主体主要包括个人、家庭、私有企业、社团

和志愿者，形成了多层次、多主体的养老服务体系。这也决定了筹资来源上的多渠道，从而保证养老服务有足够的资金支持。美国积极发展老年人长期照护商业保险，借助政府的财政预算和其他捐赠发展养老服务福利项目；允许私营企业投资养老服务，兴办老年人公寓等养老服务机构；鼓励私立和非营利性质的养老机构；采取政府购买服务的方式，支持居家养老服务的发展。美国的商业保险公司于70年代开始销售长期护理保险产品，是世界上最早销售这种保险产品的国家，有效地补充了商业养老保险和医疗保险产品的不足。该保险初期仅提供养老机构的护理服务，目前已经演变为多元化的产品，可以满足参保人对机构养老服务和居家照护服务的不同需求。

（2）养老服务的输送。为发展居家养老服务，美国政府为社区建设投入了大量资金和技术，拓展社区服务功能，扩大社区养老服务规模、丰富养老服务内容。美国建立了大量退休村、退休镇、集合式老年公寓，分别为各年龄段老年人提供养老、医疗、休闲、保健服务，并通过建立起完善的社区老年服务网络给予支持。主要表现在，提供老年护理服务、居家照料、居家医护服务、对家庭照护者的支持、用药指导以及配合医生工作等几大服务项目。在养老机构服务的输送方面，构建了不同等级的多层化的养老服务体系，确保有不同需求的老年人都可以获得所需要的养老服务。按其服务对象与内容，养老服务机构大体分为三类①：技术性护理之家，主要提供卧病在床老人与行动不便的慢性病人24小时的护理服务；照护服务之家，倾向于健康服务模式而非医疗模式，主要是提供个人照护、日常生活协助，并对慢性疾病老年人提供医疗咨询；住宿照护之家，主要是提供良好的居住环境与适当休闲活动于无健康问题

① 谢美娥：《老人长期照护的相关论题》，桂冠图书公司1993年版，第25页。

的老人，以减轻家庭照护负担等问题。

2. 以社会保险制度为筹资基础的养老服务模式

（1）筹资体系。德国养老服务的筹资模式主要以社会保险制度为依托。在德国出台长期照护保险制度以前，很多人由于不能负担高昂的机构护理费用，只能依赖社会救助金和社区的社会福利体系得以维持生活。这使得负担社会救助金的德国地方政府不堪重负。通过建立发展长期照护社会保险制度，为养老服务的筹资提供可持续性的制度保障，成为解决问题的必然。1995 年德国颁布具有强制性的长期照护社会保险制度，目的就是激励老年人减少使用机构养老，尽量实现居家养老，并提高长期照护服务的质量。德国长期照护保险的保费是缴纳毛收入的 1.9%，费用在雇主与雇员之间分担。保险的给付原则是依据被保险人（不受年龄限制）的需求内容而定，一般分为居家服务补助和机构服务补助两类。

日本实施长期照护保险的主要目的是用社会保险体制代替原有的福利体制。日本长期照护体系的筹资是一种混合式筹资体系。资金的 50% 来自税收，另外的 50% 来自与缴纳人收入挂钩的社会保险费。

（2）养老服务的输送。德国的养老服务输送需要对被照顾者进行评估，按照三个级别输送服务（参见表 4 – 5）。老年人要获得服务，需要向长期照护保险基金会提出申请。德国长期照护保险基金会是非营利性的机构，主要是依托于德国 500 多个法定的疾病基金会。虽然参保者可以自由选择长期照护保险基金会，但是对于参保者身体状况的评估、鉴定却是由独立于长期照护保险基金会的“健康保险医疗鉴定服务处”负责鉴定，而后将鉴定结果提交给长期照护保险基金会，再由基金会按照结果提供相关级别的照护服务。① 德国允许被照护的老年人用现金来为

① 施巍巍：《发达国家老年人长期照护制度研究》，知识产权出版社 2012 年版，第 133 页。

照护者付薪，以激励家人、亲友、朋友和邻居参与照护的积极性，增强老年人居家或者在社区接受照护的意愿。一方面化解了为接受长期照护需求而被迫离开家庭和社区的矛盾，另一方面也弥补了正式养老服务资源的不足，降低了养老服务成本。但这主要局限在第一、二层面的老年人，对失能的第三层和高龄老年人而言，主要还是专业照护机构（参见表4-5）。

表4-5　德国对长期照顾三个层次的界定

需要的类型	第一层	第二层	第三层
有基本ADL照顾的需要	有两项ADL照顾需要且每天一次	每天需要3次且不同时段	需要日夜照顾
有IADL照顾的需要	至少每周一次	至少每周一次	至少每周一次
需要照顾的小时数总和	至少每天1.5小时，其中ADL照顾需要不少于45分钟	至少每天3小时，其中ADL照顾需要不少于2小时	至少每天5小时，其中ADL需要不少于4小时

资料来源：陈永杰、卢施羽：《中国养老服务的挑战与选择——基于南海区的实证研究》，中山大学出版社2013年版，第152页。

德国长期照护服务的质量标准主要是由长期照护保险基金会和具有咨询性质的联邦长期照护委员会共同完成。德国的长期照护保险基金会与机构和居家养老服务的供给者签订合同，质量标准是受到严格规范的。[①] 基金会对长期照护保险基金的控制有完整的管理体系，合同中往往明确规定了供给者应该达到的服务质量。因此，养老服务供给者之间的竞争受到很大限制，服务的供给者被强制承担诸多的法定责任。

日本有着良好的养老服务运行机制。其养老服务机构，高中低档合理配置、合理布局，高档服务机构主要由社会投资，中、低档服务机构由政府与社会合办。日本养老服务人员配置的密度较高，服务护理人员

---

① 施巍巍：《发达国家老年人长期照护制度研究》，知识产权出版社2012年版，第133—135页。

与不能自理老年人的比例为1∶3，高的可达1∶1.5，而且日本还有大量的志愿者和义工参与养老服务。在组织管理上，日本长期照护保险制度的实施由日本厚生劳动省牵头，地方政府部门主管各地居家护理支援中心、社会福祉联合会等官方和民间团体。

3. 普惠式的养老服务模式

（1）筹资体系。瑞典已经建立了完善的普惠式的福利化养老服务体系。在瑞典，子女和亲属并没有赡养老人的法律义务，国家成为赡养老年人的承担者。瑞典是世界上80岁以上老年人比例最高的国家，也是养老服务体系最完善的国家之一。瑞典在20世纪60年代开始注重养老服务体系的建设，兴建了大量的养老服务机构，并且将养老服务纳入到社会福利体系中，体现按需分配的原则，属于典型的普惠式的高福利养老服务模式。但是，随着瑞典的人口老龄化日趋严重，有养老服务需求的老年人日趋增多，迫使瑞典政府将养老服务的对象集中于那些失能程度较为严重的老年人。普惠式养老服务模式的筹资来源主要是政府的税收，一般是由中央和地方两级政府共同承担，为老年人提供服务。中央政府依据费用调整体系中涉及的变量因素，如年龄、性别、公民身份等，向地方政府分配资源，但同时也造成地方政府为了争取更多的资金而对相关的变量数据提出质疑，迫使中央政府做出有利于自己的决策。

（2）养老服务的输送。养老服务的供给责任主要是由公共部门来承担，95%的服务是由地方政府供给。但在近十年中，瑞典在养老服务体系中逐渐引入了市场机制。服务的供给者日趋多元化，已经从政府垄断的单一主体向多元供给的方向发展，并赋予了老年消费者一定的选择权。但总体而言，私营养老服务组织尚处于新兴的发展阶段，地区配置并不十分平衡，并且由于服务费用有最高上限，以及政府对于养老服务的质量有严格的最低标准、评估与监管等相关规定，在一定程度上限制了民办养老服务机构的发展与壮大。

（二）发达国家养老服务的主要经验

1. 有较完善的养老服务体系

为了确保各项养老服务制度的落实，发达国家相应构建了较完备的养老服务体系。如美国成立的老龄委员会掌管着养老服务系统资源的调配、资金的审计、拨付以及机构的运行、审批的标准和管理。德国、瑞典都建立了严格的从上到下的养老服务等级评估体系和服务管理体系。英国为加强养老服务的质量管理，于1987年，在社会服务部门中专门成立了策略和质量监管部门，并于1990年出台了相关法案，规定地方政府必须建立独立的监管机构，负责监管养老服务机构和居家服务的运行质量。

规范的法律法规体系和社会政策是发达国家实施养老服务的基础。法规的主要内容涉及老年人的权益、养老服务筹资的合法性以及服务供给者准入和质量标准，从而保证了老年人的权益，确保了养老服务筹资的可持续性和稳定性，并且通过有力度的监督确保了养老服务质量。在保障老年人权益方面，即使是低福利的发达国家美国也出台了诸多法律来完善养老服务体系，通过立法手段干预财政，对国民收入实行再分配。如1956年美国国会通过了《老人法》，此后又相继出台了《老年人志愿工作方案》、《老年人营养方案》、《住房补贴法案》、《老年人社区就业法》、《老年人个人健康教育与培训方案》。通过一系列法案的出台，最终形成了以社会养老保障、雇主养老金计划、个人退休的储蓄与保险为主的保障体系。日本通过颁布《老年人福利法》、《老年人保健法》、《高龄老人保健福利推进十年战略计划》、《健康增进法》、《长期照护保险法》，使日本的养老服务体系具有制度体系完善、机构服务合理、机制运行良好、全社会参与的特点。在筹资方面，各国政府通过制定一系列的法规来确保养老服务筹资的稳定，并且对提供养老服务组织给予一定的政策优惠，以推动养老服务业的发展。

2. 注重发展居家养老服务模式

发达国家在发展养老服务的过程中，曾经走过大力兴建大型养老服务机构的弯路。但养老服务机构往往伴随着比居家养老服务更高的成本。同时，机构养老服务也并非家庭和老年人的首选，成年子女并不会把机构式服务当作父母养老的首要选项，机构其实是被家庭成员视为最后而非最初的选择，往往是家庭成员历经身体、社会及经济重压之后所采取的一个迫不得已的最后决定。在发达国家，65 岁以上的老年人在特定时期需要机构服务的机率是 49%，需要居家服务的机率是 72%。[①] 世界卫生组织（WHO）指出，发展中国家应该接受发达国家的教训，不能盲目建设养老院。[②] 为此，各国纷纷采取措施鼓励发展居家养老服务模式，大力削减养老院式的机构养老。例如，瑞典于 20 世纪 60 年代开始发展就地养老；英国自 20 世纪 70 年代就开始推行社区照护政策；德国实施长期照护保险制度的重要原则就是“居家优先于机构”。

3. 利用优惠政策实现养老服务供给的多元化

为了节省开支，打破政府垄断供给，克服政府养老服务供给的局限性，发达国家在养老服务的供给中，逐渐实现养老服务供给主体的多元化，采取措施鼓励社会资金注入养老服务业，形成政府、市场、非营利组织三方合作的服务供给模式。政府的主要责任是制定政策，规范养老服务供给的服务质量，实施各项产业指导、培训、税收减免等优惠政策，

① Friedland, R. B. The Coverage Puzzle: How the Pieces Fit Together. Paper Presented At the Annual Conference of the National Academy of Social Insurance. Washington, D. C., January 2002.

② Wiener, J. The Role of Informal Support in Long – term Care. Brodsky, J. Key Policy Issues in Long term Care. Geneva: WHO, 2003. 3 – 25.

为养老服务提供资金支持，对提供养老服务的组织机构给予政府补贴，发展养老服务业。如美国对购买商业长期照护保险的个人和企业实行税收优惠政策。法国规定对提供居家养老服务的企业，可以减免企业为护理员缴纳的社保、增值税5.5%；雇佣家政服务人员的雇主支付的服务费用，可以按照50%的比例减免个人所得税。[①] 法国还通过发放养老服务券的方式鼓励养老服务企业的发展，而政府在其中仅仅是确定养老服务的接受者，并提供财政补助。

4. 资格评估以及监督机制完善

发达国家将养老服务视作社会福利的重要组成部分。政府在准入和监管上发挥着主导作用。由于对老年人的身体状况的评估和养老服务需求的评估影响着养老服务资源分配的公平性，所以，各国非常重视服务需求的评估和服务质量的监管。在美国，如果申请人想通过医疗救助或政府购买服务的方式获得养老服务或进入养老服务机构，评估结果将影响其可获得的养老服务水平。同时政府也会对养老服务机构的硬件和软件的资格进行严格的资质审核，只有符合营业资格，并且在政府登记注册为非营利性质的养老服务机构，才能获得由政府购买养老服务的资质。政府对于养老服务机构的运作方式也有明确而详细的规定。为了透明便于监管，养老服务机构必须定期或者不定期地公开报告运营情况，并且接受专业性的中介机构对于服务质量、服务设施、工作效率等方面的全面评估。[②] 一些发达国家针对养老服务市场中由于政府规定的价格上限所导致的不完全竞争性（即价格而非质量是老年消费者主要选择养老服务的标准），而导致服务质量下降的问题，采取降低参保门槛，加强市场

① 刘婉娜、胡成：《法国居家养老服务业的发展及启示》，《宏观经济管理》2012第7期，第82页。

② 李萍：《老龄服务：美国、日本、瑞典三国的实践经验与启示》，《攀登》2011年第3期，第47页。

监督和加大老年人养老服务选择权，建立服务质量保证制度，完善严格的质量管理监督制度，引进 ISO9000 质量体系等措施，保证服务质量。①

5. 完善保障制度，创新服务方法

发达国家根据本国的财政情况，为老年人建立了较为全面的经济补贴制度，其内容包括：高龄补助，老年服务住房补贴，节日补贴，交通补贴等等。德国为参与家庭照护的投保人亲属发工资、津贴和提供免费培训。在服务方式上，德国和日本鼓励互助养老，通过为多代屋、多代同居的老年人提供资金资助的方式进行推动。而美国则通过结伴养老解决老年人晚年孤独无助的问题，通过以房养老的方式改善老年人的生活质量等等。

（三）发达国家养老服务的启示

1. 对养老服务制度模式的选择，要从国情出发

从上述发达国家构建的养老服务模式看，各国形成了各不相同、各具特点的制度模式，表明不同的国情决定了不同的制度内容。如美国在发达国家中市场机制最先进，其养老服务制度市场化特点也最突出。从三种养老服务制度模式的运行效果看各有所长，没有好坏之分。如美国的残补式制度和市场商业化制度模式相互补充，既保障了低收入人群，又保障了中高收入群体的养老服务需求。美国利用商业长期照护保险保障大多数中高收入群体的服务模式虽然效率较高，但由于这种模式对经济发展水平的要求较高，若在我国实行，仅能覆盖一小部分人群，并不符合我国现有国情。而德国、日本的制度模式因有效调动了政府、企业、个人参与养老服务供给的积极性，其制度设计覆盖了全体老年人，为我

① 施巍巍：《发达国家破解老年长期照护难点带给我们的启示》，《西北人口》2012 年第 8 期，第 152 页。

国提供了较适用的参照系。瑞典、丹麦的普惠型制度模式虽好，但是与我国国情相差太远，所以可借鉴吸收的元素有限。这里值得注意和深思的是，从20世纪90年代开始，作为高度市场化的美国开始不断扩大养老服务覆盖范围，降低养老服务的门槛，使得更多老年人获得养老服务。尤其近年来奥巴马政府为扩大公共服务范围，为向全覆盖的制度模式发展，而积极推行医疗改革，必然会影响美国现行养老服务模式的发展方向。其通过改革扩大老年人接受服务的福利覆盖面，提高福利水平，压缩市场利润空间，增加普惠福利成分的动向应引起我们的关注与深思。德国、日本以长期照护社会保险制度作为养老服务主要筹资来源的养老服务模式运行了20多年，达到了全覆盖，尽管也有筹资的压力，但是一直平稳有序，被发达国家所推崇。瑞典近年来为了减轻财政压力，收缩养老服务的范围，将有限的养老服务资源集中用于高龄、失能老年人，并引入市场机制的做法对我国也有启示。总之，随着老年人口的不断增长，高龄老年群体的扩大，对养老服务需求的依赖与日俱增，已经形成了一种或明或暗的社会风险。无论一个国家社会养老保障制度的支柱有多少根，都不能少了养老服务这一根；无论一个国家处于什么样的经济发展水平，忽视了养老服务的准福利性质，盲目收缩政府职责，让位市场的做法都行不通；无论一个国家遵循何种福利理论，强调什么样的理由，都不能罔顾当前我国福利制度以社会保险制度为主体的全覆盖的发展趋势。因此，仅强调政府的兜底性，完全放手让市场解决养老服务问题，不在筹资、监管、建立平等的市场竞争环节等方面进行厘清，不但不能从根本上解决养老服务需求所带来的社会风险，其后果将与世界发展趋势背道而驰，重蹈医疗卫生改革之误的覆辙。

2. 建立多层次的养老服务体系

根据发达国家的经验，随着老龄化程度的加深，养老服务的缺失将使得人口老龄化成为一种社会风险。如果没有专门应对这种风险的制度，养老服务资源将无法得到合理配置，必将浪费其他社会保障资源。如德国的社会救助资源、日本的医疗资源和美国的医疗救助资源，都因与养老服务相关的保障制度的缺失，而被不合理地使用，最终导致各国出台了与本国社会保障制度体系其他子项目相适应的养老服务供给制度。德国和日本最终在已有的社会保险制度的基础上，建立了老年人长期照护社会保险制度。通过对发达国家的养老服务模式的分析，可以说没有养老服务体系的建立、完善，就不可能建立起完善的养老保障体系。针对未富先老的基本国情，我国社会保障制度的设计应是以社会保险制度为核心层、社会救助制度为托底层、商业保险以及其他制度为补充层的总体架构。注重突出对服务对象失能程度的评估及家计调查，以达到公平的目的。短期内应该建立救助型的养老服务供给制度，将有限的养老服务资源，重点投入到三无老年人、高龄老年人及失能半失能老年人身上。但长期目标是我国应建立完善的长期照护社会保险制度，并与其他社会保障制度中的子项相协调，为发展养老服务业提供制度和资金的支持。

3. 居家服务在养老服务体系中占有基础地位

各国大力发展居家服务的实践告诉我们，居家养老相对于机构养老，可以更好地将正式养老服务资源，即来自于政府、市场和非营利组织提供的养老服务，和非正式养老服务资源，即来自于家庭、朋友、邻居等照顾主体，进行资源整合，使得老年人继续生活在熟悉的社区中，有效兼顾家庭与社会双方的优势，这符合老年人的主观愿望。对于社会和政府而言，则能够节省更多的社会资源和公共支出。因此，政府应该出台相应的政策鼓励老年人及家庭选择居家养老服务模式。政府应该将家庭作为重要的福利对象，将照顾成本纳入到政策支持的范畴内，对家庭给予支持，即对为老年人提供照护的家属、朋友、邻居给予补贴，提供喘息服务，并进行专业培训指导；对于提供居家养老服务的企业或者非营利组织，给予税收减免等相关政策优惠；给老年人以服务机构的选择权；由政府购买服务，为老人发放照护津贴，鼓励亲属带薪照护等等。

4. 建立养老服务体系，发挥政府的主导作用

由于我国老年人口基数大，需求复杂，使养老服务成为一项耗资巨大、社会关注度较高、关系到千家万户的系统工程。养老服务的准公共福利性质决定了政府的主导作用是毋庸置疑的。发达国家的经验已经证明，面对规模庞大的老龄化人口，需要调动全社会的力量，形成养老服务的合力。由此，必须发挥政府的主导作用，以政府财政为支持基础，建立养老服务动力机制，只有这样才能改变政府力不从心的困局，才能以小搏大，推动社会资源进入养老服务领域。我国因人均收入较低、老年人消费能力有限，使老年人诸多的养老服务需求无法满足，使依靠老年人的购买力推动养老服务业发展的动力不足。因此，要大力发展我国的养老服务业，满足老年人的服务需求，没有政府的财政支持，是无法挖掘养老服务市场潜力，推动养老服务业快速大规模发展的。我国作为社会主义国家，强势的政府掌控着巨大重要的资源，其能力远远超过老年人的支付能力。所以，只有政府才能解决我国养老服务面临的问题。迫切需要政府发挥统筹规划的主导引领作用，建立以政府财政支持为主要内容的驱动机制，不断提高老年人的支付能力，提高其消费水平，吸引社会力量推动养老服务业的发展。

三、我国养老服务的基本状况

党和政府历来重视养老服务的发展和养老服务体系的建设，并使之成为全社会共同面对的民生课题。我国日趋严重的人口老龄化形势，不

断增长的社会养老服务需求，要求我们必须下大力气发展养老服务，不断加快推进养老服务体系的建设。

（一）我国养老服务建设现状

1. 养老服务的政策法规体系逐步建立

进入人口老龄化社会以来，国家制定了一系列法律法规和相关政策保障老年人的权益。目前，国家颁布的老年人法律、法规和有关政策达500多件。2000年12月，中共中央办公厅、国务院办公厅转发了民政部等11个部门《关于全国推进城市社区建设的意见》，提出了建立社会保障体系和社会化服务网络、服务对象公众化、服务内容系列化的政策措施。2006年，国务院办公厅转发了全国老龄办和民政部等部门《关于加快发展养老服务业的意见》，积极推动建设多元化养老服务格局。2007年5月，国家发改委、民政部印发《十一五社区服务体系发展规划》。2011年，国务院出台《中国老龄事业发展十二五规划》和国务院办公厅出台的《社会养老服务体系建设规划（2011－2015）》，进一步明确了我国建立社会养老服务体系的指导思想、基本原则、功能定位和具体措施，成为指导我国发展养老服务的纲领性、战略性文件。特别是2012年，重新修订的《老年法》，提出了全方位解决老年服务问题的方针、原则、对策，引起了社会的关注，受到广大老年人的拥护。这些法律法规和相关规划形成了符合我国国情，以社会养老保障、老年医疗卫生、老年服务、老年文化为主要内容的应对人口老龄化的制度体系。

2. 初步建立了养老服务体系

我国初步建立了以居家为基础、以社区为依托、以机构为支撑的养老服务体系。大力推进居家养老，通过社会化、专业化的途径，为老年人提供生活照料、家政料理、康复护理、医疗保健、心理调适等服务。

同时政府为低保、失能、半失能老年人提供补贴或者用购买服务的方式为老年人提供帮助。有的地方政府还为老年人建立了高龄补贴制度。为解决家庭核心化、小型化给居家养老服务带来的矛盾，政府加大社区建设力度，积极为老年人提供全方位社区养老服务。根据2012年民政部统计年鉴，2011年我国建立各类社区服务设施约16万个，服务中心14391个，服务站56156个，覆盖率达23.6%，便民网点45.3万个，社区服务志愿者组织15.9万个。目前，在城市街道和社区遍布的托老所、日间照料站、保健康复和文体娱乐等设施，为老年人提供了便捷的服务。此外，近年来，国家陆续投入资金，新建、改建、扩建了一批国有养老院、福利院等示范性养老机构，实现了“三无”老年人的集中供养。2012年，全国各类养老机构近4.5万家，养老床位431.3万张。[①] 每千名老年人拥有养老床位22.24张，上海、北京、江苏等部分省市已经做到每千名老年人拥有30张，达到发展中国家平均水平。

3. 多元化养老服务格局基本形成

各级政府加大养老服务市场的开放，引入竞争机制，通过政策牵引等一系列措施，用公建民营、民办公助、购买服务的方式，积极支持鼓励社会力量参与养老服务，推动社会养老服务业的发展，形成了以政府、家庭、市场、社会为责任主体的多元化养老服务格局。养老服务机构既有兜底式的供养型、医护型等面向患病、失能、高龄老年人的养老服务机构，也有面向广大老年人的养护型和面向中高收入老年人的保健休闲和医护享乐型的养老机构，从而有效克服了政府养老服务能力的局限性，弥补了家庭养老支持力的不足。

4. 养老服务筹措投入机制已经建立

多年来，国家每年持续从财政拿出十几亿资金支持养老服务业的发

---

① 鲁丽：《专访民政部副部长窦玉沛》，《中国社会工作》2013年第9期，第11页。

展，各省、市政府也加大财政投入力度，各级社会福利机构将福彩收益的40%以上用于养老服务，这在一定程度上，保障了养老服务资金的供给。如表4－6所示，各地自2011年起，纷纷出台了相应的针对本地区各类养老机构床位建设补贴费用的政策，这有助于吸引社会资金注入养老服务领域。各商业银行还创新地推出了各式养老服务护理保险。

表4－6 部分省份各类养老机构床位建设补贴费用

省份	实行时间	床位建设补贴（单位：元/张）	省份	实行时间	床位建设补贴（单位：元/张）
北京	2011	8000～16000	黑龙江	2011	1000
上海	2011	10000	内蒙古	2011	5000～9000
天津	2011	10000	四川	2011	10000
江苏	2012	3000～10000	云南	2011	1000
福建	2012	2500～5000	广西	2012	1000～3000
浙江	2011	1000～6000	甘肃	2012	5000
广东	2011	2000～3000	宁夏	2012	5000

资料来源：各地民政局网站和政策文件。

（二）我国养老服务的主要模式

目前，我国养老服务的主要模式有居家养老服务、社区养老服务和机构养老服务。家庭照护虽然是属于非正式照护模式，但是由于其地位非常重要，并且与其他三种养老服务模式交相呼应，因此，也作为一项重要的养老模式在这一部分进行阐述。

1. 家庭照护

家庭作为社会最基本的单元，在社会和谐稳定中发挥着重要作用。家庭养老是指以血缘关系为基础，由配偶、子女及亲属提供养老资源的养老模式。具体来说就是家庭为老年人提供经济支持，提供吃、穿、住、行等全方位、全天候、灵活及时的照顾和人员保障，提供放心可靠的安全保护、精神慰藉和情感支持。由于家庭成员是个人最亲密的照顾者，老年人长期与家人生活，家庭更了解老年人的生活习惯和各种需求，能够为老年人提供更人性化、更贴心、更满意的服务。所以，家庭养老具有简便易行、灵活多样、安全感强、成本低、易接受的特点，成为现今我国养老的重要载体。现阶段我国养老方式仍以家庭养老为主。

家庭变迁是人类社会历史变迁的缩影，反映了社会发展的轨迹。当代中国社会的变迁必然引起家庭内涵和外延的结构性变化，导致家庭结构、家庭规模、家庭关系、家庭功能的重要变化。家庭小型化、核心化、多元化、功能弱化的趋势明显。根据第六次人口普查，我国目前平均每个家庭的人口数量已由2000年第五次全国人口普查的3.44人减少到3.1，降低了0.34个百分点。这表明家庭规模缩小的趋势。这种趋势正在弱化着家庭养老的功能。家庭作为一种古老、传统的养老模式与现代社会发展越来越不适应，越来越不能满足老年人不断增长的文化物质服务需求，从而使家庭养老面临困境。其中主要原因有：一是功能单一。无法满足老年人日益增长的文化、医疗、保健、参与社会的较高层次的多样化需求；二是照护方式粗放。由于为老年人提供服务的亲属一般没有接受过必要的相关知识和相应技能训练，因而难以为老年人提供必要的专业支持，只能满足老年人的基本生活方面的需求；三是资源不足。除家庭继续发挥家政功能、抚幼功能、经济功能之外，再无更多可利用资源，难以为老年人提供多方面支持；四是抗风险能力差。即家庭对老年人生存风险的防范能力在降低，特别是单亲、残疾、贫困、空巢和独生子女家庭，一旦出现问题将会产生生存危机；加之现代人口流动对家庭的影响，父辈家庭权威地位的丧失和家庭资源代际流失，如果老年人患有较重疾病或者失能、半失能，面对社会高昂的医疗费、人工服务费，家庭将难以有能力为其提供人工支持，难以有经济能力支付这些费用。

因此，我国家庭养老面临着向居家养老服务过渡的社会化转型。

2. 居家养老服务

居家养老服务是指老年人居住在家中，以社区为依托，接受社会化的生活照护、医疗康复、精神慰藉等一系列服务，是当今国际社会大力推行的一种主流养老服务模式。居家养老服务的提供者，分别是老年人的配偶、子女、亲属、保姆等非正式照顾人员和社区居家养老服务人员即家政、医疗、保健等专业服务人员。居家养老服务作为一种依托社区实施服务输送的服务模式，将家庭非正式养老资源与社会正式养老服务资源有机结合，使老年人不必离开住所，社区就可以提供专业化的上门服务，既可节省社会投入资源，又可以实现规模经济效益。其特点是，符合传统习惯，易于满足老年人的情感需求。居家服务与家庭照顾的本质区别是照顾主体的社会化，有效吸纳利用了社会资源，满足了老年人的更高需求。其侧重点是社区内服务。居家养老服务既保持了传统家庭养老的优势，满足了老年人依赖家庭保护个人隐私的偏好，使以家庭为中心的传统非正式社会支持网络得以保持，原有资源不被流失。同时，又引入了社会专业化资源，弥补了家庭养老能力低、家庭养老资源不足的短板。可以说，居家养老服务具备家庭和社会服务供给的综合优势，是解决养老服务的有效途径，是满足老年人服务需求、适应老龄化可持续发展的战略性措施。但居家养老服务仍然存在着条件有限、设施简单、输送服务较为分散、运输服务成本较高等问题。

3. 社区养老服务

社区养老服务是指通过社区建设为老年人提供较为完善的生活、卫生、文体、保健、娱乐设施场所和服务支持网络的一种服务模式。社区是社会建设和管理的基础平台，是社会化养老服务的实施载体，是政府养老服务的落脚点，是老年人社会正式支持网络和非正式支持网络的结合部。如在社区引入专业化的家政、医疗、保健、康复、护理、咨询等服务；在社区建立医疗、保健、生活、文化服务中心、托老所、日间照料站、喘息站等机构，为老年人提供及时服务和入户便民服务、经济援助和间歇性支持。因此，这种模式成为当今国际养老服务发展的新趋势。

人到老年，生活空间主要在社区。而家庭小型化、核心化趋势，使家庭可以依靠的养老服务的资源越来越少，基础越来越脆弱，依据家庭成员为老年提供服务越来越力不从心。因此，迫切需要社会承担一些原来由家庭承担的养老服务工作，使老年人不离开居住的社区，就能得到较好服务，解决实际问题。从 2001 年开始，上海市探索在社区建立“居家养老服务中心”，依托福利院开设日托站，为社区内老年人提供日间照料和上门服务。2004 年，北京市首家“无围墙敬老院”在西城区开办，由社区工作人员组织，将一般养老院提供的服务扩大到整个社区，为每一个居家养老的家庭服务。

自 2004 年上海首先提出“9073”① 的养老格局后，北京市也提出了“9064”② 的养老格局，均将社区养老服务作为重要模式。各地也纷纷选择“9073”或者“9064”作为自己量化养老服务模式比例的指标。截至 2012 年底，城市和农村社区居家养老覆盖率仅分别达到 41% 和 16%，③ 远远低于发达国家 70% ~90% 的水平。这表明，在我国推行发展社区养老服务，存在着巨大的发展空间和发展机遇。

4．机构养老服务

机构养老服务是指老年人到专业化的养老服务机构，得到全天候、

---

① “9073”养老方式意指有 90% 的老年人由家庭自我照顾，7% 享受社区居家养老服务，3% 享受机构养老服务。

② “9064”养老方式意指有 90% 的老年人由家庭自我照顾，6% 享受社区居家养老服务，4% 享受机构养老服务。

③ 潘跃：《养老服务要解 6 道难题》，《人民日报》2013 年 11 月 1 日，第 13 版。

全方位的住院式正式照护服务。其主要服务内容为生活起居、护理照料、医疗保健、康复休闲等等。机构养老服务作为老年人社会福利的主要载体，在养老服务体系中占有重要地位。机构养老服务的特点是：①专业化，服务质量高；②居住环境较好，服务设施完善；③规模化优势，有效利用资源；④减轻了家庭和社区的负担。机构养老服务以自己的专业化、规模化优势，在各种养老服务模式中，是服务设施较完善，服务专业化程度和服务质量较高的一种养老服务模式，在养老服务体系中起着骨干、示范、引领的作用。

多年来，我国积极推进机构化养老服务步伐，持续投入大量资金，新建、改扩建了一大批具有兜底示范效应的国有养老院（福利院）、护理院，尤其是在农村集体兴办了大批养老服务生活中心，优先满足“三无”和高龄病残老年人的养老服务需求。同时，针对国家财力有限、养老机构数量不足的现状，国家陆续采取措施，吸引鼓励社会力量开办养老机构。根据国家“十二五”专项规划，到 2015 年，我国将投入 3000 亿元，使养老床位达到每千人 30 张，这意味着到 2015 年，我国养老床位将达到 660 多万张，新增床位数量将比“十一五”时期增加一倍，有的城市将达到发达国家的水平。

（三）我国养老服务的主要经验

新中国成立以来，在养老服务实践中，党和政府坚持从国情出发，以“老有所养、老有所医、老有所学、老有所为、老有所乐”为目标，积极探索解决养老服务问题的路径，不断创新养老服务模式，取得了可喜的成绩，为应对人口老龄化奠定了基础。

1. 注重以法规为基础的养老服务体系构建

在国家层面制定颁布了以《中华人民共和国老年人权益保障法》为

主体，以《老年服务保障体系建设发展规划》为指导，以政策规章为载体的一系列老龄法规制度。在《中华人民共和国民法通则》、《中华人民共和国继承法》、《中华人民共和国保障法》、《婚姻法》、《刑法》等基本法律中，均明确规定了老年人的各项权利、权益。中央和地方政府也根据自己的立法权限，制定了更为具体的法律法规。

2. 注重养老服务体系建设

我国已基本建立了以社会统筹与个人账户相结合为内容的城乡老年医疗保障制度和城镇职工基本养老保险、城镇居民社会养老保险和新型农村社会养老保险制度，在全国实现了社会养老保险制度上的全覆盖。对城市、农村无劳动能力、无生活来源、无法定赡养人、抚养人的“三无”老年人实行国家在吃、穿、住、医、葬方面给予生活照顾和物质帮助的“五保供养”政策。对高龄、病残老年群体实行政府补贴制度。对低于城乡居民当地最低生活保障制度标准的老年人给予政府补助。同时，我国加快探索养老服务制度和运作模式的步伐。北京、上海、天津、黑龙江省已建立起80岁以上高龄老年人生活补贴制度，养老服务补贴标准也在不断提高。青岛市还尝试建立了长期护理保险制度。以利用互联网整合社会资源，为老年人提供服务的虚拟养老院模式正在全国逐步推广，以农村养老服务大院为代表的农村模式也正在发展。①

3. 注重引导社会力量参与养老服务

为弥补家庭养老功能弱化，政府养老服务供给能力的不足，我国通过制定专业性五年规划，确定目标，动员社会力量参与养老服务，引入市场机制，培育政府、家庭、市场、社会多元化的养老服务责任主体；通过加大对社区养老服务基础设施的投入等一系列措施，推进社会化的

① 吴玉韶、党俊武：《中国老龄事业发展报告（2013）》，社会科学出版社2013年版，第150页。

居家养老服务和社区养老服务，形成了以政府为主导、以家庭为基础，社会各方力量广泛参与的多元化、多主体、多层次的养老服务供给新格局。养老服务业发展环境得到优化。如齐齐哈尔市政府规定，用于养老服务机构的煤、水、电、气、有线电视、通信价格一律优惠。北京市政府也于2012年对所有养老服务机构的水、电、气实行优惠价格。金融机构、民间力量支持养老服务业的力度正在增强。如国家开发银行通过北京康联医药有限责任公司在云南大理投资30亿元建造集医疗、康复、老年公寓于一身的综合项目。上海在2012年还引进了首家外资养老服务机构——上海凯健华鹏养老服务有限公司。

4. 注重养老服务事业建设

为丰富老年人的精神文化生活，我国分层次在全国建立了大批老年服务设施。在大中城市建立了大批具有文化、娱乐、休闲、保健功能的综合性的老年活动中心；在县、区街道建立了老年活动站；在基层社区建立了老年活动室。开办适应老年特点的各类老年大学，对老年人进行再教育、再培训，提高素质，回馈社会。同时，国家还向老年人免费开放了博物馆、公园、园林、部分旅游景点等公共场所。通过社区、老年协会等群众组织，发挥老年人的知识、经验、技能等优势，为社会做贡献；发挥老年人社会老者、家庭长者作用，在关心下一代、抚育下一代中促进家庭和睦，为社会和谐做贡献；支持鼓励老年人参与社会活动，融入社会生活，为社会的发展献计献策。

（四）我国养老服务存在的主要问题

构建养老服务体系的目的是满足老年人日益增长的物质文化、复杂异质的多样化需求。旺盛的需求和较强的消费支付能力是推动发展养老服务的动力之源；市场机制是优化配置养老服务资源，提高效率的决定性因素；完善的政策体系是构建养老服务体系的保证，而关键因素是政府主导。但我国在这些方面还存在很多问题。

1. 准备不足影响制约着养老服务业的发展

主要表现在：(1) 思想层面上，对养老服务供求矛盾给经济社会发展带来的深刻持久影响认识不足，对供求矛盾引发的社会公共安全风险缺乏深刻的理解和超前预见，导致制度措施的滞后。如强调了政府在养老服务中的兜底作用，而忽视了国有养老机构的调控、引导、示范作用。在国有养老机构严重不足、养老服务市场建设刚刚起步之际，如果过度强调养老服务市场化，不仅会弱化政府责任，模糊养老服务的准公共性质，而且会激励某些地方政府加大对高端私人养老机构的投入，忽视了政府的职责是应对人口老龄化这一社会风险，而非满足富人的需求。因此，政府在养老服务供给不足的情况下，更应该发挥主导作用，建立公平的市场竞争环境，注重对养老服务的供方和需方的补助，从而撬动养老服务市场的供需，促使其平衡，而非简单地将老年人推向市场。(2) 战略层面上，应对老龄化及由此引发的养老服务这一重大民生问题，还没有上升为国家的基本国策，没有形成应对人口老龄化、化解养老服务风险的国家中长期发展战略。(3) 制度层面上，养老服务保障制度的碎片化状态还没有从根本上得到改观，不仅存在多个部门职能交叉管理、重叠，分工不明，部门定位不清，管理盲点多的问题，而且政府、市场、社会在养老服务中的定位也比较模糊，职责不明。(4) 政府投入层面上，我国至今在政府财政科目上，没有明确的养老服务支出项目，法律上也没有明确每年用于养老服务的费用占全年财政支出的比例和每年应占 GDP 的比例。资料显示，从 2009 年开始，我国发改委投入资金从每年2个亿增加到2012年11个亿，累计达60多个亿。[①] 显然这些资金再加上地方政府的投入，应对近2亿老年人的服务需求仍然是杯水车薪。政府对养老服务基础设施和养老服务机构的投入不足，投入失衡，城市多、农村少，高档多、低档少的倾向，以及投入不准、投入效率低的问题，严重制约着养老服务的发展。

2. 养老服务供需矛盾突出

（1）总体床位数量不足。如果按2012年我国老年人口1.94亿的基数，以发展中国家每千名老年人30张床位计算，则需要养老服务床位582万张。如果按发达国家每千名老年人50张养老床位计算，则需要970万张。而现实按发展中国家的床位比例计算，只能满足60%，缺口达40%。据养老服务工作基础比较好的北京市朝阳区的调查，2010年底该区有老年人41万，机构床位不足1万张，按北京“9064”的要求，需要有各类机构床位16400张，缺口达50%。[②]（2）服务质量不高。目前我国养老服务机构良莠不一，服务设施差异较大，服务水平、服务质量参差不齐，养老服务设施功能不全。大多数养老服务机构还只停留在满足简单的吃、住、行这一生活基本需求层面。服务项目单一，服务水平低，从总体上影响着我国养老服务水平的提高。（3）国有养老服务机构偏少。在发展中，有的地区还片面地将有限资源用来发展高档服务机构，偏离了国有养老机构兜底、示范、调控的方向。北京市的一项调查显示，国有养老服务机构设施健全，收费较低。如北京市第一福利院，住房宾馆化，附属设施有医院，环境似花园，收费根据单间、双人间的不同，

---

① 王素英：《中国社会养老服务体系建设现状及发展思路》，《社会福利》2012年第9期，第94页。

② 盛国敏，王汾军：《北京市朝阳区为老服务资源情况调查报告》，华龄出版社2012年版，第15页。

价格从1050到1500元不等,[①] 很受老年人欢迎。但由于数量过少，成了稀缺资源，要入住国有养老机构一床难求。而一些民营养老服务机构的发展则存在着两个极端：一些设施功能健全的高端养老服务机构，往往因收费过高，需求不足，闲置床位过多，浪费了资源；而一些功能单一、服务质量差、管理水平低的养老服务机构却少有人问津。（4）养老服务资源配置不平衡，东部好于中西部，城镇好于农村，这种养老服务资源的非均等化配置，拉大了东西部和城市农村养老服务的差距。

3. 支柱性养老服务制度缺失

发展养老服务的关键是要有资金和支付能力做支撑。在宏观上，尽管我国的养老服务已经有了长足的发展，但由于我国至今没有建立起老年长期照护制度，更缺少长期照护保险这根经济支柱，致使我国养老服务消费水平低，缺乏发展活力。在微观上，我国绝大多数老年人的积蓄不多，购买能力有限，使社会化的养老服务因购买力不足、社会投入意愿不强而缺少发展动力。总之，针对不断增长的、规模庞大的高龄和失能、半失能老年群体，如果我国不加快建立老年照护保险制度，采取措施提高老年人的支付能力，不通过经济纽带将政府、市场、社会、家庭的积极性调动起来，我国养老服务将难以获得突破性进展，老年人的生活状况也将难以得到根本改善，底层困难老年人更将难以走出孤立无援的困境。

4. 养老服务业人才队伍建设滞后

我国急剧上升的老年人口数量与养老服务业的发展不相适应、不相匹配。老年人随着基本生活需求的满足和年龄的增长，对服务需求层次的要求将不断提高，对服务的依赖性也将不断增强。尤其是对生活照顾

---

① 国家人口计生委发展规划与信息司：《人口发展战略研究报告》，人口出版社2012年版，第621页。

服务，精神慰藉、休闲旅游服务，具有高附加值的服务产品的需求不断上升，必将引起消费结构的变化，推动现代服务业的发展。显然没有人才队伍的支持是办不到的。但我国在为老年人提供服务的人才队伍建设上长期滞后。如果按山西省的要求，（公办）社会福利机构养老护理人员与服务对象1∶3.5的比例配置，那么我国现阶段431.3万床位就需要机构护理人员120多万人，整个社会就需要护理人员达1000多万。这还是仅仅对一般护理人员的需求而言。如果考虑到老年人需求的复杂性、异质性，那么还需要更多具有专业技能和职称的医生（全科）、护士、营养师、心理师等大量专业人员。而我国目前养老服务的需求与人力资源的供给之间存在巨大的缺口，对养老服务业的发展形成了巨大的制约。

5. 监督管理制度不健全

我国养老服务监督管理制度存在着很多空白。如在养老服务业的管理上，缺乏全国统一的标准；在老年服务等级评估上，缺乏统一规范；在责任约束上，没有明确规定政府对养老服务的监管责任和投入办法，监督问责制度没有建立；市场、社会监督管理机制不健全，使养老服务的发展处于不规范、盲目无序状态。

四、养老服务需求及预测分析

（一）养老服务需求分析

现代社会老年人的需求是一个极其复杂、异质、庞大的需求体系。构建养老服务体系的实质是要求服务体系与这一需求体系相适应。国内外对需求理论的研究成果较为丰富。这里引用美国著名心理学家马斯洛的五层需求理论和发达国家老年学学者对人口老龄化需求提出的最初供求观念——三 M 来分析老年人的服务需求。

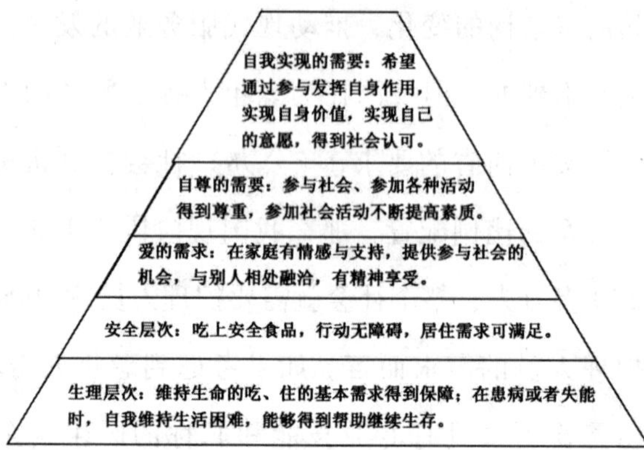

图 4－1　老年人服务需求示意图

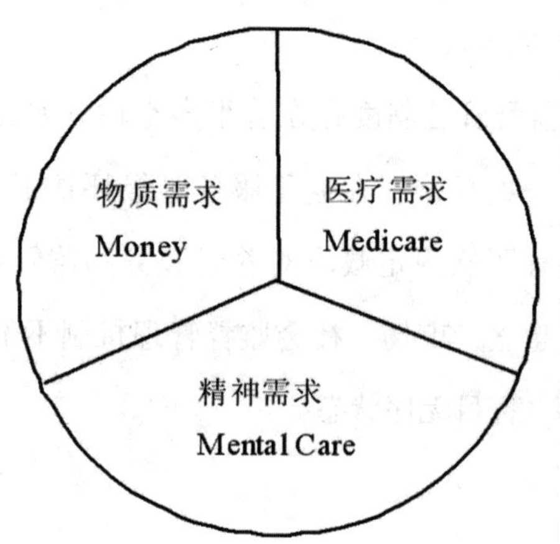

图 4－2　老年人服务基本需求分析

——三 M 需求示意图

资料来源：李洪心：《人口老龄化与现代服务业发展关系研究》，北京师范大学出版社 2012 年版，第 154 页。

马斯洛的需求理论认为，人的需要由低向高分为生理、安全、归属与爱、自尊和自我实现的需求。这是一个动态变化的过程，在低层次需求得到满足之后，就会有更高一层次的需要，成为新的驱动因素。按照这种理论，处于不同发展水平的国家，其需求是多层次、动态变化的。当一个国家比较贫困时，总体上其最基本的生理和安全需求是主要的民生问题，较高层次需求处次要地位；当一个国家摆脱贫困后，社会福利需求就会上升为主要民生问题。这已被发达国家的实践所证实（参见图4－1和图4－2）。

马斯洛的需求层次理论为分析预测老年人的服务需求提供了理论依据。由这一理论可知，老年人社会救助制度是一种满足个体基本生理需求的保障制度，社会保险是比社会救助更高一层的通过社会力量化解风险的保障制度，而社会福利则属于社会满足个人自我实现需要的较高层次的保障制度。由此可见，随着经济的发展和生活水平的提高，老年人对社会福利的需求相应提高，同时要求社会政策随之调整适应。对老年人来说，也就是通过养老服务制度体系建设，为老年人提供所缺乏的服务资源，提升老年人参与社会实现自我的能力，使老年人的权利得到保障。

通过三M需求分析可知，当老年人的物质需求得到基本满足后，其医疗需求与精神需求将成为需求的主要内容。贯穿老年人基本需求的主线是个性化和人文关怀，这种需求是推动社会化的养老服务体系建设的直接动力，反映了养老服务体系的建设需要与人性化服务理念、现代服务元素相适应的内在要求，表明老年人对服务的需求随着社会的进步、老年人生活条件的改善、年龄的增长，在低层次生活需求得到满足后，还有着大量的、常见的、家政的、卫生的、保健的、精神的、社会参与的需求，其需求层次是逐步升级的，社会化的养老服务必须与此相适应。

1. 失能、半失能老年人的服务需求

以往我国家庭几代同堂，子女较多，一旦家中老年人失能或半失能，众多的子女可以给予老年人以较多的经济上和人力上及情感上的支持。但随着我国家庭的小型化、空巢化、核心化、少子化趋势，家庭养老功能不断弱化。4－2－1家庭结构的出现，使一对独生子女夫妻，往往要照顾双方4位老人。显然独生子女家庭已经不具备能力给予老年人以经济和人力上的支持。据统计，我国空巢老年人口在2013年破1亿人口大关，失能半失能老年人在2013年达到3750万。[①] 老年人年龄越大，失能、半失能的风险越大，一旦老年人出现失能、半失能，就需要长期密集的服务，需要有人或者专人陪护照护。从照护时间上来看，少则几小时、几天、几个月，多则几年、十几年以至更长时间；从照护人员来看，往往需要具备多方面的医护知识和专业技能；从照护设施来看，需要有适当的专用洗浴、翻身、行走等辅助设备。因此，满足失能、半失能老年人的需求是诸多养老服务需求中，服务难度较大、耗费成本较高，占用医疗资源较多的一种高难度工作。失能、半失能老年人在家里养老，其周期长、难度大、成本高的特点，将给家庭、子女、亲属在体力和经济上带来沉重负担，在精神上造成极大压力，使家庭生活水平下降，人员身心疲惫。可见，机构养老是摆脱这一困境的有效措施。

2. 高龄老年人的服务需求

高龄老年人是老年群体中患病率、失能、半失能率最高、最需要照顾的群体。我国高龄老年人持续增长，2012年，我国有0.22亿80岁及以上的高龄人口，占老年总人口的11.4%，目前，正以年均增长100万的速度持续到2025年，年均增幅5%，远远高于老年人口平均3%的增长速度。[②] 对高龄老年人来说，由于生理机能不断下降，导致他们认知

① 吴玉韶、党俊武：《中国老龄事业发展报告（2013）》，社会科学出版社2013年版，第3页。

② 吴玉韶、党俊武：《中国老龄事业发展报告（2013）》，社会科学出版社2013年版，第3页。

和行为能力下降，心理脆弱，外在依赖性强，更需要多方面的照顾。为此，很多高龄老年人希望进入机构养老，以减轻给家庭子女造成的负担和压力。但现行我国机构养老数量少，满足不了高龄老年人的需求，多数老年人只能被迫选择家庭。而家庭因服务方式简单，服务粗放，不尽如人意。特别是老年人对日常生活照护和专业护理的需求，及对精神慰藉的渴望，往往给家庭成员的经济支出、时间安排、精力分配等方面提出更高的要求，使家庭往往难以满足其需求。在农村，青壮年人口大量流向城市和发达地区，使部分农村高龄老年人日常生活照顾缺失，一旦老年人的自理能力下降或失去自理能力，其生存将陷入困境。

3．空巢核心家庭老年人的服务需求

空巢家庭是指老年人或父母的子女不在身边的家庭。核心家庭是指远离子女单身独居的老年人家庭。在人口老龄化的社会背景下，大量空巢核心家庭出现，使“谁来照顾老年人?”的问题倍受社会关注。中国人民大学老年学研究所发布的《中国老年人状况研究报告》的数据显示，2010年全国4.01亿个家庭中，60岁及以上老年人口的家庭为1.23亿户，通常所说的老年空巢家庭共有4013.5万户，生活在空巢家庭中的老年人口总数至少有6200万人，占老年人口总数的1/3。2012年我国农村留守老年人达5000万。[①] 可见大量空巢核心家庭的出现，众多老年人与子女的分离，使空巢核心家庭中的老年人将养老照顾的希望寄托在子女身上的愿望无法实现。

4．独生子女家庭老年人的服务需求

1979年我国妇女的平均初育年龄为24～25岁。[②] 从20世纪七八十

① 吴玉韶、党俊武：《中国老龄事业发展报告（2013）》，社会科学出版社2013年版，第3页。

② 中国平均初育年龄有所推迟，新华网，2010－09－25．2014－01－04 http：//news.xinhuanet. com/2010－09/25/c_ 13529318．htm.

年代至今，经过近半个世纪，当时领取独生子女证的父母如今已陆续到了退休的年龄，正在走向老年生活。这预示着在相当长的一段时间里，我国城市大多数老年家庭为“独生子女”老年家庭，开始了我国独有的独子化、少子化的养老时代，并作为一个新的养老服务课题摆在世人面前。如果一对年轻父母的子女仍然是独生子女，那么下一代就会出现一个独生子女家庭最多承担赡养8位老年人的情况，其带来的压力和问题是非常严重的。

我国大量独生子女家庭的出现，使我国面临极大的养老服务社会风险和潜在的社会不稳定因素。随着我国经济和城市化的快速发展，尽管独生子女父母的收入也在提高，但现代化城市生活成本也在提高，尤其是独生子女抚养成本的大幅度提高。父母望子成龙，从孩子出生到结婚都得为其精打细算、样样准备到，几乎将全部精力、财力都投入到了孩子身上，甚至当孩子结婚生育后，还得照看孩子，料理家务，这大量消耗着老年人的财富积累和体力精力。而独生子女长大成家后，不仅需要培养成长的子女，还要面对夫妻双方父母的照顾问题，甚至上一辈四位父母的抚养问题。现代社会巨大的生存压力和对子女的付出，本已使他们负重前行，如果还要让他们照顾双亲，无论从精力还是财力上都显得力不从心，困难重重，何谈能像当初父母精心照顾抚养他们那样去精心照顾双方父母。独生子女父母，如果患上慢性疾病或失能、半失能或者经济发生困难，其生活立刻会处于孤立无助的境地。

5. 贫困老年人的服务需求

由于衡量贫困的标准和方式不同，导致贫困老年人口的统计数据会有明显差距。相关老年贫困人口规模的评估研究也由于调查范围、样本获得量等因素，使得目前我国对老年贫困人口规模的估计，在数量上差距很大。按世界银行1天1美元国际贫困标准和我国现行城市最低生活保障标准和农村最低生活保障标准，根据一些相关调查估算，我国城市与农村贫困老年人约1000万人。[①] 根据2010年《中国人口和就业统计年鉴》，在我国老年人的生活来源中，大约25%的老年人靠领取退休金及养老金；36%的老年人依靠劳动收入；约3%的老年人靠领取最低生活保障金；34%的老年人靠家庭其他成员供养；2%的老年人靠其他收入。这就是说25%的老年人收入稳定，75%的老年人收入不稳定。老年人的经济收入情况将直接影响老年人贫困发生率，经济收入也会对健康有着直接影响。2010年，我国低收入群体中不健康的老年人占低收入老年群体的28.7%。[②] 庞大的贫困老年人口规模将会影响我国构建和谐社会，影响老年人分享我国经济发展的成果，也会刺激老年人的不满情绪，不利于社会的稳定。由于贫困老年人的消费能力严重不足，因此其养老服务应由政府托底，对其提供相应的救助和养老服务。

（二）养老服务需求预测

从国际养老服务业的发展趋势看，我国养老服务发展的路径必然是社会化、产业化和市场化。我国亿万老年群体的需求，意味着我国养老服务业的发展潜力巨大。

从社会需求理论的角度看，随着人们生活水平的提高，基本生活需求满足之后，随之更高的需求不断产生，对福利需求越来越大，对福利项目的要求越来越多。依据三M需求理论，审视发达国家福利社会的实践，就会清楚地看到，在实现社会医疗、养老、救助的制度全民覆盖之后，老年人生活就会从吃穿住为重点转向以提高文化、健康水平为重点，

① 全国城乡贫困老年人状况调查研究课题组：《全国城乡贫困老年人状况调查研究项目总报告》，2003年。

② 姜向群、杜鹏：《中国人民大学研究报告系列：中国人口老龄化和老龄事业发展报告》，中国人民大学出版社2013年版，第23页。

即最基本的物质、生理、生活、医疗和安全需求得到满足之后，随之而来的是以满足老年人参与社会，以精神和健康为主要内容的更高层次福利需求，即对参与社会自我实现的需求，对生活环境适应健康长寿的需求，对社会保障实现老年人自身参与权利的需求，以及对利于老年人身心健康、陶冶情操、保持提高老年人自理能力的社会服务产品、社会保健的需求。老年人的这些需求必然会变成要求公平公正、保障老年人有尊严体面生活、提高生活健康质量、保障福利制度的呼声，以期通过制度解决后顾之忧，使老年人有稳定的安全预期。这就构成了推动经济社会发展、提高现代国家福利水平、创新发展福利项目，形成新的福利制度的动力和调整改革社会制度，促进社会政策不断发展的动力。正如考夫曼所言："福利国家是社会在基本需求方面为其成员的幸福承担法定的责任，因此，是正确的和明确的责任的制度表征。"①

从市场需求的角度分析。我国不断增长的庞大的老年群体，决定了我国老年服务市场潜力巨大。由于养老服务属于典型的劳动密集型产业，耗用人力较多，不仅能满足老年人对服务的需求，也能有效解决部分人员的就业问题。随着社会化的发展，老年人服务需求中温饱型因素将逐步降低，而发展型、享受型因素将逐步增多，使老年人开始关注与自身利益相关的人和事，关注对提高自身生活质量、医疗保健水平、文化娱乐、休闲旅游、交通、社会交往和精神生活。这导致老年人需求的异质化、复杂化、多层化和多样化。相应对养老服务队伍提出了多层次、多样化的要求。

根据《2010年社会服务发展统计报告》，截至2010年底，全国各类老年福利机构39904个，收养老年人242.6万人，介助（半自理）35.0

① ［俄］考夫曼：《社会福利国家面临的挑战》，商务印书馆2004年版，第13页。

万人，介护（不能自理）16.8 万人。根据 2012 年民政部发布的《社会服务业统计季报》，我国为老年人与残疾人提供收养服务床位数为 344.7 万张。但是目前我国有近一半养老机构不收失能老年人。我国现有近 3750 万失能、半失能老年人，如果按照日本护理比 1∶3 计算，则需要至少 1000 万护理人员。而我国现有养老护理人员约 30 万人，这远远不能满足我国现有失能半失能老年人的需求。因此，无论是机构养老的床位数，还是现有的护理人力资源，都与我国现状相距甚远，也与我国“十二五”规划目标增长 340 万张床位的要求相比，缺口较大。仅床位缺口超过 15 万张的省份就达 10 个（参见图 14－3）。由此可见，未来对于机构养老的床位需求和投资空间是非常大的。①

表 4－7　老人对各项社区服务的需求率（%）

服务项目	有	需求率	需求差
上门护理	3.8	38.0	34.2
上门看病	13.4	55.2	41.8
聊天解闷	6.8	37.7	30.9
老年人服务热线	2.7	32.3	29.6
陪同看病	3.4	37.8	34.4
帮助日常购物	2.2	27.0	24.8
康复治疗	3.5	39.8	36.3
法律援助	3.9	29.5	25.6

资料来源：姜向群，杜鹏：《中国人民大学研究报告系列：中国人口老龄化和老龄事业发展报告》，中国人民大学出版社 2013 年版，第 117 页。

根据表 4－7 的数据，我国社区服务的需求差平均达 32.6%，其中

① 北京师范大学中国公益研究院老年福利研究中心：《全国养老服务业走势月度分析》2012 年第 7 期。

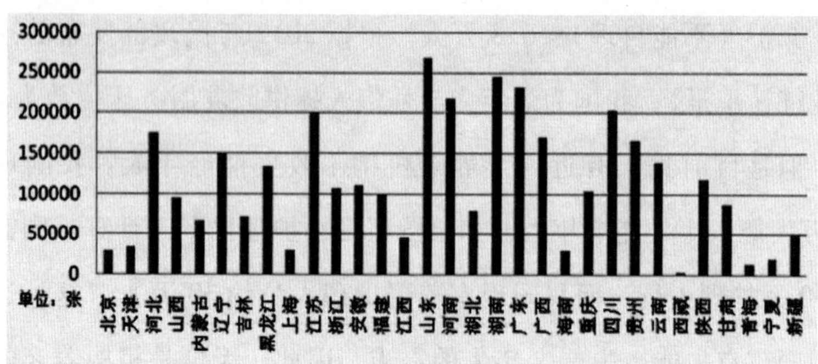

图 4－3　我国“十一五”末养老机构床位数

与“9073”建设目标对比缺口

资料来源：北京师范大学中国公益研究院老年福利研究中心：《全国养老服务业走势月度分析》，2012 年第 7 期。

注：该图缺口计算公式，缺口 = “十二五”末老年人口 ×3% － “十一五”末养老机构床位数。2015 年末老年人口源自各省市社会养老服务体系建设“十二五”规划和老龄事业发展“十二五”规划，其中，广西和西藏以第六次人口普查数据为基数，以 3% 增长率进行推算得出。

上门看病的需求差达到 41.8%，上门护理需求差达到 34.2%。而未来我国仅城市居家养老服务的市场容量也由 2015 年的 1115 万人增长到 2050 年的 3668 万人，需要的居家养老从业人员从 2015 年的 139 万人增加到 2050 年的 458 万人。

从购买力的角度分析。我国经济的稳步发展和老年人收入水平的不断增长，为推动养老服务业的发展提供了经济基础。改革开放三十多年间，我国经济快速发展，基本人均国内生产总值从不足 400 美元增加到 2013 年的 6000 多美元，进入中等发达国家行列，创造了我国经济迅速发展的奇迹。这一方面提高了人们的收入水平，改善了人们的生活；另一方面也刺激了人们的需求，提高了老年人的服务需求水平。据推算，2000 年，我国离退休人员约为 6000 万人，离退休金再加上老年人再就业收入和子女赡养费，可用于购买老年用品和服务的支出达4000亿元，到2010年，仅是退休金一项就增加到8383亿元，2020年为28145亿元，2050年为73219亿元。[①] 未来中国城市地区居家养老服务业的市场容量2050年将是2015年服务市场容量的3.2倍。（参见图4－4）。若假设城市老年人平均每天所需居家养老服务的时间为1小时，服务人员每天工作8小时，则未来中国城市地区居家养老服务从业人员需求量2050年将是2015年服务市场容量的3.3倍（参见图4－5）。有数据显示，到2025年，老年人潜在市场购买力为1.4万亿，到2050年可能达到5万亿之多，是未来十大最具潜力的消费领域之一[②]。据估算，2010年中国老年人的消费需求已经超过1万亿元，从2010年到2020年直至2030年间，我国养老服务从业人员有可能从1000～2000万激增到7800万人。[③]

由此可见，我国庞大的老年人口规模及快速发展的巨大潜在需求，对构建养老服务体系、发展养老服务提出了客观要求。

五、改进我国养老服务体系的对策与建议

特殊的国情使我国在尚未实现现代化的条件下，进入了老龄化社会。老龄人口的快速增长，巨大的养老服务需求，给经济社会发展带来了严重影响，使我国遇到了发达国家不曾遇到、超乎想象的严峻挑战和难得的发展机遇。我国独有的国情表明，应对人口老龄化，既不具备发达国家的条件，也不可能照搬发达国家的模式，只能从本国实际出发，借鉴

---

① 邬沧萍、杜鹏：《老龄化社会与和谐社会》，中国人口出版社2012年版，第201页。

② 王贵林、孙飞雪、何毅：《应对人口老龄化问题的政策与法律研究》，兰州大学出版社2012年版，第285页。

③ 养老产业规模或超20万亿元，人民网，2012－08－30，http：//politics. people. com. cn/n/2012/0830/c1001－18869842. html。

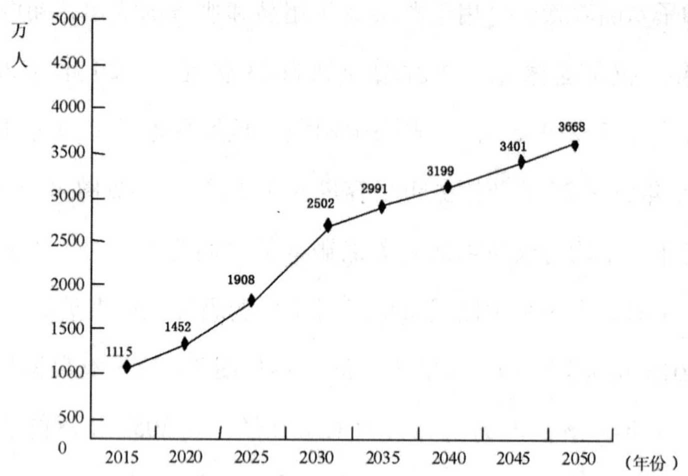

图 4－4 中国城市地区居家养老服务业的老年人口需求量预测

资料来源：吴玉韶，党俊武：《中国老龄事业发展报告 2013》，社会科学文献出版社 2013 年版，第 160 页。

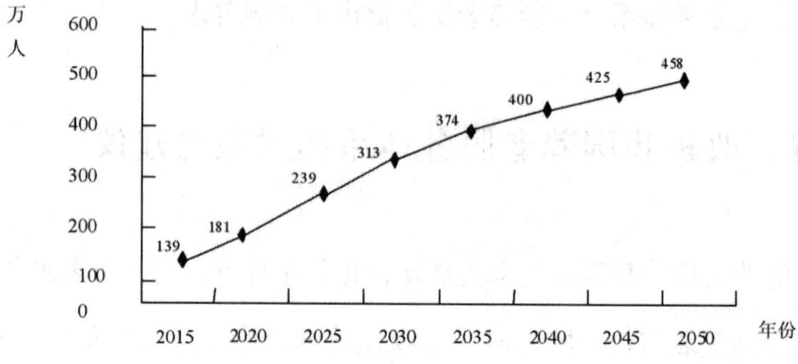

图 4－5 中国城市地区居家养老服务业人口需求量预测

资料来源：吴玉韶，党俊武：《中国老龄事业发展报告 2013》，社会科学文献出版社 2013 年版，160 页。

国际经验，走自己的路。能否破解养老服务之困这一世纪性难题，拷问着中国共产党人的智慧，检验着党的执政理念和能力。当前，最迫切的是在人口老龄化高峰到来之前，加快养老服务体系的建设步伐，为老龄化高峰的到来，在制度、机制、供给、设施建设、财富积累、人才培养等方面做好全方位的准备。

（一）将构建养老服务体系上升为基本国策

养老服务体系构建是适应老龄化需求、化解养老服务社会风险的重要战略举措。随着我国人口老龄化社会的快速发展，能否满足老年人日益增长的多样化、多层次物质文化需求，对我国经济社会的发展与和谐稳定，有着重大而深远的影响。养老服务体系作为一项极其复杂的社会系统工程，它的构建需要经济发展为其提供充足的财力、物力支持；需要医学科学技术为其提供专业技术保障；需要健全法治、维护老年人的合法权益；需要产业结构调整为老年人提供优质产品；需要组织协调社会力量形成建设的合力；需要创造社会敬老爱老的良好环境，使老年人有尊严地生活。可见这一体系的建设对提高老年人生活质量，减轻家庭负担，促进家庭和睦，推进服务业的发展，提高社会生产力有着重要的促进作用。由于养老服务涉及面广，综合性、关联性强，不仅涉及民政、卫生、劳动以及财政、住建等多个部门，也涉及住房、保险、食品、互联网服务等各个行业众多具体领域，因此，养老服务体系的建设已经远远超出了政府部门的政策范围和行业的发展界限，事关民生与社会稳定，理应上升为基本国策。早在 20 世纪 70 年代，我国为延缓人口增长速度，提高人口素质，发展经济，将计划生育作为基本国策，促进了经济社会的发展，提高了人民生活水平。而今，我国仍然面临满足老年人需求，提高老年人生活水平的历史重任。这就更需要用基本国策来凝聚动员全社会的力量，合力推进养老服务的发展。纵观发达国家为应对人口老龄化，满足老年人的需求，推动经济社会发展，都通过议会制定了一系列完备的战略性发展计划和一整套法律法规，调动全社会力量发展养老服务，并在政府设立独立的相关职能部门，专司养老服务工作。而我国由于缺乏经验，目前，养老服务工作仍然分散在政府多个部门，呈现多头领导、分散管理、政出多门的局面。尽管我国已经陆续颁布了一些国字头的纲要规划、政策措施，有些已经做到量化，有了一定的约束力，但是由于内容过于宽泛，缺乏系统量化的规定和具有实际可操作性的条规，严重影响了其效力。尤其是对养老服务体系中重要的“老年长期照护”制度的回避和对养老服务体系的核心问题，即资金问题的笼统阐述，使其权威性和推行效力大受影响。因此，迫切需要引起国家重视，在国家层面，组建代表国家意志，具有决策、组织、协调、整合、监督功能的全局性、权威性的领导机构和负责具体工作的政府职能部门，来统筹我国的老龄事业和与之相适应的养老服务业，如成立国家老龄保障工作领导小组，下设相当于国务院部委一级的老年工作部（局），作为具体办事机构。要加快制定完善以保障老年人权益为主要内容的《老年人福利法》、《老年人保健法》、《老年人服务筹资法》等涉及老年人具体生活健康的法律法规以及与之相配套的服务规划目标。只有这样，才能够加快构建起适合中国国情的养老服务体系，从容应对老龄化高峰的到来。

（二）应加快构建养老服务体系的进度

1. 我国养老服务体系的构建

我国养老服务体系应以政府为主导、以居家服务为基础、以社区为依托、以机构为支撑。这一体系应体现社会化服务的要求，有完善的正式和非正式养老服务网络的支持，服务输送“一站式”，既能满足老年人衣食住行的基本需求，又能满足老年人医疗、保健、精神、文化、休闲、旅游等不断提高的多方面要求；能有效整合社会资源，调动社会力量；使政府有关部门、相关企业和社会组织及义工发挥各自优势，形成

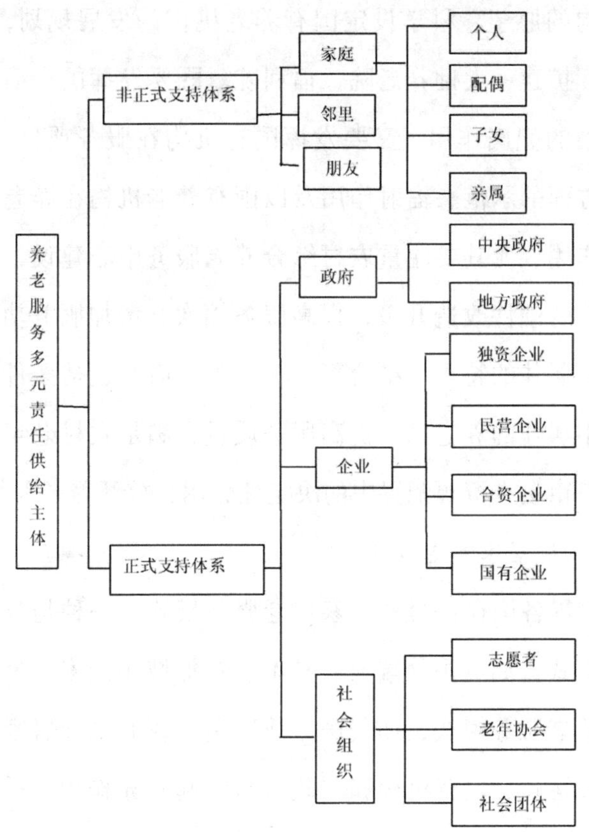

图 4－6 我国养老服务体系中的供给主体

为老年人提供服务的合力。

2. 实现养老服务供给主体的多元化

养老服务供给主体的多元化就是充分发挥政府、社会、市场与家庭的力量，分担养老服务责任，实现养老服务责任主体的多元化，养老服务供给的多样化、多层化和养老服务资金筹措的多渠道。为此，政府要加快职能转变，将工作重心转移到制定规划、建立制度、出台政策、提供资金、加强监督上来。加大对国有养老机构的投入和建设力度，即依据老年群体规模，三无、失能、高龄困难老年人的数量，养老服务需求，入住养老机构的愿望，科学设定国有养老机构的发展规划，整合资源，新建、改建、扩建一大批养老院、福利院。既要发挥国有福利机构在养老服务需求中的兜底作用，又要发挥国有机构在服务项目、服务方式、服务质量等方面的示范、辐射作用及以国有养老机构在养老服务市场中的宏观调控作用。尤其要注重农村综合养老服务中心建设，搞好农村养老院、敬老院的硬件改造升级，提高服务档次，增加服务功能。针对农村老年人分散居住的特点，结合新农村建设，鼓励创造条件，由集体兴建老年人集中居住的养老站，提高服务质量，满足农村老年人的服务需求。充分发挥市场在资源配置中的决定性作用，放开养老服务市场。

3．大力推进居家养老服务

目前，世界各国存在两种居家养老服务模式：一种是政府主导的居家养老服务模式，如英国、瑞典、日本、新加坡等国家；另一种是市场主导的居家养老服务模式，如美国。前者是由政府主导居家养老项目的实施、组织、运作，民营机构和非政府组织起补充作用；后者政府只负责制定法律制度和运作规则和监督具体项目，按市场需求商业化运作，由市场决定资源配置。根据《中国老龄事业发展“十二五”规划》，各个养老服务模式的覆盖率是：90%的老年人在社会服务保障体系的支持下居家养老，7%左右的老年人由社区提供日间照料式的养老服务，3%左右的老年人进入养老服务机构，即“9073”发展目标。可见居家养老服务是我国最具基础性的、覆盖面最广、影响范围最大、最常见的养老服务模式。我国的社会主义性质和国情，突显了政府应下力气担当好推行支持居家养老服务的组织设计管理者的角色。在统筹发展上，要明确自身的职责、作用，搞好顶层设计，保证发展居家养老服务的制度供给。在基础设施上，加大对居家服务、社区基础建设的投资力度，明确中央与地方财政责任和具体分担比例，并以转移支付的形式适度向经济欠发达地区倾斜，统筹平衡地区之间的发展水平。要结合城镇化建设、城区改造、新农村建设，逐步加大对市区县养老服务指导中心、乡镇街道居家养老服务中心、基层社区养老服务站的软硬件建设的投入力度，使之由保障老年人简单的吃住为主的低层次服务向以日常生活宾馆化、休闲化、保健化、娱乐化服务为主的高水平服务过渡。在发展动力上，要重点完善补贴制度。对居家养老的家庭或老人由政府发放一定数量的助老津贴；对在职子女与老年人一同居住的，可采取带薪休假服务的方式，鼓励子女尽心照顾老人；对深入老年人家庭进行社会化服务的机构与人员给予一定的经济补偿和税收优惠。以养老服务银行的方式推动老年人之间开展互帮互助活动，鼓励低龄帮高龄，并将服务提供者的义务根据奉献折合成服务小时，记录在案。当本人需要服务时，进行对等抵扣，以充分调动企业、家庭、邻里等各方面力量为老年人服务的积极性。通过补贴奖励等形式改变养老服务人员收入低、待遇差、工作动力不足、意愿不强的现象。

4. 以政策为载体，支持社会力量进入养老服务业

居家养老服务作为一个完善的服务链，涉及老年人、供给者和生产者，属于准公共产品，具有公益性和市场性的双重特点，可以通过市场提供和政策调节，使市场化的公共产品做到无偿、低偿和有偿供给，从而实现公共服务多元化供给。如政府可以通过购买服务、民办公助、公办民营、公私合营、混合股份制提供服务；在土地租赁招标、贷款投放方面，给予民办养老机构一次性或者分阶段的税收减免等优惠政策；在养老机构的运营过程中，给予建设床位补贴、运营补贴等优惠政策，以降低投入成本推动社会力量投资养老服务。对运营好的养老服务机构，可根据提供的床位、收养人员、入住率、服务人员与入住人员的比例、服务质量、老年人满意度等指标，给予一定的奖励性补贴，以鼓励调动

企业、非政府组织提高养老服务质量的积极性。同时政府要抓紧制定完善的公开透明的准入制度，明确具体管理办法，科学规范可操作的执行标准；拓展加强社会舆论监督渠道，强化行政监管力度，使我国的养老服务机构，既有基础性供养型、护理型、医护型，又有享乐型、休闲型、康复保健型，呈现多样化、多层次的特点，以满足老年人的不同需求。要培育发展大中型养老服务集团（国有或混合所有或民营），以提高为老年人服务的专业化、规范化、科学化、规模化水平，形成以政府、社区、家庭、企业、社会组织为主体的多元化、多层次、多样化养老服务新格局。

（三）应将“老年长期照护制度的建设”作为养老服务体系建设的核心环节

1. 老年人长期照护的重要性

长期照护是指为无法独立生活的老年人提供医疗、社会、居家护理和帮助的服务或其他支持性服务，目的是维护老年人生活或提高其生活能力。通常表现为以资金或者实物的形式支持，是养老服务体系建设中的核心环节，是深层次的养老服务制度供给。长期照护体系，作为一种综合性服务体系，因其服务对象的不同、服务内容的不同、服务周期的不同，既与一般化养老服务有着很多共性，又有着自身的特殊性。内容上具有医疗、康复和生活服务的双重性；时间上具有长期性和阶段性；要求上具有专业性和规范性。所以，长期照护不同于一般化普通养老服务。考察发达国家养老服务体系的建设轨迹，可以看到，所有的养老服务都是围绕老年人长期照护而展开的，老年长期照护是为老年人织起的最后一道安全网，其经济支柱是老年长期照护保险。这一点对我国构建养老服务体系有着重要的启示意义。老年人长期照护因其所用资金费用高、劳务耗资大、占有医疗资源多，而在养老保障体系中居于核心地位。而老年长期照护保险制度的建立，从财力上确保了长期照护的资金需求，使长期照护有可长期依赖的经济基础。我国作为一个发展中的老年人口大国，虽然现时还不具备建立较高水平的老年人长期照护保险制度，但在应对人口老龄化的长期战略规划中有必要建立这样一种制度。我国正是缺少了养老保障体系中的这一环，才使得养老服务业发展缓慢，使其因缺少经济血液而发育不良，养老保障体系也因此而出现短板。

长期照护制度是一种涉及人类生命价值和晚年生活尊严的社会生活深层次需求的社会保障制度安排。实践使发达国家最终意识到，老龄化的社会风险需要实施有针对性的社会福利制度。发达国家针对人口老龄化出现的长期照护风险，均出台了应对的长期照护制度。如 20 世纪 50 年代，英国出台社区照顾政策，瑞典实行“就地养老”政策；20 世纪 70 年代，美国商业保险公司开始销售长期照护保险产品；荷兰于 1968 年扩大医疗保险中重大伤病额外医疗费用保障涵盖范围，成为第一个建立覆盖长期照护内容的社会保险的国家；德国、日本、以色列、韩国自 20 世纪 90 年代以后，纷纷建立了长期照护社会保险制度，将其上升为以立法为保障的社会保险制度。从微观层面而言，通过建立长期照护制度，可以有效调动政府、市场、家庭、个人财力，减轻老年人的经济压力，缓解家庭负担，化解老年贫困，延长老年人的预期寿命，改善老年人的生活质量，提高老年人的自我照护能力。从宏观层面而言，长期照护制度作为继养老、医疗保障制度之后的又一社会保障制度，是养老保障体系的重要组成部分。其建立扩大了养老服务的可及性，进一步完善了国家社会福利制度，有效强化了政府职能，提升了政府形象，体现了社会对老年人的人文关怀。我国目前正面临更为严峻的人口老龄化问题，需要尽快出台适合我国国情的长期照护制度，从而调动政府、市场、家庭、个人的力量共同解决养老服务问题。

2. 我国长期照护制度模式的选择

从体现社会主义制度共同富裕的本质特征出发，落实以人为本、全心全意为人民服务的执政理念，保证老年人分享国家经济发展成果，使老年人有一个幸福晚年，需要创新我国长期照护制度模式。考虑到我国经济实力不强、老年人数量众多、人均收入低、支付能力不足且农村老年人支付能力更低的现实，我国一时不具备普惠式全民福利的条件。而救助式制度又因其照护面小难以应对亿万老年人的需求。走市场化保险的路子，也因我国老年人缺乏高收入的支持无法进行。因此，最好的选择就是走长期照护社会保险之路，建立以长期照护社会保险为主（面向大众），商业长期照护保险（面向高收入群体）和救助制度（面向三无困难群体）为补充的混合式长期照护保障体系。其保费的缴纳应兼顾国家、企业、个人各方的利益，均衡各方的承受能力。为调动各方的积极性，可按比例由国家、个人、企业出资，对广大农村老人一时不具备缴费条件的政府可适当补助，城乡分开，逐步统一。

3. 长期照护制度模式的内容

长期照护制度由健康预防、专业护理、康复支持、资金保障和监督管理五大系统组成。即建立以提高老年人健康水平为目的，以日常生活照料、卫生保健、精神慰藉、心理调适、文化娱乐、社会活动为主要内容的健康服务支持系统；以维持提高老年人生存能力为目的，以专业护理为主要内容的护理服务支持系统；以恢复老年人生理功能为目的、以病后康复为主要内容的康复服务支持系统；以筹资为目的，以长期照护社会保险为主要内容的资金筹措系统和从保证服务质量为目的的监督管理系统。同时，作为制度补充，还要大力发展长期照护商业保险和社会救助制度。为保证人们购买长期照护保险，政府应通过立法建立长期照护社会保险制度，使之具有强制性、规范性。为调动企业、个人缴纳积极性，可以实施一系列优惠政策进行推动。如凡参与长期照护社会保险的人员，其家庭成员可以成为被投保人，直系亲属可以继承，企业主动为职工缴纳的部分，可以视为营业的费用，不列入税收，个人缴纳社会保险的可免税，缴纳商业保险的可减免个人所得税等等。

4. 长期照护社会保险制度的实施

应以现有家庭、社区和机构三大养老服务模式为基础，以政府、市场、社会、家庭、个人养老服务责任主体为依托，以现有养老、医疗保险制度为主体，尝试将长期照护保险制度镶嵌到现有三大养老服务模式和现有养老或医疗保险制度之中。即对现有家庭、社区、机构，通过硬件建设和硬件改造，使之具有长期照护所需的功能条件。要研究制定完善长期照护所需要的法律法规，如《长期照护服务法》、《长期照护保险法》、《长期照护等级评估办法》、《硬件设施的衡量标准》、《服务人员的考核培训、认证办法、监督管理机制》等具有法律约束力和可操作性的政策法规。我国长期照护制度的实施应体现低起点、分阶段的原则。初期应该集中为高龄、失能、半失能和行动不便的老年人提供照护服务。缴费额度和照护费用的支付应从保证照护基本需求做起，随着我国经济实力的逐步提高，缴费额度和服务层次由低水平向高水平发展。在实施步骤上，可首先在经济条件好的东部发达地区探索实施办法，积累经验后逐步向中西部地区推广。

（四）加强老年服务队伍建设，提高养老服务水平

老年服务人才队伍是提高养老服务水平的基础，服务体系的完善离不开人才队伍建设，人才队伍的质量决定着养老服务质量。

1. 加强养老服务人员的教育培训

国家应有计划地在大中院校设置与养老服务相关的专业学科，加快

培养一大批具有医疗、护理、营养、心理等方面的高、中级专业技术人才，在职业学校培养具有专业基础知识和专业技能的护理服务人才。完善养老服务人员准入制度，出台各专业各岗位业务标准和操作规范，建立从事养老服务的职业资格和技能等级管理评估制度，建立社会化规范化的养老服务人员教育培训和进修制度，实现老年服务队伍的职业化、专业化和技能化。

2. 提高养老服务人员的社会地位，吸引人才

通过提高养老服务人员的工资水平、福利待遇和社会地位以吸引人才、留住人才。如适时地增加养老服务人员的薪资；设立养老服务津贴，鼓励从业人员多服务、服好务。由政府筹资，尽可能地为从业人员提供免费培训机会，以吸引和鼓励更多人才投身到养老服务工作中。

3. 支持社会组织参与养老服务

制定扶持非营利社会组织参与养老服务的政策体系、评价机制、监管办法。大力开办网上模拟养老院，整合社会资源；构建社区服务网络，高效便捷地为老年人提供服务；支持老年协会、慈善机构、基金会等非营利组织开展尊老爱老助老活动；鼓励热心公益事业人员加入志愿者队伍，由政府出资设立助老员等公益性岗位；整合社会力量，建立由社工带义工，专业人员与志愿者相结合的养老服务供给体系。

（五）适应老龄化社会需求，积极发展老龄产业

我国亿万老年人的服务需求呼唤着中国老龄产业的快速发展。老龄产业主要包括养老服务业和养老产品制造业两大类，二者相辅相成，互为依托，互相促进。具体是指，与老年人衣、食、住、行、家政、保健、照护、文化、体育、休闲、旅游、金融等方面相关的产品，是满足老年人多样化需求、提高老年人生活水平、增强生存能力的物质基础。当前

要注重解决发展养老服务而忽视养老产业的倾向，抓紧消除影响制约老龄产业发展的瓶颈因素。

1. 我国发展老龄产业潜力巨大

在我国，发展老龄产业机遇难得。老年人口规模大，发展速度快，亿万老年消费者为老龄产业的发展提供了客观基础。老年需求结构的变化，也为老龄产业的发展提供了客观条件。随着老年人年龄的增长、生活水平的提高、预期寿命的延长，必然形成日常吃住行费用下降，护理医疗、服务、休闲、住房、养老服务需求上升的趋势。老年人迫切需要提供贴近生活、反映现代老年需求、老年公益性、老年服务性、老年教育、生活性保健、休闲性文化、娱乐，包括老年电子商务等内容的服务产品和实物供应。现代社会的发展、科技的进步、社会文明程度的提高，使属于精神慰藉、情感交流、社会参与、文化娱乐、体育锻炼、休闲旅游、理财投资、医疗咨询、电子商务等需求迅速增多；老年人年龄的增长，各项机能下降，慢性病的增多，对保健品、药品、增强器官功能等医疗器械有着很高的需求；对维持和增强老年人自理能力的代步车，机器人、机械手、洗头洗浴机等助力动力装置也有着很多需求。此外，还包括对公共设施住宅改造、住宅建设、娱乐活动等的需求。这些需求能推动相关产业的发展，使养老产业成为解决就业、提高老年生活水平、服务水平，调整产业结构，推动经济发展方式转变的新动力。

2. 老年人经济收入的增长能够成为老龄产业发展的重要推动力

影响老龄产业发展的瓶颈因素是：老年人购买力低，难以刺激老年产业的发展；政府支持力度不够，投入太少，政策不配套；社会资金投入意愿不足。其原因是，政府对发展养老产业的重大意义认识不足；企业片面认为养老产业周期长、利润低，不愿积极投入开发；老年人受传统观念影响，消费主动性不高。这些因素使我国养老产业陷入厂家不愿做，商家不愿卖，消费者无处买的怪圈。

到2020年，我国将建成小康社会，经济实力的进一步增长，人均购买力的进一步提高，必然使老年人的购买力也相应提高，刺激老年服务市场、老年产品生产的发展。应注意到，随着我国养老保障制度的全覆盖，社会就业率的提高，老年人家庭负担的减轻以及需求结构的变化和需求水平的提升，将最大限度地转化为现实购买力。我国老年人的购买力巨大，必然形成推动老龄产业发展的强劲驱动力，成为我国的新兴产业，构成新的经济发展增长极。

3. 调整养老产业政策成为发展养老产业的必要条件

从发达国家的经验看，一些国家正在积极调整产业政策，发展养老产业。美国、日本等国家一般将养老产品的生产分为四大类：一是围绕养老服务开展的照护、服务产品的生产；二是围绕老年人健康所研发的保健、抗衰美容等产品；三是围绕老年人需求提供的系列产品和服务；四是围绕老年人住所开发的住宅系列产品。

为发展我国老龄产业，建议：第一，应将发展老龄产业纳入国家经济社会发展规划。建立发展老龄产业的领导、协调、主管机构，确定科学合理、分阶段发展规划、发展目标。第二，出台推动老龄产业发展的系列产业政策，细分市场，严格区分提供养老服务或者生产老年人产品企业的公益性和营利性性质，对以不营利或者低营利为目的的企业要给予政府补贴；紧紧围绕老年人的需求，用政策引导引进内资、外资投资养老产业；建立严格的老龄产业准入制度、行业管理制度、企业诚信制度，确保老年产品的健康性、安全性，严防假冒伪劣产品的出现。第三，加强对老龄产业的运营监督和管理。第四，发挥金融信贷在老龄产业中的杠杆作用，适当放宽贷款发放条件，提供优惠利率，推动老龄产业的发展。第五，学习、借鉴、吸收国际先进经验，加强与发达国家老龄产业的交流，积极开展项目合作，引进先进技术，发展、提升和壮大我国养老产业水平。第六，加大政府投入，提高老年人养老金水平，增加购买力，刺激养老服务业发展。

第五章

构建服务型政府绩效管理体系

政府绩效管理是实现政府战略目标的重要手段，是转变政府职能、提高政府效能的重要抓手。在全面深化改革和大力推进服务型政府建设的重要时期，迫切需要构建服务型政府绩效管理体系，推进服务型政府绩效管理。

一、推进服务型政府绩效管理

纠正单纯以经济增长速度评定政府政绩的偏向，积极推进服务型政府绩效管理，是转变政府职能、加强服务型政府建设和更好发挥政府作用的迫切需要。

（一）经济增长型政府绩效管理的主要弊端

在很长一段时间，我国的政府绩效管理是比较典型的经济增长型绩效管理。所谓经济增长型政府绩效管理，其评估的主要内容是经济增长，其管理的主要目的是促进经济增长。这种政府绩效管理存在着严重的弊端。

1. 强化了传统经济增长方式，导致经济发展不可持续

以单纯追求GDP为主要特征的传统经济增长方式，较多依赖增加能源资源投入，造成了严重的资源浪费、环境污染和生态破坏。例如，到2010年，我国创造了全球7%~8%的GDP，但消耗了全球36%的钢铁、16%的能源、52%的水泥。我国全要素生产率由2001年的30%左右降低到近年来的24%左右，制造业增加值一直在25%~26%左右徘徊，比美国低23个百分点，比日本低22个百分点。与此同时，我国单位GDP二氧化碳排放强度约为发达国家平均水平的5倍左右，单位GDP的二氧化硫排放量是美国的6倍、德国的26.4倍、日本的68.7倍。一些工业密集和经济发达地区空气污染严重超标；一些地方河流、湖泊、地下水严重污染，早已不能饮用和用来灌溉；一些矿区采空塌陷严重，河水断流，水库枯竭，满目疮痍，治理困难。[①] 传统的经济增长方式除了导致资源约束趋紧和环境污染严重外，还导致生态系统退化。全国水土流失面积占国土面积37%、沙化土地面积占18%，90%的草原不同程度退化，地面沉陷面积扩大，生态系统破坏带来的自然灾害频发[②]。这些严重弊端早已显现，但经济增长型的政府绩效管理不仅没有起到遏止或纠正这一发展趋势的作用，相反，却通过绩效评估和奖惩等措施，强化了传统的经济增长方式，特别是把经济增长速度作为衡量地方官员政绩水平的标尺和提拔干部的重要依据，更加助推了地方政府铺摊子、上项目、单纯追求GDP增长的冲动。这种情况再也不能继续下去了。

党的十八大报告明确要求要适应国内外经济形势新变化，加快形成

① 马传景：《我国经济社会发展中存在的主要矛盾和问题》，国务院研究室编写组：《十一届全国人大四次会议<政府工作报告>辅导读本2011》，人民出版社、中国言实出版社2011年版，第105—106页。

② 杨伟民：《大力推进生态文明建设》，见《十八大报告读本》，人民出版社2012年版，第319页。

新的经济发展方式，把推动发展的立足点转到提高质量和效益上来，并特别指出："以科学发展为主题，以加快转变经济发展方式为主线，是关系我国发展全局的战略抉择。"转变经济发展方式，必须推进政府绩效管理转型，即由经济增长型政府绩效管理转向公共服务型政府绩效管理（简曰服务型政府绩效管理），使服务型政府绩效管理成为推动经济发展方式转变的重要工具。

2. 不利于完善市场经济体系，阻碍了市场在资源配置中的决定性作用

习近平同志在《关于<中共中央关于全面深化改革若干重大问题的决定>的说明》中指出："经过二十多年实践，我国社会主义市场经济体制已经初步建立，但仍存在不少问题，主要是市场秩序不规范，以不正当手段谋取经济利益的现象广泛存在；生产要素市场发展滞后，要素闲置和大量有效需求得不到满足并存；市场规则不统一，部门保护主义和地方保护主义大量存在；市场竞争不充分，阻碍优胜劣汰和结构调整，等等。"① 这些问题的存在，与政府权力越位和政府职能缺位有直接关系。而传统的经济增长型政府绩效管理，一方面通过经济增长这一主要绩效指标的设定和评估，助推了政府权力越位，使政府扮演了市场主体的角色，导致市场分割，抑制了企业的积极性、主动性和创造性；另一方面，又通过激励等绩效管理措施，强化了以经济增长速度论英雄的片面政绩观，默认了政府履行监管和服务职能不到位等不作为行为，从而严重阻碍了市场体系的发展和完善，使市场在资源配置中难以发挥决定性作用。

3. 不利于政府职能转变，阻碍了服务型政府建设

转变政府职能、建设服务型政府，是我国深化行政体制改革的核心

① 习近平：《关于<中共中央关于全面深化改革若干重大问题的决定>的说明》（2013年11月9日），《人民日报》2013年11月16日。

任务，是保障和改善民生、构建社会主义和谐社会的重大举措。在经济体制转轨、经济发展方式转变和社会转型的重要时期，政府绩效管理的一个重要作用，就是促进政府职能转变。但传统的经济增长型政府绩效管理由于主要关注经济增长，把各级政府的注意力和财力更多地投入到经济增长上，严重忽视了政府社会管理和公共服务职能，使社会管理和公共服务成为政府管理的一块短板，阻碍了政府职能转变和服务型政府建设。

（二）推进服务型政府绩效管理的必然性和必要性

推进服务型政府绩效管理，是全面深化改革和推进政府治理现代化的必然要求，对于使市场在资源配置中起决定性作用和更好发挥政府作用，均具有十分重要的意义。

1. 推进服务型政府绩效管理，是使市场在资源配置中起决定性作用的必然要求

党的十八届三中全会决定明确指出："市场决定资源配置是市场经济的一般规律，健全社会主义市场经济体制必须遵循这条规律"。为从广度和深度上推进市场化改革，必须按照市场经济的要求，通过推进服务型政府绩效管理，促使政府从"越位点"退出，大幅度减少行政审批和对资源的直接配置，推动资源配置依据市场规则、市场价格、市场竞争实现效益最大化和效率最优化，把市场能够管的事情真正交给市场，使服务型政府绩效管理成为保障市场经济正常运行的有效工具。

2. 推进服务型政府绩效管理，是更好发挥政府作用的必然要求

战后各国经济发展实践表明，良好的政府不是一个奢侈品，没有一

个有效的政府，经济和社会的可持续发展都是不可能的[①]。在市场经济条件下，政府的主要职责是保持宏观经济稳定，加强和优化公共服务，加强市场监管，维护市场秩序，保障公平竞争，加强社会管理和环境保护，推动可持续发展。广义来说，政府的这些职能都属于公共服务范畴。政府绩效管理是政府履职的风向标和指挥棒，对政府履行职能具有重要的导向作用和激励或约束作用。在我国政府职能转变的关键时期，只有推进服务型政府绩效管理，才能正确发挥政府绩效管理的积极作用，引导和激励各级政府正确履行职能，为经济社会发展创造良好环境。

转变政府职能的核心任务是建设服务型政府。推进服务型政府绩效管理，能够客观反映政府履行公共服务职能的情况，鞭策政府优质高效地为城乡居民提供公共服务。此外，服务型政府绩效管理能够对政府产生强有力的约束力。如同在印度和泰国随处可见的现象：一根小小的柱子和一截细细的链子，之所以能拴住一头千斤重的大象，就是因为驯象人在大象还是小象的时候，就用一条铁链将它绑在水泥柱或钢柱上，无论小象怎么挣扎都无法挣脱。渐渐地小象习惯了不挣扎，直到长成了大象，它可以轻而易举地挣脱链子，但它也不挣扎，因为这种方式对它产生了内在的约束力。服务型政府绩效管理之所以能够为建设服务型政府注入动力和形成约束力，更重要的在于它能够为奖惩提供客观依据。任何管理都需要奖惩，政府管理也不例外。在服务型政府建设中，需要表彰、鼓励和奖励那些认真履行职责，优质高效地提供公共服务的政府机关及其公务员，也需要批评和处罚那些玩忽职守、没有认真履行公共服务职责的政府机关及其公务员。而奖惩的依据就是服务型政府绩效评估结果。没有评估的管理是不科学的管理，没有评估的奖惩也是不科学的

---

① 参见世界银行：《1997 年世界发展报告变革世界中的政府》，中国财政经济出版社 1997 年版，第 1 页。

奖惩。正因为服务型政府绩效评估与服务型政府建设中的奖惩紧密相连，所以才能为建设服务型政府注入持久的动力和强有力的约束力。

3. 推进服务型政府绩效管理，是保障和改善民生的迫切要求

保障和改善民生是社会主义现代化建设的重要目的之一。过去，经济增长型政府绩效管理在助推政府追求 GDP 增长的同时，忽视了公共服务，严重影响了民生的保障和改善。党的十六届六中全会以来，随着政府公共服务职能的逐步加强，民生得到明显改善，但与经济社会发展的要求和人民群众的期待仍有不小差距。例如，我国医疗资源总量不足的矛盾依然突出，人民群众看病难、看病贵的问题还没有得到很好解决。在养老问题上，我国总体养老资源不足，特别是优质公办养老资源经常呈现出一床难求的局面。截至 2012 年年底，我国共有养老机构 4 万余家，全国城市各类养老机构养老床位 390 万张，平均每千人名老人仅拥有 20.5 张床位。[①] 我国基本公共服务之所以总量不足、整体水平不高，其重要原因之一，就是政府公共服务支出偏低，导致政府公共服务职能比较薄弱，严重抑制了民生的保障和改善。推进服务型政府绩效管理，有助于强化政府公共教育、劳动就业服务、社会保障、基本社会服务、医疗卫生、人口计生、住房保障、公共文化等基本公共服务职能，加大政府基本公共服务投入的力度，落实国家确定的行政村通电、通公路和客运班车，城市建成区公共交通全覆盖；无电地区人口全部用上电；邮政服务做到乡乡设所、村村通邮；县县具备污水、垃圾无害化处理能力和环境监测评估能力；保障城乡饮用水水源地安全等基本公共服务任务，从而为改善民生提供强有力的保障。

---

① 参见汪同三：《经济社会发展仍存在不少困难和问题》，国务院研究室编写组：《十二届全国人大二次会议 <政府工作报告> 辅导读本 2014》，人民出版社、中国言实出版社 2014 年版，第 83—84 页。

4. 推进服务型政府绩效管理是维护社会公平正义的必然要求

公平正义是中国特色社会主义的内在要求。维护社会公平正义是现代政府的基本职能，是公平竞争的基本保障。《国家基本公共服务体系“十二五”规划》明确要求“把基本公共服务制度作为公共产品向全民提供”。我国实行社会主义制度。在社会主义国家，获得基本公共服务是公民的权利，保障人人享有基本公共服务是政府的职责。推进服务型政府绩效管理，有助于促进各级政府认真履行基本公共服务职责，实现基本公共服务均等化，使全体公民都能公平可及地获得大致均等的基本公共服务，从而在基本起点上实现公民的权利公平、机会公平和规则公平。这对于维护社会公平正义和构建社会主义和谐社会，具有重大而深远的意义。

5. 推进服务型政府绩效管理有助于实现政府决策的科学化和民主化

建设服务型政府，优质高效地提供公共服务，要求实现政府决策的科学化和民主化。所谓决策的科学化，即按照事务的发展规律进行决策，而不是凭借政府领导人的主观臆断；所谓决策的民主化，即根据城乡居民的公共服务需求，本着尽力而为和量力而行的原则，通过民主的方式进行决策。服务型政府绩效管理对于实现政府决策的科学化和民主化，有着不可替代的作用。(1) 开展服务型政府绩效评估，能够客观准确地了解政府履行公共服务职能的基本情况，为政府决策的科学化提供有价值的信息，避免政府决策的主观性、盲目性和随意性。(2) 服务型政府绩效管理过程实际上也是吸纳城乡居民参与公共服务的过程。通过这一过程，能够及时了解城乡居民对公共服务的新的和多样化的需求，使政府公共服务决策更加符合城乡居民的诉求和期待。(3) 服务型政府绩效评估的重要途径和方法，是服务对象的满意度调查。通过这一调查，能够及时了解和纠正政府以往公共服务决策的不足和偏差，在动态过程中，实现政府公共服务决策的科学化。

6. 推进服务型政府绩效管理能够夯实政府的合法性基础

古今中外，政府合法性的来源有多种，包括：(1) 传统；(2) 领导者的个人魅力；(3) 笃信选举程序的公正性；(4) 政府提供的公共物品和服务的质量、水平、效率及公平性。在现代民主体制下，政治的输入端和输出端对于创造和维护政府合法性基础，都是非常重要的。甚至有学者认为，合法性的建立、维持或摧毁并不在于政治系统的输入端，而在于其输出端。因为，一个选民的投票行为不太可能对他的生活产生什么清晰而显著的影响，但政府在输出端的所作所为则直接影响着人们的日常生活，政府的有些行为对公民的影响甚至是致命的。[①] 正因为如此，政府的治理水平、政府提供基本公共服务的能力以及政府治理的公平性、公正性，对政府合法性的影响至关重要。道理很简单，在现代社会，政府存在的价值就在于它能够提供基本的秩序、较好的法律制度和基本的公共服务。如果政府连这些起码的事情都做不好，人民群众又怎么会认可这样的政府呢？服务型政府绩效管理的宗旨，就是促进政府改进管理，不断提高公共服务的能力和水平。政府公共服务能力和水平提高了，人民群众对政府的认可度、满意度和信赖度自然就会得到提高，政府的合法性基础也就随之得到加强。

（三）推进服务型政府绩效管理的基本条件

在全面深化改革和推进政府治理现代化的新时期，推进服务型政府绩效管理的条件已经基本具备。

---

① ［瑞典］鲍·罗斯坦：《创造政治合法性：选举民主与政府治理水平》，《经济社会体制比较》（京）2011 年第 4 期。

1. 中央关于转变政府职能的要求越来越明确

早在2006年，党的十六届六中全会通过的《中共中央关于构建社会主义和谐社会若干重大问题的决定》就明确提出："建设服务型政府，强化社会管理和公共服务职能。"此后，党的十七大再次强调建设服务型政府，党的十七届二中全会和党的十八大在强调建设服务型政府的同时，明确将创造良好发展环境、提供优质公共服务、维护社会公平正义确定为政府职能转变的总方向。党的十八届三中全会为深化行政体制改革、建设服务型政府，更加强调政府公共服务职能，并将公共服务列为地方政府四项职责之首。中央的这一重要精神和要求，为推进服务型政府绩效管理奠定了重要的政治基础和思想基础。

2. 中央明确指出了政府绩效管理改革的方向

党的十八届三中全会通过的《中共中央关于全面深化改革若干重大问题的决定》对政府绩效管理改革明确提出了四个方面的要求：(1) 完善发展成果考核评价体系；(2) 纠正单纯以经济增长速度评定政绩的偏向；(3) 加大资源消耗、环境损害、生态效益、产能过剩、科技创新、安全生产、新增债务等指标的权重；(4) 更加重视劳动就业、居民收入、社会保障、人民健康状况。[①] 中央的这一精神，内涵丰富，指向清楚，其中一个非常重要的方面，就是要求实现由经济增长型政府绩效管理转向公共服务型政府绩效管理。

3. 国家已明确了基本公共服务的范围和标准

2012年7月11日，国务院颁发了《国家基本公共服务体系"十二五"规划》，明确指出，该规划是"十二五"乃至更长一段时期构建国家基本公共服务体系的综合性、基础性和指导性文件，是政府履行公共

---

① 《中共中央关于全面深化改革若干重大问题的决定》，人民出版社2013年版，第17页。

服务职责的重要依据。该规划所讲的基本公共服务，是指建立在一定社会共识基础上，由政府主导提供的，与经济社会发展水平和阶段相适应，旨在保障全体公民生存和发展基本需求的公共服务。该规划指明，基本公共服务范围一般包括保障基本民生需求的教育、就业、社会保障、医疗卫生、计划生育、住房保障、文化体育等领域的公共服务，广义上还包括与人民生活环境紧密关联的交通、通信、公用设施、环境保护等领域的公共服务，以及保障安全需要的公共安全、消费安全和国防安全等领域的公共服务。与此同时，规划制定了基本公共服务的国家标准，从而为推进服务型政府绩效管理提供了重要的政策依据。

4. 一些地方已经开展了服务型政府绩效管理试点

到目前为止，服务型政府绩效管理虽然还没有全面展开，但一些地方已经开展了这方面的试点。例如，从 2011 年起，国家行政学院项目组在上海市奉贤区区委区政府的大力支持下，在上海市奉贤区开展了服务型政府绩效管理试点，取得了初步经验。这些经验是：（1）地方领导特别是党政一把手高度重视和大力支持，是推进服务型政府绩效管理的重要保障。没有这一点，该项工作很难开展。（2）服务型政府绩效管理是一项实践性和操作性很强的工作，理论工作者只有深入实际调查研究，将相关理论研究与地方工作实际紧密结合起来，才能有效地推动这项工作。（3）服务型政府绩效评估指标体系的开发与设计既要认真听取专家学者的意见，也要广泛听取实际工作者的意见。（4）必须制定规范性文件，确保服务型政府绩效管理的相对稳定性和连续性，不能因为主要领导人的更换而中止。（5）对试点工作要进行长期跟踪研究，不断总结经验，不断改进和完善指标体系和评估方法。（6）绩效评估结果应作为奖惩和绩效改进的重要依据。

除上海市奉贤区外，还有一些地方也开展了类似的试点。这些试点为推进服务型政府绩效管理提供了有益的经验。后进者能够从中受到诸多启示，避免走或少走弯路。

5. 已有的政府绩效管理经验为开展服务型政府绩效管理提供了参考和借鉴

发达国家开展政府绩效管理多年，积累了丰富的经验。这些国家与我国的国情不同，所处的发展阶段也不同，但他们的经验和做法对我国开展服务型政府绩效管理不无启发、参考和借鉴意义。事实上，我国政府绩效管理工作就是在学习、参考和借鉴发达国家政府绩效管理经验的基础上开展起来的。

在我国，一些地方的政府绩效管理工作也已开展了十多年。福建、辽宁、广东、浙江、吉林等已在全省推开，深圳、杭州、青岛等副省级市做得有声有色，特点比较鲜明。这些地方的政府绩效管理虽然尚不属于服务型政府绩效管理，但一些经验和做法是可以借用的。

6. 学术界能够为推进服务型政府绩效管理提供智力和技术支持

近十年来，我国学术界，特别是公共管理学界对服务型政府建设进行了深入系统的研究，发表了一大批研究成果。这些研究成果，为推进服务型政府绩效管理奠定了比较坚实的理论基础。通过理论联系实际，深入开展比较研究和调查研究，学术界培养出一大批专业人才。其中一些专家学者，既熟悉理论，也比较了解实际，特别是一些学者侧重于应用性研究，在吃透中央精神、深入系统地研究《国家基本公共服务体系十二五规划》及其他有关文件的基础上，开发出了服务型政府绩效评估指标体系和评估程序方法，能够为推进服务型政府绩效管理提供智力和技术支持。

（四）服务型政府绩效管理的主要特征

所谓服务型政府绩效管理，即以公共服务为政府绩效评估的主要内容、以提高政府公共服务能力和水平为主要目的的政府绩效管理。与经济增长型政府绩效管理不同，服务型政府绩效管理具有以下特征。

1. 政府绩效评估的主要内容是公共服务

服务型政府是以公共服务为主要职能、以满足社会公共需求为主要目的的政府。建设服务型政府，是我国政府职能转变的集中体现。因为，广义来说，创造良好发展环境和维护社会公平正义也属于公共服务范畴。政府遵循公平正义原则，通过优质高效地提供公共产品和公共服务，为经济社会发展创造良好环境，这正是现代政府所应扮演的角色和所应发挥的作用。

政府绩效是政府履行职能的表现。既然服务型政府的主要职能是公共服务，那么，政府绩效评估的主要内容自然也是公共服务。2008 年 2 月 23 日，时任总书记的胡锦涛在中共中央政治局第四次集体学习的讲话中明确要求，建设服务型政府，要把公共服务和社会管理放在更加重要的位置，推进以公共服务为主要内容的政府绩效评估和行政问责制度①。今天，在经济发展方式和政府职能双重转变的新形势下，为推进服务型政府绩效管理，必须较大幅度地调整政府绩效评估指标体系，将公共服务作为政府绩效评估的主要内容。通过绩效评估，检测政府履行公共服务职能是否到位，还存在哪些差距和问题，下一步应如何改进等，以此推进政府职能转变和公共服务效能的提高。

2. 政府绩效管理的主要目的是提高政府公共服务能力和水平

与经济增长型政府绩效管理不同，服务型政府绩效管理的目的是提高政府公共服务能力和水平，以便优质高效地为城乡居民提供公共服务，满足城乡居民合理的公共需求。

---

① 胡锦涛：《扎实推进服务型政府建设 提高为人民服务能力和水平》，《人民日报》2008 年 2 月 24 日。

国际经验表明，随着一国发展水平的提高，城乡居民对公共服务的要求无论在数量上还是质量上，都在显著提升，特别是人均 GDP 处于 3000 至 10000 美元发展阶段，城乡居民对公共服务的需求将迅速提升。[①] 2008 年，我国人均 GDP 已经超过 3000 美元，2012 年更超过了 6000 美元。进入这一发展阶段，为适应经济社会发展的新变化和人民群众对公共服务的新要求、新期待，政府必须不断提升公共服务的能力和水平。推进服务型政府绩效管理，必将促使各级政府转变思想、转变作风、转变职能，以更加亲民、更加务实的态度高度重视公共服务，认真地履行公共服务职能，从而为提升政府公共服务的能力和水平增加压力、注入动力。

3. 服务型政府绩效管理高度重视第三方评估和服务对象的意见

经济增长型政府绩效管理往往是体制内自上而下的评估，对第三方评估和公众意见重视不够，因而容易出现数字造假和绩效兑水等现象。服务型政府绩效管理高度重视第三方评估和服务对象的意见。原因在于：(1) 第三方比较超脱，其评估结果更加客观公正；(2) 第三方往往都是专业机构，其评估的程序、方法更具有科学性；(3) 公众意见更能真实地反映服务对象的需求和服务效果，对改进公共服务具有直接的参考价值。

4. 服务型政府绩效管理更加重视公共服务的改进

在经济增长型政府绩效管理中，被评估对象——政府虽也重视政府绩效的改进，但更加重视 GDP 的排名。为了使排名靠前，有的地方领导不惜采取拉关系、请客送礼甚至贿赂等手段，去做上级统计部门的工作。而在服务型政府绩效管理中，由于管理的目的是提高政府公共服务能力

① 余斌、陈昌盛：《“十二五”期间优化收入分配格局的思路与途径》，国务院发展研究中心：《中国发展评论》2010 年 2 月第 12 卷第 1 期，中国发展出版社 2010 年版，第 15 页。

和水平，又由于第三方的参与和服务对象的意见权重较大，因此，必然促使各级政府更加重视公共服务的改进。因为，政府只有不断改进和提高公共服务能力、不断提升公共服务的质量和水平，才能赢得第三方和服务对象的好评，舍此别无他途。

二、构建服务型政府绩效管理的组织领导系统

推进服务型政府绩效管理，首先必须构建科学有效的服务型政府绩效管理的组织领导系统，包括健全服务型政府绩效管理的决策机构、执行机构，规范和理顺二者的关系。

（一）服务型政府绩效管理组织领导系统的主要特性

服务型政府绩效管理的本质决定了服务型政府绩效管理组织领导系统应具有以下特性。

1. 代表性

构建服务型政府绩效管理组织领导系统的核心是成立政府绩效管理的决策机构。提高服务型政府绩效管理决策机构的代表性，有利于树立和贯彻顾客导向的服务型政府价值理念，增强服务型政府绩效管理的客观性、公正性和可接受性。其成员应包括：（1）公众代表。在我国，开展服务型政府绩效管理，目的是要建设公众满意的政府。公众对政府满不满意，不是政府自己说了算，而是公众说了算。为了在政府绩效管理决策中充分体现公众的意愿和诉求，必须在政府绩效管理的决策机构中增加公众代表。（2）与服务型政府绩效管理密切相关的党政机关代表，如组织人事、纪检监察、审计统计、教育卫生、社会保障、劳动就业、公共安全、环境保护、基础设施建设等部门代表。这些部门有的是直接

履行公共服务职能的部门，有的是对公共服务部门进行监管的部门。这些部门代表参与服务型政府绩效管理的政策制定，有助于提高服务型政府绩效管理政策的科学性和实效性，提高服务型政府绩效管理的信度和效度。

2．权威性

服务型政府绩效管理的决策机构必须具有权威性，否则，其工作就难以有效推进。其权威性来源于：（1）服务型政府绩效管理的决策机构具有广泛的代表性；（2）服务型政府绩效管理决策的科学化、民主化和法治化；（3）服务型政府绩效管理的决策机构具有较高的地位。只有做到以上几点，服务型政府绩效管理的决策机构才具有权威性，其所制定的政策、发布的文件、做出的决定等，才可能得到一体遵行。

3．统一性

中国是单一制国家。作为单一制国家，统一性是政府管理体制的重要特点之一。服务型政府绩效管理体制属于政府管理体制范畴，亦应遵循统一性原则。所谓统一性，包括服务型政府绩效管理决策机构应统一，服务型政府绩效管理执行机构应统一，服务型政府绩效管理决策机构与执行机构的隶属关系应统一，服务型政府绩效管理的运行机制在基本原则和大的方面应统一。没有或缺乏这种统一性，全国性的服务型政府绩效管理就难以协调有效地推进。

4．相对独立性

为确保服务型政府绩效管理的客观公正，防止和克服任何个人或机构的随意干扰，服务型政府绩效管理的组织领导系统应具有相对独立性。所谓相对独立性，即：（1）服务型政府绩效管理的组织领导系统应依法设立，其主要成员依法组成，非依法不得随意变更；（2）依法独立开展服务型政府绩效管理，只对法律、公众和政府绩效管理的客观性、公正性和准确性负责，不受领导者个人或有关部门的随意干涉；(3) 服务型政府绩效管理经费应有法定的来源。缺乏相对独立性，服务型政府绩效管理就有可能走偏或受到有关部门的干扰，失去其应有的信度。

（二）我国政府绩效管理组织领导系统存在的主要问题

进入新世纪，一些地方借鉴发达国家政府绩效管理的经验和做法，开始探索我国政府绩效管理，形成了多样化的地方政府绩效管理组织领导系统。截至 2011 年 5 月，我国已有 16 个省（区、市）和少数国务院部门建立了不同类型的政府绩效管理决策机构和执行机构。2011 年 3 月 10 日，国务院批准建立政府绩效管理工作部际联席会议制度。2014 年上半年，国务院决定由中编办负责政府绩效管理工作。

目前，我国政府绩效管理组织领导系统尚不够健全、不够规范，主要存在以下几个问题。

1. 在中央层面，尚未建立政府绩效管理的决策机构

2011 年 3 月 10 日国务院批准建立的政府绩效管理工作部际联席会议制度无疾而终。2014 年，国务院决定由中编办负责政府绩效管理工作，而中编办只是执行机构或办事机构，不是政府绩效管理的领导机构或决策机构。

2. 代表性不够

从一些地方来看，政府绩效管理决策机构的成员都是党政领导干部，没有公众代表。此外，在政府绩效管理决策机构中，一些履行公共服务职能的部门代表，如教育卫生、公共安全、环境保护、基础设施建设等均不在其列。政府绩效管理决策机构缺乏代表性，必然影响其权威性，很难适应大力推进服务型政府建设的新形势。在这方面，韩国的经验值得借鉴。韩国为推进政府绩效评估，在中央层面成立了政府绩效评估委

员会，由政府总理和一位非政府人士共同担任主席。为体现政府绩效评估的客观性和公正性，在 15 人组成的委员会中，10 人是民间人士，只有 5 人是政府官员。

3. 权威性不够

在中央层面，政府绩效管理决策机构的主要职能是：研究提出加强政府绩效管理的相关政策和措施；组织协调和综合指导国务院各部门和各省（区、市）开展政府绩效管理工作；组织拟定政府绩效评估指标体系、程序和具体办法；组织推动和监督政府绩效管理各项工作的落实；研究与政府绩效管理有关的其他重大问题，向国务院提出建议。显然，要履行这些职能，政府绩效管理的决策机构必须具有足够的权威。2011 年 3 月 10 日国务院批准建立的政府绩效管理工作部际联席会议制度却缺少这样的权威。例如，部际联席会议的成员单位是：监察部、中央组织部、中央编办、发展改革委、财政部、人力资源社会保障部（公务员局）、审计署、统计局、法制办。监察部为牵头部门，监察部部长为联席会议召集人，各成员单位确定一位负责同志为联席会议成员。联席会议办公室设在监察部，承担联席会议的日常工作。联席会议成员、监察部副部长兼办公室主任。从组织形式上看，部际联席会议是一个比较松散的组织，此其一。其二，作为中央层面的政府绩效管理工作的组织领导机制，在部际联席会议中，除召集人为正部级领导外，其余 9 名成员中有 8 人为部门副职，1 人为副部级领导干部。其三，部际联席会议成员缺乏法定的稳定性，变更缺乏严肃性。如《政府绩效管理工作部际联席会议制度》规定：“各成员单位确定一名负责同志为联席会议成员。联席会议成员因工作变动需要调整的，由所在部门提出，联席会议确定。”与部际联席会议所履行的主要职能相比，部际联席会议制度犹如小马拉大车，难以胜任。而由中编办负责政府绩效管理工作，同样存在类似的问题。

4．统一性不够

主要表现在：（1）在许多地方，政府绩效管理决策机构名称不统一，有的称之为委员会，有的叫领导小组。称之为委员会的有：政府绩效评价委员会（吉林）、政府目标绩效管理委员会（四川）、政府绩效评估与管理委员会（深圳）；称之为领导小组的有：机关效能建设领导小组（福建）、考核评价工作领导小组（广东）、政府绩效管理工作领导小组（辽宁）、绩效考核领导小组（广西），等等。（2）政府绩效管理办事机构隶属关系不统一。如，有的设在省公务员局，有的设在省政府办公厅，有的设在省委办公厅和省政府办公厅，有的设在省委组织部，有的设在省政府人事厅，有的设在政府监察局，有的设在纪委和组织部，还有的设在组织部和政府督查室，等等。（3）2014 年国务院决定由中编办负责政府绩效管理工作。这样，许多地方政府绩效管理的办事机构与国务院的政府绩效管理办事机构不对接，使中央层面在组织协调和综合指导各省（区、市）开展政府绩效管理工作中，遭遇人为的体制不顺的障碍。

5．缺乏相对独立性

在我国，从中央到地方，政府绩效管理的决策机构都缺乏相对独立性。表现在：（1）政府绩效管理的决策机构成员与党政官员高度重合；（2）政府绩效管理决策机构成员缺乏法定的稳定性；（3）《国务院关于同意建立政府绩效管理工作部际联席会议制度的批复》（国函〔2011〕25 号）明确规定："联席会议不刻制印章，不正式行文。"

我国政府绩效管理的组织领导系统存在的上述问题，使其难以适应服务型政府建设的新形势、新要求，难以有效地推进服务型政府绩效管理工作。

（三）改革政府绩效管理组织领导系统的基本对策

为加强服务型政府绩效管理，积极有效地推进服务型政府建设，迫切需要改革政府绩效管理组织领导系统，构建与服务型政府建设相适应的科学有效的政府绩效管理组织领导系统。

1. 在县级以上成立地方各级政府绩效管理委员会，以此统一地方政府绩效管理的领导和决策机构。在国务院之下成立中央政府绩效管理委员会，担负国务院委托的政府绩效管理的领导和重大问题的决策职能。

2. 为提高政府绩效管理委员会的地位和权威，应由县级以上政府行政首长兼任本级政府绩效管理委员会主任，由县级以上政府的秘书长兼任政府绩效管理委员会常务副主任。

3. 为适应服务型政府绩效管理的需要，必须优化政府绩效管理委员会的成员。(1) 在各级政府绩效管理委员会中增加公众代表，以提高政府绩效管理委员会的代表性，使政府绩效管理决策更加符合服务型政府的本质，符合社会公众的合理需求。(2) 在中央和地方政府绩效管理委员会中，除保留与政府绩效管理密切相关的部门代表外，还应增加教育卫生、环境保护、公共安全、基础设施建设等履行公共服务职能的部门代表。(3) 政府绩效管理委员会中的职能部门代表应是各部门的主要负责人，公众代表应是了解舆情民意、处事公正、作风正派、敢于讲真话、讲实话的社会相关领域或群体的知名人士。

4. 理顺政府绩效管理执行机构的隶属关系。中央政府绩效管理委员会成立后，其执行机构究竟是独立设立，还是设在某一部门之中或之下，需要继续研究。从目前来看，设在国务院办公厅似更有利。待国务院政府绩效管理办事机构及其隶属关系进一步明确后，以此模式统一规范地方政府绩效管理执行机构及其隶属关系。

5. 加强法治建设，实现政府绩效管理的法治化。目前，我国政府绩效管理的主要依据是政府文件。其弱点是：（1）权威性不高；（2）规范化不够；（3）稳定性不强。发达国家高度重视政府绩效管理的法治建设。例如，1993 年，美国颁布了《政府绩效与结果法案》；2000 年，韩国颁布了《政府绩效评估框架法案》；2002 年，日本出台了《政府政策评价法》。发达国家的经验和做法，对我国加强政府绩效管理法治建设，具有重要的启发和借鉴意义。为积极推进以公共服务为主要内容的政府绩效管理，必须加强服务型政府绩效管理的法治建设，实现服务型政府绩效管理的制度化、法治化。在这方面，哈尔滨市已经进行了积极探索。2009 年 3 月 26 日，哈尔滨市第十三届人民代表大会常务委员会第十五次会议通过了《哈尔滨市政府绩效管理条例》，2009 年 6 月 12 日，黑龙江省第十一届人民代表大会常务委员会第十次会议予以批准，并于 2009 年 10 月 1 日起正式施行，使哈尔滨市成为我国首个制定和实施政府绩效管理法规的城市。为加强我国政府绩效管理的法治建设，应在总结国内外有关经验和做法的基础上，尽快研究制定我国的《政府绩效管理法》，依法明确政府绩效管理委员会的地位、主要职能、领导体制、成员结构和运行机制以及开展政府绩效管理的指导思想和基本原则、评估主体与评估客体、评估内容与评估标准、评估程序与评估方法、绩效结果运用与绩效改进等重点问题，将我国服务型政府绩效管理纳入法治化轨道。

6. 在中央和省级政府，成立政府绩效管理专家咨询委员会，以便充分发挥专家学者的作用，为政府绩效管理科学化提供理论、智力和技术支撑。

三、构建科学的服务型政府绩效评估体制

服务型政府绩效评估是服务型政府绩效管理的基础。为使评估客观

公正、科学合理，迫切需要构建科学的服务型政府绩效评估体制。

（一）服务型政府绩效评估体制的基本构成

服务型政府绩效评估体制虽然也包括评估主体、评估程序、评估方法等内容，但由服务型政府性质所决定，服务型政府绩效评估的主体、程序和方法等具有自身的鲜明特点。

1．服务型政府绩效评估主体

为使服务型政府绩效评估客观公正、全面准确，其评估主体必须多元化。所谓多元化，即在评估主体中，除了有关管理部门之外，必须更加重视公众和第三方评估，加大其权重。这里的第三方，包括相关领域的专家学者和具有评估资质的独立的第三方。

（1）公众。服务型政府是为城乡居民提供基本公共服务的政府。政府提供的基本公共服务是否优质高效？是否能够满足城乡居民多样化的需求？对这些问题，只有服务对象——公众最了解、最清楚，最有切身之感，因而也最有发言权。因此，在服务型政府绩效评估中，不仅要吸纳公众参与，认真听取公众意见，而且要较大幅度地提高公众评估所占的权重。

（2）专家学者。政府提供的某些公共服务具有很强的专业性和技术性，如教育、医疗卫生、社会保障、环境保护，等等。吸纳相关领域的专家参与评估，有助于从专业和技术角度做出更为科学、客观、准确的判断。

（3）独立的第三方。所谓独立的第三方，是指既不是公共服务的供给主体，也不是服务对象，而是独立于主客体之外的机构。在服务型政府绩效评估中，独立的第三方一般是指从事政府绩效评估的专门机构，如一些高校近年成立的政府绩效评估研究中心等。这类机构聚集了一批研究政府绩效评估的专家，他们对政府绩效评估理论与方法有深入的研究，在政府绩效评估实践中也积累了较丰富的经验。吸纳这样的机构参与评估，既可以克服公共服务供求双方某些不合理的价值偏好和利益驱动，提高评估的客观性和公正性，同时还可以为服务型政府绩效评估提供理论、方法和技术等方面的支持。

2. 服务型政府绩效评估的程序与方法

服务型政府绩效评估除了应借鉴政府绩效评估的一般程序和常用方法外，还必须根据服务型政府的性质和评估目的进行程序设计和方法选择。其中，应特别注意以下几点：

（1）公众满意度调查的程序和方法。为了全面、准确、客观地了解公众对政府提供公共服务的满意度，必须按照科学标准对公众进行分类，并根据不同公众的情况，采取不同的方法。如在文化水平较高的公众中，可以采取问卷调查的方法，而对于文化水平不高的公众，则应采取开公众代表座谈会当面听取意见的方法。在这方面，应充分发挥统计局调查队的作用。

（2）为使评估过程和结果客观公正，应设计第三方参与评估的程序和方法。

（3）为确保政府部门提供信息的真实性，最大限度地减少信息失真，应对政府提供的信息进行核验或抽查。发现信息造假或不真实情况，应进行及时纠正，并对造假者给予应有的处罚。

（4）政府绩效评估的程序和方法连同评估时间、评估内容、评估原则等一并对社会公开。

（5）实行政府绩效评估结果告知制度。政府绩效评估结果出来后，政府绩效管理委员会应将评估结果告知评估对象，接受评估对象的有关投诉和申辩，及时纠正评估中的偏差或不公正现象。

（6）实行政府绩效评估结果公示制度。即将核验准确的政府绩效评估结果向社会公示，以满足社会公众的知情权，也便于公众对政府及其职能部门履行公共服务职责进行监督。

（二）我国政府绩效评估体制存在的主要问题

按照服务型政府绩效评估的目的、特点和要求，我国政府绩效评估体制存在以下几个方面的问题。

1. 对公众和第三方重视不够

在政府绩效评估中，公众满意度所占权重普遍较低。例如，某市规定："政府绩效评估采取百分制，其中内部评估占70%，外部评估占30%。"外部评估主体包括人大代表、政协委员、特邀监察员和社会公众等。2011年，该市调整了公众满意度的权重，但也仅占25%。在政府绩效评估开展时间不长的地方，对公众满意度重视不够的问题更为突出。对于第三方参与评估，有的地方尚未引入，有的地方即使引入了，也尚未合理地发挥其作用。

2. 政府绩效评估内容尚未更新

服务型政府绩效评估，说到底，就是要评估政府履行公共服务职能的情况。但迄今为止，我国政府绩效评估内容尚未根据服务型政府建设的要求进行更新，没有将公共服务作为政府绩效评估的主要内容。在许多地方，经济增长仍然是政府绩效评估的重要内容。例如，2011年，某市政府绩效评估中的经济指标包括：每平方公里GDP产出增长进步率、新兴产业增加值增长进步率、支柱产业占GDP比重进步率；有的省在政府绩效评估中设立了"发展战略"和"经济发展"两个一级指标，在这两个一级指标下设立的三级指标包括：农业现代化、工业化、城镇化、县域经济增长、重大项目建设、工业五项工程、规模以上工业增加值、金融业、旅游业、服务业增加值、地区生产总值、外引资金、出口增长率、社会消费品零售总额、民营企业发展等。

此外，许多地方对政府绩效评估内容和指标体系设计缺乏深入研究和科学论证，导致政府绩效评估指标五花八门。

3. 对政府履职成本缺乏评估

在政府绩效评估中，缺少对政府履行职能成本的评估。这在全国是一种比较普遍的现象。客观来说，由于我国各级政府的预算不够科学、不够规范、不够透明，给评估造成很大困难。主观来说，政府及其职能部门不愿意将履职成本纳入政府绩效评估当中。因为，一旦纳入，就要严格预算管理，其结果，势必限制政府官员支配公共资金的自由裁量权。而不评估政府履职成本，政府绩效评估的意义和价值就会受到很大影响，政府效能如何就很难做出准确判断。

4. 政府绩效评估程序不够规范

政府绩效评估程序是在政府绩效评估实践中总结提炼出的基本的评估流程。如果不规范或缺少某些重要环节，就可能导致绩效评估结果不够准确或不够公正。调研中发现，有的地方在政府绩效评估中，缺少对公众和第三方参与评估的程序设计；还有的地方缺少将政府绩效评估初步结果与评估对象沟通、听取反馈意见的环节，直接将绩效评估结果正式公布。政府绩效评估程序设计中的类似缺陷，或者导致公众和第三方难以在政府绩效评估中发挥应有作用，可能导致评估结果不够准确、不够公正，挫伤了一些政府机关公务员的积极性，影响了政府绩效评估的信度和效度。

5. 政府绩效评估不够透明

在一些地方的政府绩效评估中，透明度不高也是不可忽视的问题。例如，在现行的政府绩效评估中，标准由政府制定，操作在政府内部进行，评估主体主要是本级党政领导和上级政府，评估结果也只在政府内部公布，不对社会公开。这种封闭、半封闭的政府绩效评估，不符合政务公开和服务型政府建设的基本要求，不利于公民参与，更不利于发挥公民监督政府的作用。

6. *政府绩效评估方法不够科学*

在政府绩效评估中，方法是否科学，对评估结果的客观性、公正性、全面性和准确性具有直接影响。我国政府绩效评估方法存在的问题较多，其中主要有以下几方面：

（1）"运动式"评估。例如，有的地方明确提出哪年是"政府绩效年"，还有的地方搞"万人评政府"等。这种"运动式"的评估与管理，是我国过去搞政治运动的传统思维在政府绩效评估中的表现。一些地方领导将注意力更多地放在了轰动效应和宣传效应上，也是导致"运动式"评估的重要原因。

（2）在政府绩效评估中，采用定性方法较多，对定量方法应用不够。一些地方即使采用了一些定量方法，也多为算术求和与加权平均求和等简单方法，较少采用主要成分分析、层次分析、数据包络分析等计量分析方法，[①] 导致评估结果不够准确。

（3）在某些方法运用上，缺乏精细化操作。例如，有的地方在公众测评中没有在科学分类基础上进行抽样调查，使公众测评结果在某些方面难以准确反映服务对象的真实感受。

（三）改进政府绩效评估体制的基本对策

按照构建服务型政府绩效管理体制的要求，必须在以下几方面改进

① 杨洪：《政府绩效评估200问》，人民出版社2007年版，第170页。

我国政府绩效评估体制。

1. 完善政府绩效评估主体

完善政府绩效评估主体，必须加大公众满意度在政府绩效评估中的权重和引入第三方评估。这对于推进服务型政府绩效评估具有特别重要的意义。第一，有助于打破政府自己评自己、自说自话的局面，提高政府绩效评估的信度。第二，有助于拓宽公众参与渠道，及时了解公众的意愿和诉求。第三，有助于提高政府绩效评估结果的客观性和公正性。

2. 重新构建政府绩效评估指标体系

在建设服务型政府进程中，必须按照服务型政府的科学内涵和国家明确规定的基本公共服务范围及标准，构建以基本公共服务为主要内容的政府绩效评估指标体系，并用这一指标体系取代以往的政府绩效评估指标体系，使我国政府绩效评估与管理适应服务型政府建设的要求。

有人认为，在我国服务型政府尚未建成的情况下，开展服务型政府绩效评估为时过早。这种说法看似有理，实则不然。原因在于，在体制改革和社会转型的重要时期，我国政府绩效管理不仅要发挥其改进政府绩效、提高政府绩效水平的作用，同时还要发挥其促进政府职能转变的作用。建设服务型政府是我国行政体制改革的核心任务，是促进经济发展方式转变和实现科学发展的重要举措，也是构建和谐社会的迫切需要。不开展服务型政府绩效评估，就难以有效发挥政府绩效评估的应有作用，播下的是龙种，收获的却是跳蚤。

3. 加强对政府履职成本的评估

政府公共服务职能是靠公共财政支撑的。因此，评估政府公共服务效能，必须评估政府履行公共服务职能的成本。否则，这种评估既不完整，也不科学。近几年，一些地方引入市场机制，通过购买服务等方式，试图提高公共服务的质量和效率。这一改革的方向无疑是正确的。但由于缺乏对成本的评估，使对公共服务的整体效率难以作出科学的判断，并潜藏着极大的寻租和腐败的风险。为防止和克服这一风险，必须引入专业机构，加强对公共服务成本的评估，加强对公共服务投入的绩效审计。

4. 实行政府绩效管理全过程公开

服务型政府是公开透明的政府。服务型政府绩效管理是服务型政府建设的重要内容，必须按照《政府信息公开条例》和两办《关于深化政务公开加强政务服务的意见》的要求，遵循方便公众知情、便于公众参与和监督的原则，将管理的全过程向社会公开，绝不允许以任何理由和借口关闭政府绩效管理公开的大门或将其半遮半掩。在实践中，要创新公开载体，丰富公开形式，完善公开制度，实现政府绩效管理公开的规范化、标准化。

5. 健全服务型政府绩效评估程序，改进评估方法

在服务型政府绩效评估中，必须高度重视科学程序的作用。程序健全、公正、合理，才能确保服务型政府绩效评估结果的客观、公正和比较准确。为此，必须科学设计评估程序，弥补欠缺的环节，在实践中，严格按照规定的程序办事。

在加强科学程序设计的同时，还必须根据服务型政府绩效评估的需要，克服“运动式”思维和做法，使服务型政府绩效评估常态化、规范化。与此同时，改进政府绩效评估方法，引入电子评估技术和先进实用的定量分析方法，切实提高服务型政府绩效评估的信度和效度。

四、构建科学的服务型政府绩效评估指标体系

服务型政府的主要职能是公共服务。公共服务分为基本公共服务和

非基本公共服务两大类。保基本是政府义不容辞的责任。构建服务型政府绩效评估指标体系，就是要构建以基本公共服务为主要内容的政府绩效评估指标体系。2012 年 7 月 11 日，国务院印发了《国家基本公共服务体系“十二五”规划》，该规划明确提出了我国基本公共服务的范围和国家标准。这是构建服务型政府绩效评估指标体系的重要依据。

政府绩效是政府履行职能、职责的表现。服务型政府绩效评估就是要客观公正、全面准确地评估政府履行基本公共服务职能的情况。为此，应从以下几个维度进行评估。

（一）公共服务效果

政府履行基本公共服务职能的表现首先要看服务效果。从整体角度评估，政府履行基本公共服务职能的效果主要表现在以下几方面。

1. 基本公共服务覆盖面

保基本，首先要做到广覆盖，使基本公共服务尽快覆盖城乡全体居民。城乡居民享受基本公共服务，是宪法规定的公民基本权利，是维护社会公平正义的基本要求。目前，我国的一些基本公共服务覆盖面还比较窄，特别是在农村、落后地区和弱势群体中更为突出。因此，必须按照广覆盖的要求，将基本公共服务尽快覆盖到农村、落后地区和弱势群体，使这些地区和群体也能沐浴在基本公共服务的雨露阳光之中。

2. 基本公共服务水平度

基本公共服务即使覆盖了城乡全体居民，如果水平过低，保障不了普通百姓特别是弱势群体能够过上有尊严的生活，那么，基本公共服务就不能发挥其保障公民基本权益、维护社会公平正义与和谐稳定的作用。因此，政府提供的基本公共服务，既要做到广覆盖，又要做到水平适度。所谓水平适度，第一，基本公共服务水平必须与经济社会发展水平相适应；第二，基本公共服务供给能够满足城乡居民对基本公共服务的合理需求；第三，基本公共服务标准的确定，也要参照国际标准，使我国的基本公共服务不低于世界同等发展阶段国家的平均水平。为此，需要制定基本公共服务的全国最低标准。如基础教育，不管是发达地区，还是落后地区，都要实行九年义务教育。在全国最低标准基础上，准发达地区和发达地区，可以适当提高基本公共服务的地方标准。待全国经济社会发展水平进一步提高或落后地区经济社会发展水平明显提高以后，再提高全国基本公共服务的最低标准，使我国基本公共服务水平能够与国际同等发展程度国家的水平大体相当。

3．基本公共服务均衡度

党的十六届六中全会通过的《中共中央关于构建社会主义和谐社会若干重大问题的决定》明确提出逐步实现基本公共服务均等化的战略目标。《国家基本公共服务体系“十二五”规划》明确指出：“基本公共服务均等化，指全体公民都能公平可及地获得大致均等的基本公共服务，其核心是机会均等，而不是简单的平均化和无差异化。”主要包括：（1）基本民生性服务，如就业服务、社会救助、养老保障等；（2）公共事业性服务，如公共教育、公共卫生、公共文化、科学技术、人口控制等；（3）公益基础性服务，如公共设施、生态维护、环境保护等；（4）公共安全性服务，如社会治安、生产安全、消费安全、国防安全等。[①] 实施基本公共服务均等化战略，对于保障公民基本权利、维护社会公平正义和社会和谐稳定都具有十分重要的意义。

在实践中，基本公共服务“量”的均等化，只要确定的标准比较适当，是相对比较容易实现的。但“质”的均等化则不同。一般来说，在

① 常修泽：《逐步实现基本公共服务均等化》，《人民日报》2007年1月31日。

基本公共服务的质量等级中，越是低端，即质量水平越低，越容易做到均等化。相反，质量水平越高，越具有稀缺性，其均等化就难以实现。随着经济社会的发展和进步，人民群众对基本公共服务的需求，绝不简单地满足于“量”的方面。在对基本量的需求得到满足以后，必然对基本公共服务的质量提出越来越高的要求。某些基本公共服务的质量达到一定标准或水平，可以保持较长时间的稳定，人民群众也不会对此提出新的更高要求。如居民饮用水的质量，只要达到了国家规定的卫生标准，就可以保持较长时间的稳定。而另一些基本公共服务则不同。如高质量的医疗水平，可能永远带有稀缺性，很难实现均等化。正因为如此，建议用“基本公共服务均衡度”的指标来评估基本公共服务在城乡之间、地区之间和不同阶层、不同群体之间的公平性。所谓均衡度，即在城乡之间、发达地区与落后地区之间以及不同阶层、不同群体之间，政府提供的基本公共服务在数量和质量上保持大体均衡。

4．基本公共服务质量

前面的3个评估指标，主要侧重于“量”的方面。在基本公共服务评估中，仅有“量”的指标是远远不够的，还必须有“质”的指标。如果基本公共服务质量达不到应有的水准，那么，基本公共服务的供给效果就会大打折扣，甚至在某些领域会起副作用。例如，在医疗卫生领域，如果医疗水平达不到最基本的水准，那就可能导致误诊和乱用药，其严重后果是可想而知的。

基本公共服务的质量可以用两个指标来衡量，即基本公共服务的合格率和基本公共服务的优良率。政府提供的公共服务首先要做到保基本。这里的“保基本”，不仅包括保障基本公共服务足额足量的供给，同时还应包括确保基本公共服务的质量，做到各项基本公共服务都要达到国家规定的质量底线——合格。在此基础上，不断改善基本公共服务，提高基本公共服务的优良率。为客观准确地评估基本公共服务的质量，国家应尽快制定、改进和完善基本公共服务的质量标准。

5. 基本公共服务供给效率

效率和质量具有密切关系。在基本公共服务领域，没有效率或效率不高，必然严重影响服务质量和服务效果。因此，评估基本公共服务效果，还必须评估基本公共服务的供给效率，确保公民在法定时间内能够公平可及地享受到政府提供的基本公共服务。

6. 公众满意度

深化行政体制改革，建设服务型政府，目的是要建设人民满意的政府。政府提供的基本公共服务，效果到底如何，要充分听取公众的意见。这里的公众，一定是基本公共服务直接或间接的服务对象。只有这些公众，才能切身感受到政府提供的基本公共服务是否及时、是否符合他们的实际需求。

由于年龄或智力障碍等原因，某些基本公共服务对象不能确切表达对基本公共服务的真实感受，需要通过他们的监护人，即间接服务对象来表达。在公众满意度的调查中，如果不是基本公共服务的直接或间接对象，由于他们对基本公共服务没有切身感受，其表达的意见就缺少客观性和准确性。

（二）公共服务能力

政府提供的基本公共服务需要具有可持续性。因为，在现代社会，公民对基本公共服务不是一时之需，其需求具有时时相续、世代相续的特点。也就是说，只要人类社会不退回到“鸡犬之声相闻，民至老死不相往来”的自给自足的小农社会，只要现代社会继续存在和发展，那么，公民对基本公共服务的需求就会一直持续下去，而且随着经济社会的发展和文化的变革，还会不断提出新要求，产生新期待。

为满足城乡居民持续不断的基本公共服务需求，就必须提高政府基本公共服务能力。这是党的十七大报告明确提出的要求，是服务型政府建设的重中之重，也是服务型政府绩效评估中不可缺少的重要内容。

基本公共服务能力不是所有政府都具有的。在传统社会和传统体制下，政府存在和运行的目的是维护统治者的统治，而不是为城乡居民提供基本公共服务。显然，这样的政府是不可能具备基本公共服务能力的。在计划经济体制下，政府基本公共服务能力不强，也与当时政府的价值追求和政府体制密切相关。在市场经济和科学发展的新形势下，要提高政府基本公共服务能力，就必须改革行政体制和政府运行机制。按照建设服务型政府要求深化行政体制改革，其改革的主要内容也就成为评估政府基本公共服务能力的主要指标。

1．政府职能转变

政府职能是政府在特定的社会历史条件下所应发挥的作用。党的十八大再次明确了政府职能转变的方向，即创造良好发展环境、提供优质公共服务、维护社会公平正义。在此基础上，党的十八届三中全会进一步明确了市场经济条件下政府的主要职责，即（1）健全宏观调控体系，保持宏观经济稳定；（2）加强和优化公共服务；（3）加强市场监管，维护市场秩序，保障公平竞争；（4）加强社会管理；（5）保护环境，推动可持续发展。广义来说，这些职能都属于市场经济条件下政府所应提供的公共服务。只有将政府职能转向公共服务，才能提高政府基本公共服务能力。

从宏观角度判断政府职能是否实现了向公共服务的根本转变以及转变到什么程度，可以通过如下指标：（1）公共服务是否成为政府的主要职能或核心职能；（2）政府间公共服务职责权限是否明确，是否实现了法定化；（3）各级政府是否依法认真履行了公共服务职责，是否将主要时间、主要精力和主要财力用来提供基本公共服务；（4）政府履职不到位所应承担的责任是否得到及时追究。

2. 政府结构优化

政府结构是否优化，直接关系到政府效能。恰如系统论所揭示的那样，一个结构优化、运行有序的系统，其整体功能大于各个部分功能的代数和。

政府结构包括政府组织结构和人员结构。要提高政府基本公共服务能力，就必须按照建设服务型政府的要求优化政府的组织结构和人员结构。（1）根据完善社会主义市场经济体制的要求，进一步精简和整合政府经济管理部门，优化这些部门的结构，使之成为宏观调控和为经济发展创造良好环境的部门。（2）提高公共服务部门在政府机构设置中的比重和地位，使之真正成为政府的主要部门或核心部门。（3）按照精简、统一、效能的原则加强政府公共服务部门建设，在公共服务领域推行大部门体制。（4）在优化政府组织结构的同时，优化政府公务员结构，包括：合理确定公共服务部门公务员的总体规模，优化公共服务领域的人员结构，全面加强公务员队伍的思想建设、作风建设、能力建设，不断提高公务员基本公共服务的能力和水平。（5）在政府组织结构和人员结构优化的基础上，实现政府组织机构及人员编制的规范化和法制化。

3. 财政支出优化

为保障各级政府积极有效地履行公共服务职能，必须调整政府的财政支出结构，增加政府公共服务支出在政府财政支出中的比重。因为，无论是政府直接提供的公共服务，还是政府通过合同外包或购买等方式间接提供的服务，都需要加大政府公共服务支出。国际经验表明，随着一国发展水平的提升，公共服务支出在政府支出中的比重呈逐步上升趋势。特别是人均GDP在3000~10000美元阶段，随着居民消费逐步由耐用品消费向服务消费升级，公共服务在政府支出中的比重将显著提升。其中，教育、医疗和社会保障三项主要公共服务支出，国际平均升幅达到13个百分点。当人均GDP超过1万美元后，政府公共服务支出占比将逐步趋稳。①

近10年来，我国虽然不断加大公共服务投入，但财政用于公共服务的支出仍然过低。例如，在国际上，当一国人均GDP达到3000~6000美元时，仅医疗卫生、教育和社会保障三项基本公共服务支出之和占政府财政支出的比重就达54%；当人均GDP处于6000~10000美元时，上述三项基本公共服务支出之和占政府财政支出的比重为55.7%。② 2009年，我国人均GDP已经达到3700美元，而医疗卫生、教育和社会保障三项基本公共服务支出之和占政府财政支出的比重仅为28.73%，与人均GDP处于3000~6000美元发展阶段的国家相比，相差25.27个百分点。2012年，我国人均GDP已经超过6000美元，而三项基本公共服务支出占政府支出的比重仅为32.54%③，与人均GDP处于6000~10000美元国家相差23.16个百分点。政府基本公共服务投入严重不足，既抑制了居民消费，影响了内需的扩大，又严重制约了政府职能转变，降低了政府公共服务效能。要彻底改变这种情况，就必须改革财政体制，调整财政支出结构，加大对公共服务的投入力度。(1) 按照中央关于“更加注重公共服务”和“建立健全公平公正、惠及全民、水平适度、可持续发展的公共服务体系”的要求，增加政府用于改善民生和发展社会事

---

① 参见余斌、陈昌盛：《“十二五”期间优化收入分配格局的思路与途径》，国务院发展研究中心：《中国发展评论》第12卷第1期，第15页。

② 参见余斌、陈昌盛：《“十二五”期间优化收入分配格局的思路与途径》，国务院发展研究中心：《中国发展评论》第12卷第1期，第16页。

③ 财政部：《2012年财政收支情况》，http://gks.mof.gov.cn/zhengfuxinxi/tongjushuju/201301/t20130122-T29462.html.

业的支出比重，使我国基本公共服务水平与经济社会发展水平相适应，并达到世界同等发展程度国家的服务水平。(2) 按照推进基本公共服务均等化的要求，加大对农村和落后地区基本公共服务的投入，提高农村和落后地区基本公共服务水平，逐步缩小城乡之间、发达地区与不发达地区之间基本公共服务的差距。(3) 按照财力与事权相匹配的原则，科学配置各级政府的财力，增加一般性转移支付的规模和比例，加强县级政府提供基本公共服务的财力保障。

4. 运行机制合理

作为服务型政府，能否优质高效地提供公共服务，满足城乡居民合理的公共需求，还取决于政府运行机制是否健全、合理和顺畅。按照行政流程，服务型政府运行机制包括：(1) 参与机制。拓宽公民参与渠道，丰富公民参与形式，使公民有更多机会参与公共服务的决策、执行、评估和监督；(2) 沟通机制。通过及时沟通，全面、准确地了解城乡居民的公共需求；(3) 决策机制。通过民主、科学的决策，贯彻落实国家有关公共服务的方针和政策，明确公共服务的重点和所要解决的主要问题，科学合理地配置公共资源；(4) 执行机制。通过有效执行，降低公共服务成本，提高公共服务效能；(5) 协调机制。通过有效协调，明确责任，加强协作，形成合力，减少和克服推诿扯皮现象；(6) 市场机制。明确市场准入标准，允许民营机构、社会组织参与公共服务供给，通过竞争，提高公共服务的质量和效率；(7) 评估机制。构建科学合理的公共服务指标体系，完善评估主体，健全评估程序和评估方法，对政府履行公共服务职能作出客观全面、公正准确的评估，为进一步改进公共服务提供科学依据；(8) 奖惩机制。通过设立公共服务质量奖，树立标杆，奖励先进，同时，对履行公共服务职责不到位的政府或其职能部门的主要负责人进行行政问责，以防止和克服政府不作为或乱作为现象，确保各级政府认真履职，优质高效地提供公共服务。

（三）公共服务过程

政府基本公共服务能力提高了，也不能保证政府所提供的公共服务能够得到公众的完全认可和满意。因为，如果分配不公或者不够便利，那么，就可能引起公众的不满。为防止和克服类似情况，就必须用以下指标规范和评估政府的公共服务过程。

1. 公开性

按照公开为原则，不公开为例外的要求，将公共服务的标准、流程和结果等及时公之于众，满足公民的知情权，也为公民广泛参与公共服务提供信息和便利。

2. 民主性

拓宽公民参与渠道，规范公民参与程序，从决策、协调、执行、评估、奖惩等一系列环节，吸纳公民参与公共服务，确保基本公共服务的供给符合城乡居民的合理意愿和需求。

3. 规范性

所谓规范性，一是明确基本公共服务标准，二是规范基本公共服务程序，使政府在提供基本公共服务时，有章可循，有规可守，防止和克服政府机关或其公务员的随意性。

4. 公平性

公民的基本权利是平等的，每个公民都有权获得大体相同的基本公共服务。因此，必须从实现基本公共服务均等化的角度出发，不断缩小基本公共服务的差距，做到公平公正地提供基本公共服务。

5. 便利性

方便民众，是各国提供基本公共服务的通行原则。政府提供的基本公共服务必须从便民的角度出发，做到方便、快捷、可及。

五、改进服务型政府绩效评估结果运用机制

开展服务型政府绩效管理，目的是为了促进政府转变职能、提高基本公共服务效能。为此，必须改进服务型政府绩效评估结果的运用机制。

（一）我国政府绩效评估结果的运用

目前，我国政府绩效评估结果主要运用在以下几个方面。

1．用于内部通报

如深圳市每半年将政府绩效评估结果向市政府常务会报告，每年向市委常委会和市政府常务会报告，同时，评估结果通报市委委员和组织人事部门，使市领导和组织人事部门及时掌握情况。

2．将政府绩效评估结果与激励机制挂钩

将政府绩效评估结果与激励机制挂钩，是我国政府绩效评估结果运用中比较普遍的做法。激励形式包括：（1）表扬。如深圳市规定，评估结果等次为“优秀”的或连续排名靠前和排名较前一年明显进步的，给予通报表扬。（2）嘉奖。深圳市对评估结果等次为“优秀”的，给予嘉奖，并提高单位公务员年度考核“优秀”的比例。辽宁省规定，实行综合评分排名和评选重点工作优胜奖制度。（3）直接与奖金挂钩。一些地方根据政府绩效评估结果进行排名，评估等次为一、二、三等的，每等给予奖金若干。

3．将政府绩效评估结果作为领导干部考核和使用的依据

一些地方将政府绩效评估与政府领导班子考核结合起来，把政府绩效评估结果作为干部政绩考核的依据。如深圳市将政府绩效评估结果纳

入市管班子年度考核体系，作为干部考核和使用的重要参考。

4. 将政府绩效评估结果作为行政问责的依据

将政府绩效评估结果作为行政问责的依据，也是许多地方比较通行的做法。例如，《深圳市政府绩效评估与管理暂行办法》规定，对政府绩效评估结果为“一般”、“较差”等次的被评估单位，根据不同情况分别给予责令限期改正、通报批评、降低单位公务员年度考核优秀等次人数比例等处理，对被评估单位主要领导或分管领导进行诫勉谈话。对年度评估结果为“较差”等次的，可以根据实际情况对被评估单位主要领导和分管领导以及相关责任人启动行政问责程序。

（二）我国政府绩效评估结果运用机制存在的主要问题

将政府绩效评估结果与奖惩挂钩，符合古今中外管理的基本规律。但许多地方在具体运作上存在明显的偏差。

1. 重物质奖励、轻精神奖励

调研发现，政府绩效评估结果与奖励挂钩，实际主要是与物质奖励挂钩，精神奖励比较薄弱。重物质奖励、轻精神奖励，是我国政府激励机制中普遍存在的现象。毫无疑问，物质奖励是重要的激励手段。在人们生活水平不高或日用消费品相对短缺的情况下，正确运用物质奖励手段，能够为组织注入动力和激发活力，能够极大地调动组织成员的积极性。但在政府管理中，将政府绩效评估结果直接与物质奖励、特别是与奖金挂钩，容易诱导公务员追求个人利益最大化。这与我国政府管理中亟待树立公共精神和强化服务意识，是极不协调的。长此以往，潜移默化，势必腐蚀和消解公务员本应具有的恪尽职守、为国分忧、为民解难和公而忘私等精神品质。当前，一些公务员，特别是一些领导干部讲排场、比阔气，重物质享受、轻精神修养等现象已经相当严重。对此，不能不引起我们的高度警觉，不能不让我们反思以往的激励机制所存在的问题。

2. 将政府绩效评估结果作为选用干部的重要依据，潜藏着“彼得现象”风险

劳伦斯·彼得（Laurence J. Peter）是美国著名管理学家。他在对组织成员晋升现象进行研究后指出，在各种组织中，很多雇员都会因为业绩出色而被晋升，直至被普升到他无法称职的位置，他的晋升才告结束。彼得认为，这种现象在现实生活中无处不在。例如，一名称职的教授被晋升为大学校长后，却无法胜任；一名优秀的运动员，被提升为主管体育的官员后，而无所作为。对于一个组织而言，相当部分的人被推到不称职的位置，就会造成组织人浮于事，效率低下。彼得指出，不能由于某人在某个岗位上业绩突出，就推断此人一定能胜任更高职位的工作。将一名职工晋升到其能力所不及或不能很好发挥才能的岗位，不仅不是对此人的奖励，反而使其无法更好地发挥才能，也会给组织带来损失。①

将政府绩效评估结果作为选拔任用领导干部的重要依据，很容易导致彼得所指出的上述现象。其结果，必然损害政府的整体绩效。因为，绩效优秀者晋升到一个新的更高的职位，由于不熟悉情况和能力尚不具备新岗位的要求，在一定时间内，其工作绩效就不可避免地受到影响。

3. 奖重罚轻或问而不责现象比较普遍

许多地方将政府绩效评估结果作为行政问责的重要依据，是完全正确的。但现实中普遍存在着奖重罚轻或问而不责的现象。例如，有的地方规定：(1) 连续两年绩效评估结果为“一般”的，单位公务员年度考核“优秀”等次人数比例调低1%，对单位分管领导进行诫勉谈话；

① 《彼得现象》，http://www.hudong.com/wiki/。

(2) 连续三年以上绩效评估结果为“一般”的，单位公务员年度考核“优秀”等次人数比例调低 2%，对单位主要领导和分管领导进行诫勉谈话；(3) 年度绩效评估结果为“较差”的，进行通报批评，单位公务员年度考核“优秀”等次人数比例调低 3%，对主要领导进行诫勉谈话，领导班子成员取消评先评优资格，责令领导班子向市政府写出整改报告，限期予以整改；(4) 连续两年绩效评估结果为“较差”的，进行通报批评，单位公务员年度考核“优秀”等次人数比例调低 4%，对领导班子成员进行诫勉谈话，取消评先评优资格，责令领导班子向市政府写出整改报告，限期予以整改；(5) 连续三年以上绩效评估结果为“较差”的，进行通报批评，单位公务员年度考核“优秀”等次人数比例调低 5%，对领导班子成员进行诫勉谈话，取消评先评优资格，责令领导班子向市政府写出整改报告，限期予以整改，建议组织部门对单位主要领导和分管领导进行调整或免职。与激励机制相比，对绩效结果“较差”者的处罚明显过轻。甚至对连续两年绩效结果“较差”的，也只是通报批评、对领导班子成员进行诫勉谈话和责令限期整改等。百姓将这种“问责”形容为“板子高高举起，实际轻轻落下”或举而不落，使被处罚者不痛不痒。在许多地方，顾虑关系、怕得罪人、好人主义、朋友情谊、兄弟感情、相互关照等弥漫官场。这种奖重罚轻或问而不责的结果，势必导致制度空悬，政纪松弛，精神懈怠，不是追求卓越，而是导致平庸。对此，亟待纠正。

(三) 改进政府绩效评估结果运用机制的基本对策

为科学合理和积极有效地发挥政府绩效评估结果在服务型政府建设中的作用，必须改进政府绩效评估结果的运用机制。

1. 设立公共服务质量奖，充分发挥精神激励作用

激励是激发组织活力和提高政府绩效水平的重要手段。任何组织、

定切实可行的服务型政府绩效年度计划，确定每一年的服务型政府绩效年度目标和各项基本公共服务年度子目标，明确各项目标的责任主体，做到责任落实到部门、落实到岗位、落实到人。同时，还要明确实现服务型政府绩效目标的各项保障措施以及没能按时实现目标的主体责任。绩效目标、责任主体、保障措施和主体责任，是服务型政府绩效计划的核心要素。这些要素明确了，服务型政府绩效年度计划才有可能落到实处。

3. 编制服务型政府绩效预算

服务型政府绩效预算是确保实现服务型政府绩效目标的重要手段。依据各级政府及政府职能部门履行基本公共服务的职责任务和绩效目标，科学合理地编制服务型政府绩效预算，为政府履行基本公共服务职责、实现服务型政府的绩效目标提供财力保障。

（二）实施服务型政府绩效评估

制定服务型政府绩效规划和年度计划，目的是推动各级政府及其职能部门优质高效地履行公共服务职能，提供良好的基本公共服务。为及时准确地了解服务型政府绩效规划和年度计划的执行情况，就需要开展服务型政府绩效评估。

1. 明确服务型政府绩效评估主体

政府绩效评估主体是多元化的。以往的政府绩效评估，主要是自我评估或上级对下级的评估，对第三方评估和服务对象的意见重视不够。开展服务型政府绩效评估，必须高度重视第三方评估和服务对象的意见。因为，只有这样，才能使评估更客观、更公正。

2. 开展服务型政府绩效评估

服务型政府绩效评估是运用服务型政府绩效指标体系和科学、合理、有效的方法，通过收集政府履行公共服务职责的相关信息，对政府及其职能部门履行公共服务职责情况进行公开、公平、公正的评价，并对其存在的问题进行分析诊断，找出原因，为改进政府公共服务、提升政府公共服务能力和水平提供客观依据。

在服务型政府绩效评估中，应同时开展政府公共服务绩效审计，即对政府履行公共服务职责的专项资金进行合规性和有效性审查，严防一些政府部门挪用公共服务资金，促使政府及其职能部门降低公共服务成本，提高公共服务效能。

3．接受服务型政府绩效申诉

服务型政府绩效评估是一项繁杂而又充满风险和挑战的工作。由于指标体系设计不够科学、评估方法运用不当、信息不对称以及人为因素的干扰等，有可能导致某些方面或某些项目的评估不够准确、不够客观、不够全面。为将这种情况降到最低限度，除了不断完善评估指标体系和程序方法、尽量全面采集相关信息和避免各种人为干扰之外，一个重要的方法，就是允许和接受评估对象的申诉。政府绩效管理机构接到申诉后，应按照规定程序，组织相关人员和专家进行复评或审核。如发现确有不准确、不客观、不公正现象，应及时纠正；如经过复评或审核后，认为原评估结果不存在问题，亦应将复评或审核结果告知申诉方。

4．公布服务型政府绩效评估结果

政府公共服务绩效评估结束后，应将评估结果通过政府网站和新闻媒体等向社会公布，以便满足服务对象的知情权和加强公众对政府履行公共服务职能的监督。

（三）促进政府提升公共服务绩效

开展服务型政府绩效管理，目的是促使政府及其职能部门改进管理，提升政府基本公共服务能力和水平。为此，仅仅开展公共服务绩效评估还不够，还必须依据评估结果，采取以下对策。

1. 实施服务型政府绩效奖惩

古今中外，管理的基本手段是“胡萝卜加大棒”。依据政府公共服务绩效评估结果，对服务质量和公众满足度高的政府或其职能部门给予必要的奖励，是促进政府及其职能部门提高公共服务能力和水平的重要激励手段。享有基本公共服务是公民的权利，提供基本公共服务是政府的职责。既然如此，对政府应尽职尽责的服务给予奖励，虽然必要，但主要是精神奖励。为此，应借鉴欧盟和深圳市龙岗区设立公共服务质量奖的经验和做法，在我国国家层面和省市设立公共服务质量奖。对于履行公共服务职责不到位的政府或其职能部门，实行行政问责。用奖惩的办法，激励先进，约束后进，促进各级政府及其职能部门优质高效地提供公共服务。

2. 制定政府公共服务绩效改进计划

依据政府公共服务绩效评估结果，制定政府公共服务绩效改进计划，是实施服务型政府绩效管理、提升政府公共服务能力和水平的重要环节。各级政府及其职能部门必须认真分析政府公共服务绩效评估结果，找出差距和原因，有针对性地制定政府公共服务绩效改进计划，并将计划向社会公布，自觉接受社会公众的监督。通过社会公众的监督，变压力为动力，促使政府及其职能部门不断改进和完善公共服务。

3. 敦促政府改进公共服务绩效

敦促政府改进公共服务绩效，是服务型政府绩效管理不可或缺的环节，也是政府绩效管理机构的职责。各级政府绩效管理机构必须认真履行这一职责，通过收集相关信息、检查监督指导、沟通协调约谈等方式，敦促各级政府及其职能部门认真落实政府公共服务绩效改进计划，防止计划落空或出现形式主义现象。

制定政府公共服务绩效规划、开展政府公共服务绩效评估、促进政府提升公共服务绩效，是服务型政府绩效管理的几个重要环节。这些环节前后紧密相连，构成了比较完整的服务型政府绩效管理流程。严格遵循这一流程，才能将政府公共服务绩效纳入更加科学的管理系统，并不断提高政府公共服务绩效水平。

第六章

改进和完善公共服务监督机制

党的十八届三中全会提出，切实转变政府职能，深化行政体制改革，创新行政管理方式，增强政府公信力和执行力，建设法治政府和服务型政府。构建科学、严谨的公共服务监督机制，是优化公共服务体系、确保政府有效履行公共服务职能的重要保障。因此，如何规范公共服务的质量标准，优化公共服务的绩效评估，强化公共服务的监督机制，不断提升公共服务能级与水平，既是重要的理论问题，也是紧迫的现实课题。

一、公共服务监督机制的内涵、结构和基本功能

公共服务监督是指各种监督主体对公共服务供给主体履行公共服务职能的过程和结果进行合理性、规范性、有效性的监督，并对有关主体的失职、失范行为进行责任追究。公共服务监督机制，是指由监督的主体、对象、内容、程序、方式、手段等要素构成的有机统一体，以及各要素之间的相互依存、相互制约和相互作用的关系。

公共服务监督主要针对三方面进行：公共服务的职能、公共服务的供给过程（规范性）和公共服务的供给效果（合理性、有效性）。职能

是权力属性，与法定责任相关，即对政府公共服务职能的履行情况、效能的监督；过程是组织属性，与动态管理相关，是对公共服务生产过程和供给过程，以及过程中的有关行为的监督；效果是结果属性，与社会效益和个人福利有关，是对服务的实际成效、成本效益的监督。这三个维度，是对公共服务主体供给公共服务的全方位的评估和监督。从根本上说，也是对政府所承担相应公共责任的监督和制约。因此，公共服务监督与广义的行政监督、效能监督和部门绩效评估具有一定的相关性。(见图6－1)

公共服务监督机制是公共服务体系建设的一个不可或缺的重要内容。有公共服务，就应该有公共服务监督。随着社会主义市场经济体制改革的不断推进，政府提供的公共服务越来越多，公共服务领域也逐渐开放，多种公共服务的供给主体开始并存，社会对公共服务质量和水平的要求也越来越高，客观上也对公共服务的监督机制提出了更高的要求。

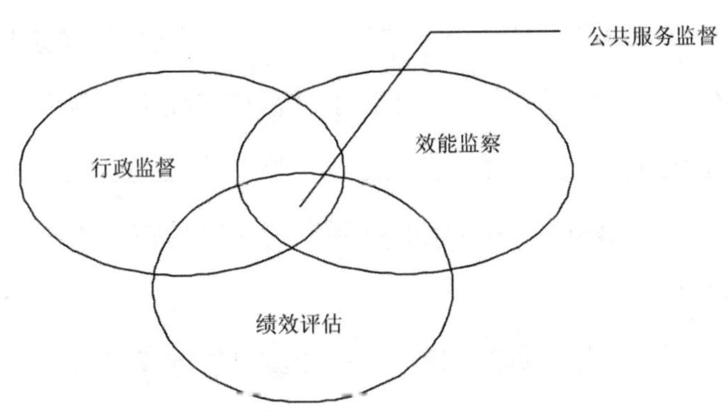

图6－1 公共服务监督与行政监督、效能督察、绩效评估的关系

完善公共服务监督机制有利于督促现代政府更好地履行公共服务职能。“主权在民”的合法性定义使得公共部门必须回应社会的诉求，承担公共服务责任，履行相应职能。当然，在不同时代、环境下，公共服务的种类、数量和水平必然是有差异的，不可能千篇一律，也不可能一成不变。但从总体上说，提供适应社会发展水平、满足社会需要的公共服务，是所有公共部门的基本责任。正是对这种责任的关注与追究，直接产生了公共服务监督。这种监督也有利于现代政府更好地履行公共服务职能，承担公共服务责任。

另一方面，完善公共服务监督机制还是不断提升公共服务水平的重要保障。从微观层面看，社会的公共服务需求是具体的、详细的，如人们对基本医疗、教育、住房、社会保障和就业扶持等的诉求和需要。公共服务的供给在多大程度上能够满足社会需要，获得公众认同，产生积极的社会效果，同样是公共服务体系关注的重要问题，也是公共服务生产和供给的一个基本环节。缺少这个环节，则缺乏对公共产品的价值评估。因为，与私人产品一样，公共产品同样是有生产成本的，同样应该满足实际对象的需要。所不同的是，私人产品的交换是一个私人选择过程，而公共产品的交换是一个公共选择过程。在这个公共选择过程中，同样需要对产品的价值进行尽可能科学、客观和准确的确认。这就必然涉及对公共产品生产、供给和结果这一流程的评估和监督。

一般来说，成熟的、制度化的体制机制需要具备四个基本组成部分（见图6－2）。

第一，监督主体。即哪些社会成员和组织能够承担监督责任，行使监督权力，对公共服务的决策、过程和绩效进行监督。要提升监督的有效性，必须提升监督主体的监督能力。在目前中国的现实情境下，监督主体的能力提升涉及两个重要变量：异质主体的多元化和服务信息的共享程度。

一般来说，有效监督往往发生在利益无涉或利益相关的主体之间。换句话说，如果监督方和被监督方的利益基本上一致，则监督方的监督

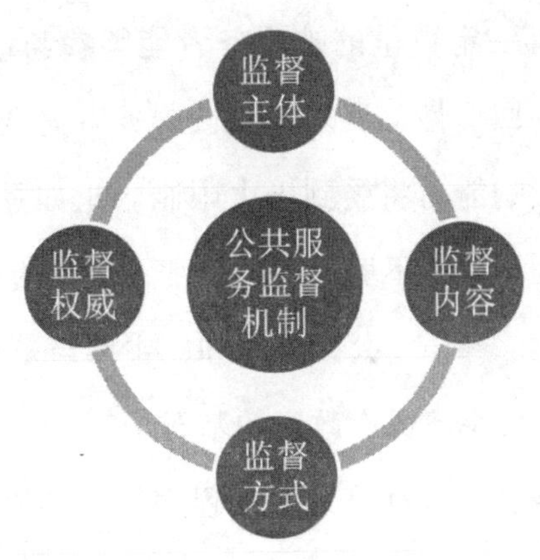

图 6－2　公共服务监督机制的基本组成部分

意愿就会受到很大制约，影响监督的效果。如政府监督自己，NGO 组织监督 NGO 组织，其效果通常会比较有限。因此，建立健全公共服务监督机制的一个重要方面就是增强监督主体的异质性和多元化，保证主体之间的互相监督和制约。

同时，信息的共享程度与监督的有效性也是密切相关的。如果与公共服务相关的各种信息能够被充分共享和无障碍流动，监督主体能方便地获取这些信息，则全面、客观、合理的监督才能形成。如果公共服务体系自身是一个“黑箱”，则异质主体进行监督的能力势必要受到较大抑制。

第二，监督内容。即监督主体针对监督对象的哪些方面进行监督，从哪些方面监督公共服务的运行。按照以上提出的公共服务监督逻辑框架，监督的主要内容包括三个方面：决策、过程和绩效。

对决策的监督，主要是审视决策对服务需求的回应性，以利于决策者及时将公共服务问题纳入决策议程，最终形成方案，开展公共服务。在新公共服务理论中，对决策监督的一个重要变量是提高被服务者对决策的参与程度。只有一定数量的被服务者能够参与或者影响决策过程，才能真正提升决策的回应性；反之，当被服务者完全被排斥在决策之外时，则监督力度和影响能力将受到极大限制。正如登哈特所言，将公民都视为极端自私自利、冷漠不堪的人是非常不恰当的假设。对公共服务，公民理应参与，也能够参与。公共参与和民主参与是新公共服务的核心，也是建设现代民治、民享、民有政府的基石。①

对过程的监督，主要是对公共服务程序、公共服务标准、工作效能的监督，以利于提高服务质量，改进服务工作，提高特定社会群体以及全社会的净福利。过程监督的重要影响变量是信息技术化手段的运用。借助现代信息化技术，往往能将公共服务生产的具体过程进行实时、全面和准确地展示，使得服务进程和情况一目了然，这对于提高监督水平和能力，起到至关重要的作用。

对绩效的监督，主要是对公共服务的具体效果、效益和效率进行的监督，主要手段和方式就是公共服务的绩效评价，即运用多种手段和方法，在特定的指标体系和框架的基础上，对公共服务的成本、收益、效果、满意度等进行测量和评估的过程，并诊断公共服务供给存在的问题，以利于不断改进服务方式，提高服务效能，优化服务结果。因此，绩效评估的能力和作用是绩效监督的重要变量。

第三，监督方式。即监督主体以什么方式和途径对客体进行考察和监督。一般来说，不同的主体，其监督方式是不同的。如，人大对政府工作的监督方式主要是考察、质询和听取汇报；政协对政府工作的监督方式主要是考察和提案；社会公众对政府工作的监督方式主要是新闻媒体、社会舆论、检举揭发、法律诉讼、参与评估等。政府对社会组织的

① ［美］珍妮特·登哈特、罗伯特·登哈特：《新公共服务：服务而不是掌舵》，中国人民大学出版社 2010 年版，第 21—22 页。

公益服务的监督方式主要是行政指导、评估检查等。监督方式的有效性取决于监督者是否能主动、自由地表达对特定公共服务的意见、建议，并影响到公共服务的实际供给。概括起来说，主要的监督方式包括：内部控制和外部评估。

第四，监督权威。监督主体的监督行为能够真正产生效果，还有一个重要前提，就是监督主体和行为的权威性。只有当监督行为具有足够的权威，所产生的监督结果（责令改正、纠正、调整、追究法律责任等）能够被真正执行时，监督行为才是有效的，监督体制才能正常运转。反映监督权威的重要变量是量化显示和结果控制。量化显示能够将监督对象的实际工作情况和效果进行定量分析，其量化结果具有明确、客观等权威性。结果控制是将监督结果付诸实现的保证，问责机制的完备性和有效性是监督权威性的重要体现。

这四个方面是公共服务监督机制的主要组成部分，其中每个方面又都涉及一些具体的操作方式和变量。为避免泛泛而谈，结合近年来服务型政府建设的实际，本文具体选择了公共舆论监督、政府信息公开、预算参与控制、服务效能督察、服务绩效评估、市民评议政府和行政问责建设七个方面，作为公共服务监督机制建设中的最核心构件，它们也是考察和完善公共服务监督机制的主要维度。其关系见表6－1。

表6－1 核心构件与主要变量之间的关系

	监督主体	监督内容	监督方式	监督权威
公共舆论监督	异质化、多元化	决策、过程、绩效	外部监督	——
政府信息公开	信息共享	提高透明度	公共参与	——
预算参与控制	异质化、多元化	决策	内部控制，公共参与	——
服务效能督察	——	过程	内部控制	量化显示
服务绩效评估	异质化、多元化	绩效	内部控制、外部监督	量化显示

市民评议政府	异质化、多元化	决策、过程、绩效	外部监督	量化显示
行政问责建设	——		内部控制、外部监督	结果控制

二、我国完善公共服务监督机制的探索和主要经验

改进和完善公共服务监督机制是构建完整的公共服务体系的必然要求。回顾我国公共服务监督机制建设的历程，总结公共服务监督机制建设的经验，有助于更新公共服务监督理念、丰富公共服务监督手段、优化公共服务监督环境，不断完善具有中国特色的公共服务监督机制。

（一）监督主体多元化，公共舆论监督逐步增强

就正式制度来说，我国现行公共服务监督形式和途径主要有人大监督、内部控制、政协民主监督、司法监督、社会监督等。政府是公共服务的供给主体，人大监督主要是针对政府履行公共服务职能的监督。我国宪法规定人民代表大会对同级“一府两院”拥有监督权。这种国家权力监督具有最高权威性，其本质是人民的监督。人大对政府工作监督的范围和内容包括：法律的实施，经人大批准的国民经济和社会发展计划及财政预算的执行情况，人大及其常委会交办的议案办理情况，人大及其常委会选举或任命的国家工作人员违反宪法、法律、法规的行为等。监督的形式包括听取报告、评议工作、提出质询、受理公民的控告检举、组织特定问题的调查等。近年来，各级政府提交的政府工作报告中都加强和扩大了民生工程和公共服务的内容，凸显出人大对公共服务的关注程度提高，以及有关的监督也在扩大。

除了这些制度化监督外，近年来，公共舆论对政府履行公共服务职

责的监督越来越凸显，力度越来越强，丰富了监督主体的异质化和多元化。

例如，湖北省武汉市的“电视问政”，是以新闻舆论为媒介，促进公共服务监督的有效尝试。2009 年 5 月，在广播节目《行风连线》开播 4 周年之际，武汉广播电视台推出了“区长百姓面对面”系列访谈节目。这个节目以电视访谈的形式，邀请武汉市七个中心城区的政府一把手，和老百姓面对面地沟通交流，答疑释惑，解决问题，引起较大反响。2010 年 5 月 11 日，武汉电视台《百姓连线》栏目又推出《行风连线》五周年特别节目：“履行承诺、关注民生”。2012 年 4 月，经市民网上投票，确定市民百姓最关心、最希望“面对面”、“现场对话”的五个部门，然后由这五个部门的负责人接受市民质询。这期节目被舆论称为“最较真”的一次“电视问政”。在这些“问政”对话交流中，绝大部分话题和焦点都是与老百姓生活直接相关的公共服务问题，如子女就学、社会保障、就业扶持政策、保障房政策等。除了咨询信息、政策以外，就一些长期不能解决的问题，进行了面对面的交流，的确是一种生动的“公共服务监督”。可以说，“电视问政”既能一定程度上反应市民诉求，运用舆论力量，帮助市民了解政府事务、社会事务和一切涉及公共利益的事务；又让全社会看到了政府部门直面问题的勇气、履行承诺的决心以及为民办事的诚意，是公共服务监督的新方式和新途径。

随着网络的普及和发展，特别是博客、微博等新媒体形式的广泛运用，信息化手段和平台在公共服务监督中的作用也越来越明显。以政务微博为例。政务微博，是指政府部门或官员推出的官方微博账户，力行“织博为民”。据统计，截至 2012 年 10 月底，新浪认证政务微博总数 60064 个，比 2011 年同期增长 231%，政务微博发布微博总数约 3200 万条。2012 年全年共有交通微博发布厅、卫生系统发布厅、公安微博发布厅、检察机关微博发布厅、法院系统微博发布厅等133个政务微博发布厅上线。[①]政务微博在社会管理创新、政府信息公开、新闻舆论引导、倾听民众呼声、树立政府形象、群众政治参与等方面起到了积极的作用。这个平台的建设，从表面看是政府主动发布相关信息，以树立正面形象、引导社会舆情。但细细推敲起来，要能在网络舆论的“现实空间”中站稳脚跟，并获得认同，必须急市民之所急，想百姓之所想。政务微博的主动发布，以及与网络参与群体的互动，实际上也是一种公共服务监督，督促政府更主动地发布信息，更及时地解决现实难题。比如，2012年“7·21”特大暴雨自然灾害中，北京市政府机关通过政务微博联动发布官方信息，收集了解灾情，为救援行动和灾情管理评估提供一线实况；在2013年春运期间，铁道部通过政务微博及时更新余票信息，发起实物招领等活动；各地各部门政务微博就交通出行、医疗卫生、消费维权等民生热点问题设置“服务咨询日历”，由“当日值班微博”提供实时咨询解答等。

（二）信息公开常态化，行政透明度不断提高

行政信息共享化、行政程序透明化是开展公共服务监督的必要条件和前提基础。可以说，没有信息公开，就没有公共服务监督。通过改变政府与社会公众互动的情境与规则，信息公开为社会公众监督政府的公共服务提供了一种途径、一种权力。信息公开实质上是监督公共服务的一个制度平台，信息公开是公共服务监督机制的重要组成部分。

近十年来，中国政府信息公开建设驶入“快车道”。2002年11月6日，广州市政府颁布《政府信息公开规定》，并于2003年1月1日施行，

① 参见新浪网：《2012年新浪政务微博报告》，http://news.sina.com.cn/z/2012sinazwwbbg/。

这是我国地方政府制定的第一部比较系统的用以规范政府信息公开的政府规章。此后，各地相继开展和实施了政府信息公开工作。2004 年以来上海市就以“公开为原则，不公开为例外”，围绕着《上海市政府信息公开规定》，初步确立了政府信息公开制度。2007 年 4 月 5 日，国务院颁布《中华人民共和国政府信息公开条例》（2008 年 5 月 1 日起正式施行），正式规定了信息公开的管理体制、公开范围、公开方式与程序、监督与保障等内容，为各地方政府、各部门实地开展信息公开工作提出了宏观性的要求。

信息公开建设的现状可以从制度建设、信息类别、公开重点等三个方面予以分析。首先，在信息公开制度建设方面，现有三部中央层面的法规性文件，分别是《中华人民共和国政府信息公开条例》、《国务院办公厅关于做好施行〈中华人民共和国政府信息公开条例〉准备工作的通知》和《国务院办公厅关于施行〈中华人民共和国政府信息公开条例〉若干问题的意见》；其次，在公开信息类别上，以 2012 年为例，国务院办公厅政府信息公开目录采用主题分类的方法，将公开的政府信息划分为 22 个类别，即：国务院组织机构；综合政务；国民经济管理、国有资产监管；财政、金融、审计；国土资源、能源；农业、林业、水利；工业、交通；商贸、海关、旅游；市场监管、安全生产监管；城乡建设、环境保护；科技、教育；文化、广电、新闻出版；卫生、体育；人口与计划生育、妇女儿童工作；劳动、人事、监察；公安、安全、司法；民政、扶贫、救灾；民族、宗教；对外事务；港澳台侨工作；国防；其他。可见这 22 个类别的政府信息基本上覆盖了政府公共服务的各个领域。最后，在信息公开重点上，按照国务院的要求，当前信息公开主要关注如下几个重点领域：财政预算决算、“三公”经费和行政经费、保障性住房、食品安全、环境保护、招投标、生产安全事故、征地拆迁、价格和收费等。这些领域也正是政府公共服务的重点领域，直接关系着民众的生活与生产。可以预见，随着公共服务信息公开的种类、层次和深度不断延伸，公共服务监督的力度将同步推进。

（三）预算监督初始化，服务决策参与在摸索中前进

政府的核心使命是供给公共服务，而公共预算的根本目标则是保障公共服务。就此而言，公共预算与公共服务在根本上是一致的。从公共预算与公共服务的应然逻辑关系来看，公共预算是政府供给公共服务的根本保障，它的总量水平与结构配置规定着现实中政府公共服务的方向和重点，而政府公共服务的水平则根本依赖并反映着公共预算的质量，没有预算保障的公共服务是难以想象的。因此，对公共预算的监督和约束至关重要，它直接影响着政府供给公共服务的意识与能力以及公民能够享受到的公共服务的水平与质量，所谓“管好政府的钱”等于“管好政府的手脚”。监督公共预算是监督公共服务的重要路径之一，是公共服务监督机制的重要组成部分，其根本目的在于推动政府公共服务水平的提高。

引导公民参与预算程序，从根本上说就是对公共服务决策的一种监督。浙江省温岭市开展和实施的参与式公共预算，是当前我国公共预算监督、控制和参与的一个典型案例。在“温岭模式”中，公民以民主恳谈为主要形式参与年度预算方案讨论，人大代表审议政府财政预算并决定预算的修正和调整，进而实现实质性参与的预算审查监督。整个过程内在地包含着公民权利、人大监督权、民主恳谈等主要内容与运行机制。

温岭市在新河、泽国两镇率先“试水”公共预算改革，积极运用民主恳谈为基层人代会审查预算服务，不断强化对预算的审查和监督，形成了对预算进行实质性审查监督的“参与式预算”，在国内首开先河。

其实验的主要做法包括：(1) 讨论提出建设项目资金预算草案。政府首先选出一批属于本级行政范围且事关民生问题的城建项目，组织专家组对项目可行性进行研究，提出各项目的资金预算，编印预算项目民意调查问卷。(2) 就项目进行民主恳谈。采用乒乓球摇号方式，按2‰比例从全镇18岁以上公民中随机产生民意代表，参与预算民主恳谈，填写民意调查问卷，对优先投入的项目进行排序。经数轮分组讨论和协商后，民意代表再次填写排序的调查问卷。(3) 人代会审查批准。镇政府召开办公会议，讨论民意代表的建议和第二次调查问卷的预选结果，根据财力情况按顺序形成优先方案，提交镇人代会审查和票决。

近年来，温岭市人大常委会按照“由下而上”、“由点到面”、“由表及里”的步骤持续推进参与式公共预算的深入发展。温岭市人大又出台了《关于开展预算初审民主恳谈，加强镇级预算审查监督的指导意见》，将镇级预算民主恳谈正式导入规范化、法制化轨道。目前，参与式公共预算的范围已扩大到温岭市所有的11个镇和5个街道，并由镇一级提升到市一级，相继开展了政府各部门的预算民主恳谈、人代会代表团“一对一”审议部门预算、预算公开等探索，进一步将参与式预算引向深入。①

从权力与规则的视角看，通过激活人大的监督职能、调动公民的监督力量等，参与式公共预算在一定程度上削弱了政府及其部门的权力，增强了人代会、人大代表和公民等行动者的权力，进而保障并增加了后者在与前者进行交流互动的过程中重塑规则的谈判与协商能力。温岭市近些年的实践表明，参与式公共预算能够在以下几个方面取得积极的成效：(1) 增强了公共预算的刚性约束，有效地遏制了政府随意花钱的不

① 参见温岭市人大常委会办公室：《温岭参与式预算的基本做法及成效》，http://www.wlrd.gov.cn/article/view/5364.htm。

良现象，节约了有限的财政资金；（2）通过科学的参与机制设计，发挥集思广益的作用，参与式公共预算能够促进政府预算科学化水平的提升，让财政资金的使用更加有效；（3）通过提供公民、政府、人大代表等多个行动者之间制度化、常态化的交流互动平台，有助于推动相互间的理解和良性互动，提升不同行动者之间良性的信任与合作；（4）激活了人大监督和制约的权力，彰显了公民地位的重要性，对于推进我国社会主义民主政治建设意义重大；（5）通过预算监督，倒逼政府转变工作理念、转变政府职能，由“管理”到“服务”，进而提升其主动供给公共服务的意识与能力。当然，归结到最根本的一点，参与式公共预算的成效在于其能够在一定程度上推进公共服务水平的提升。

（四）效能督察制度化，服务流程控制日趋严格

行政效能是指政府有效行使行政职能、提供优质公共服务的实际成绩和效果。在公共服务监督中，效能督察是一种内部控制，以“目标责任制”、“岗位责任制”或者“标杆管理”等形式，对行政部门的服务流程和工作行为进行全面跟踪，对服务结果和完成情况进行量化显示，以此监督各组织、部门按照既定要求、标准、时限来提供公共服务。新世纪以来，地方政府的效能督察又往往利用电子信息平台，对行政效能进行动态、实时展示和监督，因此其信息化、直观化程度不断提高。

各地行政服务中心的效能督察就是一个典型事例。政府行政服务中心是行政审批制度改革中涌现出来的实践创新，基本做法是将保留下来的审批项目集中到一个服务大厅内一起办理，一律采取窗口服务。例如，上海市浦东新区的市民中心是全国较早兴建的行政服务中心，其公共服务职能表现在：一方面是将原有政府部门对外公共服务职能划转到市民中心，原本涉及公安、社保、民政、药监、环保等57个部门，分散在浦

东区47个不同地方的379件市民和企业的办事项目统统纳入，并集中到84个前台窗口；另一方面是服务性功能单位整体进入，如法律援助中心、结婚登记所、城市网格化管理指挥和监督中心、政府采购中心、建设工程交易中心、行政效能投诉中心以及市民热线等完全服务性的功能单位和部门整体进入市民中心，原新区招商中心的有关委办局职能部门也进入市民中心。这种集中式审批对于规范行政审批权力运行发挥了很好的作用，一方面提高了审批效率；另一方面减少了相对人的等待成本，也有利于对审批权力进行监督。

一般来说，这种公共服务监督机制具有以下基本内容：

首先，建立审批服务的程序标准和质量标准，以及审批行为规范。规范每一个事项的审批程序，通过计算机技术将审批流程相对固定化，从技术层面上进一步规范和简化了审批方式和审批程序，对所有办事过程都进行全程监控和测量，并公布审批依据、审批机构、各审批层级的权限、审批条件、审批程序、审批时限、收费标准和审批责任，使申请人一目了然。在此基础上，可以构建行政审批质量管理体系，编制了质量手册、程序文件和行政审批事项（含子项）的操作规范文件。

其次，普遍实行“服务承诺制”。所谓“承诺制”是指行政服务中心就其服务内容、办事程序、申报材料、办理时限、收费标准等内容向申请人公开，并承诺严格按照公开内容办理相关审批或服务项目的一种制度。从“承诺制”的内容中可以看出，“承诺制”至少应该包括“公开”制度，即只有将办理项目所需的程序、材料、时限和收费等内容公之于世，行政服务中心的这种承诺才有可能被公民和组织所认识。如安徽省芜湖市行政服务中心的运行遵循“五个公开、五项制度”，其中“五公开”是指服务内容、办事程序、申报资料、承诺时限和收费标准

评办）向社会公开发布了《2012 年度杭州市市直单位综合考评社会评价意见报告》，就上一年度社会评价意见整改情况向广大市民作了反馈，对当年度社会评价意见主要内容和特点进行了梳理分析，并提出整改的对策建议，以更好地贯彻落实市委提出的“以民主促民生”、落实“四问四权”的要求，加快民主政治建设，提升杭州政治生活品质。根据报告显示，2011 年度杭州市直单位综合考评社会评价，共收集到社会各界提出的意见建议 10702 条。意见主要集中在城市交通、食品安全、物价稳定以及教育、医疗、就业、社会保障等民生方面；此外，要求加强生态保护、优化政务环境等方面的意见也相对集中。市考评办在全面分析社会评价意见的基础上，梳理出 20 项社会各界关注度高、意见集中、与广大市民日常生活密切相关，多次反映而未得到较好解决的一些具体问题，作为年度跟踪督办社会评价意见整改目标，下达到相关牵头责任单位，并在《杭州日报》和“杭州考评网”上向社会作了公示。2013 年还首次委托第三方，从整改措施的制定情况、执行情况、实施效果及总体评价 4 个维度，对各项跟踪督办整改目标的完成情况，进行服务对象的绩效测评。同时，继续把社会评价意见整改工作纳入市直单位专项目标考核，在年度目标考核中，把社会评价意见的办理率、解决率和整改的满意率作为各责任单位专项目标考核的重要检验指标。①

又如，柳州市行政服务中心为了提高社会监督力度，加强公民监督力度，开展市民评议活动，为公众提供了“发言”的平台，架起了政府和公众之间沟通的桥梁，充分发挥公众的监督作用。“过去政府部门的业绩主要由领导评定，现在政府部门办事的实绩完全由纳税人说了算”，成为柳州市行政服务中心的口号。一般来说，评议代表由 9 个层面的人员

---

① 杭州市综合考评委员会办公室：《2012 年度杭州市市直单位综合考评社会评价意见报告》，《杭州日报》2013 年 4 月 17 日。

构成，包括市、县区两级人大代表和政协委员；工商联代表、学生家长、社区居民、企业代表、城区各行业代表、县各行业代表、到办证大厅及其分厅办事的服务对象以及其他人员等。

（七）行政问责科学化，监督权威进一步加强

行政问责制是现代政府强化和明确责任，改善政府管理，提高行政效能，建设责任政府的本质要求，也是提升公共服务监督权威性的重要保证。2003 年“非典”（SARS）事件中，中央政府开始确立行政责任追究制度。2004 年中央颁布了《党政领导干部辞职暂行规定》，（中办发［2004］13 号）对“因公辞职”、“自愿辞职”、“责令辞职”做了严格规范。2009 年 8 月，中共中央办公厅、国务院办公厅又印发了《关于实行党政领导干部问责的暂行规定》，具体确定了党政领导干部行政问责的七种情形和五种方式，以及细致的问责程序。

地方行政问责制度也在不断发展。2003 年 8 月国内首个政府行政问责办法——《长沙市人民政府行政问责制暂行办法》出台。2010 年 8 月 16 日，长沙市在此基础上出台新的《长沙市行政问责办法》。与“老版”相比，“新版”问责制度最大的亮点在于问责对象的扩大：不仅仅是领导，行政机关和全体公务员都被纳入到“问责对象”范围，并且对责任进行划分。近年来，长沙市的行政效能监督和行政问责的力度在不断增强。据统计，2013 年 1 月 1 日到 11 月 19 日，长沙市问责案件 216 件，问责单位 45 家，问责人数达到 268 人。其中以通报批评的方式问责的人数最多，为 126 人。在长沙市 2012 年、2013 年两年通报的 14 起典型案例中，有 9 起源于市民投诉，1 起为媒体曝光，1 起为举报，1 起为市审计局审计账务时发现的问题。此外，深圳、河北、广西和甘肃等都出台了行政问责相关规定，并在一些地方掀起了责任风暴，使我国行政

问责制的实践大大地向前推进了一步。①

（八）我国公共服务监督机制建设的基本经验

近10年来，我国公共服务监督机制建设取得重要进展，一个具有中国特色的公共服务监督体系正在逐步形成。其基本经验概括起来，主要有以下几方面：

1. 内部监督与外部监督相结合

内部监督是指公共服务供给者自身的监督，如上级对下级的监督控制，以及专业监督部门（监察部门、行政服务中心、应急联动中心等）对实际工作部门的监督控制。外部监督则是指公共服务供给主体之外的（无行政隶属关系）主体进行的监督，包括权力机关、政协机关、司法机关、社会层面展开的监督。在过去的十多年间，随着服务型政府建设的推进，这两种监督形式都在拓展。从内部监督来说，“效能督察”、“绩效评估”、“问责风暴”、“治庸风暴”等都是近年来上级控制下级公共服务的重要实践形式，并在推动行政改革、提高服务绩效、增强回应性方面起到了积极作用。另一方面，公民和社会舆论对政府公共服务的监督也融冰破土，方兴未艾，从“媒体曝光”、“网络问政”到“市民评议政府”、“服务监督调查”等，社会力量在公共服务监督中的作用日趋显现，并形成一股不可忽视的监督力量，“虎视着”公共服务供给者及其工作。

2. 过程监督与结果监督相结合

把过程监督和绩效监督结合起来，同步推进，是中国特色公共服务监督的亮点。公共服务决策的参与、服务的“标杆化管理”、服务效能

① 唐铁汉：《我国开展行政问责制的理论与实践》，《中国行政管理》2007年第1期。

督察、信息公开等，都是对公共服务供给过程的监督，体现了依法服务、标准服务和满意服务的价值与原则。而公共服务绩效评价，则着重于公共服务的具体结果、效果、效率，以“结果导向”倒逼公共服务过程的完善和优化，不断提高公共服务水平，建设“人民满意”的服务型政府。这两类监督形态的共同发展适应了处于转型阶段的发展型行政模式的需要。相对于较成型的西方行政模式，僵化的过程控制容易影响绩效，所以由简单的过程控制向结果导向转型。但对于发展型行政模式，过程控制与结果导向同样重要。

3. 传统监督方式与现代监督方式相结合

传统监督方式主要包括“经济审计”、“打分排名”、“工作组调查”、“火警（fire alarm）”[①] 等。效能督察的推进，将现代信息技术引入公共服务监督中来。以上海市闵行区“大联动”机制为例。为解决“条块扯皮”、互相推诿等问题，闵行区设立统一的应急联动中心，各支城市管理队伍派人进驻，接到群众求助电话后直接分派到职能部门；有关职能部门“接单”后迅速派员处置和解决，并将结果报送联动中心。[②] 联动中心通过电脑系统，实时监控各职能部门的工作情况和完成情况，并将年度考核情况汇总，一方面在系统中明确展示出来，另一方面向区政府监察部门汇报，作为年度部门考核的重要内容。这种现代化的监督方式，使得监督客体的实际情况清楚、明白、直观，提高了监督时效，对监督对象起到督促、检查的实际作用。

4. 制度权威与社会权威相结合

在现实中，公共服务监督机制的建立健全，动力既来自于“自上而

---

① 在组织经济学中，“火警”是一种控制方式，是指由利益相关方在利益受损的情况下，检举揭发管理者的问题，以引起权力者的关注。这种方式能够减少信息不对称的影响，并降低权力者对管理者的监督成本。

② 参见新华网：《上海闵行：“大联动”构建平安社区》，http：//news. xinhuanet. com/politics/2011 -01/05/c_ 12947869. htm。

下”的要求和指令，也来自于“自下而上”的推动和挤压。“自上而下”主要是指中央政府关于“服务型政府建设”和“行政管理创新”的方针和要求，推动地方政府不断完善公共服务体系、加强自我监督；“自下而上”则是社会力量的发育和参与，推动地方政府乃至中央政府不断调整政策、提高能力，以满足日益增长的公共服务需求。正是制度权威和社会权威的共同作用，才有近十年来公共服务监督机制的逐步建立和完善。可以预见，这两种权威和力量的结合，仍然是今后该机制不断健全的重要动力之源。

三、我国公共服务监督机制仍存在的主要问题

我国公共服务体系建设尚处于起步阶段，公共服务监督机制的不断完善和加强还需要较长的时间。目前存在的问题主要表现在以下几个方面。

（一）公共服务监督动力不足

首先，公共服务供给者大多不愿意被监督。以现代经济学的“理性人”观点来看，公共服务的供给者也是理性人，力图实现自身利益最大化。而在一般人眼中，监督往往意味着“挑刺”、“找问题”、“督促”，一旦找出问题，又势必带来压力，甚至追究责任。因此，可以说，大多数公共服务供给者天然不喜欢被监督。这也就能解释为什么“行政透明度”建设步履维艰。因为凡是阳光的地方，也是最容易受到监督的地方，发布信息越多，面临的监督压力自然就越大。作为一个“理性人”，自然会比较排斥这种状况。

其实，不仅仅是政府，其他公共服务提供者都有这个倾向，包括一

些非政府组织。从2011年影响较大的“郭美美事件”来看,[①] 对公益性慈善组织的监督同样任重道远。表面上看，该事件显示出社会对个别人炫富行为的不满甚至愤恨。但深层次看，由“郭美美”事件引申到红十字会的信任危机，说明社会对慈善类公共服务组织缺乏监督的状况存在着严重的不满。在此次危机中，中国红十字会迅速将“捐赠信息发布平台”上线试运行，并于2012年12月成立了社会监督委员会，“将自律和他律结合起来”，而且为规范信息披露工作，《公益慈善捐助信息披露指引》面向公众征求意见。这场“风波”一方面说明社会监督的确产生压力，有利于规范行为、建立诚信；另一方面也说明，在没有这次公共危机事件之前，慈善公益组织主动接受社会监督的意愿并不高。

其次，部分监督者也缺乏主动监督的动力和激励。在制度层面，我国权力机关、司法机关、政协机关都是行政机关工作的监督者，都能对政府的公共服务过程和效果进行质询、调查和监督。但从实际运作来看，制度设计中缺乏对有关工作人员开展公共服务的激励和约束。换句话说，“可以监督”并不意味着“愿意监督”、“能够监督”和“有效监督”。如果监督与否、监督的效果如何，与监督者自己切身利益并无直接关联，那么势必会产生“监不监督一个样、监督好坏一个样”的心理，由此造成“不作为”或“消极作为”的结果。同时，监督往往意味着“找碴”、“挑毛病”，极容易造成利益冲突。在这样的情况下，无论是权力机关、司法机关还是政协机关都缺乏足够的动力进行公共服务监督，为维护公共利益而得罪人。因此，在现实中，部分监督者往往不作为和乱作为，甚至推诿扯皮，导致监督不到位和监督的随意性；或者在监督处罚上，

---

① “郭美美”即郭美玲，微博昵称“郭美美 baby”，湖南人。2011年6月20日，郭美玲在网上公然炫耀其奢华生活，称自己是中国红十字会商业总经理。此后，红十字会迅速陷入舆论漩涡。

能轻则轻，大事化小，小事化了，等等。

最后，监督者缺乏必要的监督知识、技术和经验，监督的成本比较高。对于专业公共服务问题，监督者还需要具备专业知识、经验，甚至要付出更多的时间和经济成本。以预算决策为例，对政府预决算监督，需要一定的专业知识和技能，还要耐心细致、通篇阅读，并非所有的监督者都有这样的专业和能力，因此不是所有人大代表都能完成这样的监督任务。监督者的监督能力直接制约了监督的效果。

（二）公共服务信息沟通不畅

“信息不对称”是监督和控制行为的重要障碍。如果监督者不能全面、真实地掌握被监督者的情况（信息），则监督只能是一句空话。由于历史发展、传统观念、人员素质、技术条件等因素的影响，我国的政府信息公开建设在朝着全方位、即时化、深层次、精细化目标发展的过程中，还面临着各个层面的诸多问题：第一，政府部门多样化与发布主体单一化的冲突。公共服务信息公开所涉及的信息遍布众多的政府部门和机构，而主要的发布主体是档案部门，因此在具体的实施中必然遇到部门利益的阻隔以及统一协调的难题。第二，实际信息量与信息公开客观局限的差距。政府在供给公共服务的过程中生产着大量的信息，仅以财政信息为例，就包括财政预算、执行单位、执行过程、具体细目、临时改动、机动调整、支出效果等等。然而，受主客观因素的制约，目前真正向社会公布的信息还非常有限。特别是有的公开信息较为笼统、抽象，具体的细节往往被忽略或人为遮蔽，这就为信息持有主体有选择地公开信息留下了空间。第三，信息公开配套制度不完善。一些地方、部门仅仅出台了宏观性的信息公开规定或指导意见，而没有制定相应的配套制度，由此造成行政部门的自由裁量权较大，自主决定究竟哪些必须公开，哪些不能公开，以致信息公开工作流于形式甚至无法开展，老百姓真正想了解的公共服务信息则无法获知。第四，责任机制不健全。对于普通市民的公开申请，行政部门的答复是否满意，如果不满意，市民是否有另外的救济渠道，这些问题在制度层面都缺乏明确规定。因此，常常出现政府“答非所问”和“顾左右而言他”的情况。

（三）公共服务监督制度化程度不高

所谓“制度化”有两方面的含义：从浅层次来看，是指正式的规章制度、法律法规，要求人们遵照执行和按规则办事，否则就会给予相应惩罚；从深层次来说，是指社会力量博弈的一种均衡产物，也就是青木昌彦所说的“内生性均衡”。在很大程度上，制度只是社会力量博弈的平衡。很多“纸面上”的制度得不到执行，并不是没有制度，而是制度背后没有这种均衡性支撑，使得制度只能流于形式，而不能真正产生效果。

无论是从哪个层面来看，目前的公共服务监督机制的制度化程度都不够高。首先，在我国传统的行政监督中，对政府的监督主要是指对违法、违纪行为的监督，以纪检、监察部门为主。这可以被称为一种“过失”监督，其对象是违背法律法规的行为。换句话说，在传统的行政模式下，只有明显“错误”且造成严重负面后果的行为，才需要被监督和追责。这种监督守护的是最基本的“底线”。而对政府是否提供了应该提供的公共服务，所提供公共服务的质量和水平如何，该公共服务是否满足社会需要等，则并不被重点考虑，也就缺乏制度化的监督渠道和方式。从这个意义上说，公共服务监督是较一般行政监督更高层面和更高要求的监督。不得不承认，我们对这种监督形态的认识、了解、建构还非常不足。

其次，“网络问政”、“微博问政”、“预算恳谈”等公共服务监督机制基本上还游离于正式制度框架之外，各地“万人评政府”等市民参与做法也带有鲜明的领导个人色彩和印记。因此，这些监督方式极容易受到地方领导者的变动的影响，往往强力推行者一旦离开，则此项“改革创新”就随即消失。当然，“网络问政”、“微博问政”大行其道，本身就说明制度内的监督远远不够，不足以产生足够的威慑和效果，而社会成员又缺乏制度化的监督渠道，所以只能通过网络这样的新兴媒体表达观点、监督权力。

最后，监督主体之间的权责不清，分工不明，有关体制机制不健全，也影响到了公共服务监督的效果。就行政系统的内部监督来说，目前既有行政监察部门、审计部门，也有的地方建立了“督察室”、治庸办、纠风办、优化办等机构，还有的成立了专门的“行政监督局”，似乎都能对政府部门履职情况进行监督。但这些机构之间的权力和责任分工，则缺乏制度化的、清晰的界定。行政监察部门既可以针对作风、纪律进行检查，也可以与“行政服务中心”关联起来，对部门的行政审批工作和效果进行监督。“督察室”这样的机构则往往督办主要领导关注的重大事项和重点工作，很多时候也涉及公共服务监督的内容。而“行政监督局”按照“决策、执行、监督”适度分离的思路进行组建，对具体政策的执行情况进行监督。这种多元监督主体并存的局面，很容易造成权责不清、边界不明，甚至互相推诿、卸责，在一定程度上造成“谁都可以管，但谁都不管”的局面。

（四）公共服务监督权威不彰

人民代表大会是权力机关，体现“主权在民”的政治理念，也是公众监督政府公共服务的最重要的制度平台。但在现实中，人大的权威性还不足以对地方政府形成有力监督，因此对政府公共服务的职能履行、服务质量的监督有时也大打折扣。有学者通过对实现有效监督必要条件的分析，讨论了地方各级人民代表大会对同级政府的弱监督问题。一般来说，实施有效监督的必要条件包括：分治的（非一元化的）、平行的（非纵向的或上下的）、接近现场的（包括事前的）和信息对称的制度设计和机制。所谓分治的，是指监督主体与被监督方之间在利益、职责和组织上是分割的，在利益共同体内部，彼此之间不存在真正“委托—代理”意义上的监督。但是，在目前一元化领导下，地方党委、人大和政府三个组织机构之间存在着共同的利益和基于同一目标的分工，因此，分治作为有效监督的条件是不存在的。人大对同级政府“接近现场”的有效监督条件也不具备，而主要是依托于文字材料的间接监督，这就大大削弱了“信息对称”的可能性。地方政府作为被监督方有许多主客观原因决定了对信息的封锁，从而导致信息不畅和失真。[①] 在这种情况下，人大往往只能通过审议政府工作报告等形式对公共服务的项目、过程、效果进行监督，由于没有类似“不信任票”的制度设计，这种监督往往并不能对政府主体及其负责人带来直接的后果和影响，其监督权威和效果无疑会大打折扣。

（五）公共服务效果的评估方法不善

效能督察、绩效考核等都是公共服务监督的重要方式和抓手。但在现实中，因为理解偏差、认识不足等原因，误用、错用一些评估方法的情况也是客观存在的。

一是指标体系不够完善。对公共服务绩效评估指标体系建设的理论

---

① 黄继忠：《省级财政支出制度：委托代理关系下的分析》，《经济社会体制比较》2003年第6期。

研究不够，部分指标设计不够科学、合理。例如，政府绩效是指政府依法对社会经济活动进行管理和服务中所产生的结果和效能。这种结果和效能是一种有效益和影响力的产出，是能够实现既定目标的结果。因此，在专业性的绩效评估工作中，投入指标、产出指标和结果指标具有很大的差异。投入指标反应的是为达到某种目标而付出的人力、物力和财力，并不是政府行为的根本性目标，产出指标反映的是项目时间内的产品和服务的数量，结果指标是指项目所追求的项目之外的包括环境、行为和态度上的改变和进步。① 公共服务的绩效指标应该更注重结果指标，也就是公共项目和服务实施后所达到的对环境、行为和态度上的改变和进步。但从目前国内各地的绩效指标设计来看，投出和产出指标比重较大，而真正的结果指标很少。这就在很大程度上缺乏对公共服务绩效的科学评估。②

二是滥用一票否决。客观地说，各地实行的“一票否决”是一种目标管理责任制，是为了强调某项工作的重要性，强化对其管理的力度，即提高考核指标体系中相应指标的权重，使之在对考核对象的评定过程中具有决定性的作用。这种围绕中心、保证重点的“一票否决”指标的设置，突出政府在特定时期的中心工作，对于全局工作的开展、完成特定的公共服务目标具有积极意义。然而，“一票否决”在实施过程中也存在某些局限性，甚至产生一些比较明显的副作用。比如，上级对下级实施多项指标“一票否决”，实际上淡化和弱化了真正的中心工作，地方政府为了“政绩”，为了不被追究，只能穷于应付。“一票否决”过多过滥，不利于调动积极性，助长不求无功但求无过、无过就是功的心理

① 容志：《浦东预算绩效评价指标检视：基于 11 个项目的分析》，《中国行政管理》2010 年第 10 期。

② 容志：《我国地方政府绩效评估指标的检视与反思》，《湖北社会科学》2011 年第 11 期。

和消极作风。

三是缺乏对“主观评价法”负面效果的认识和警惕。主观评价也称为“满意度调查”，主要测量服务对象对公共服务和服务人员的满意度。这种评价方法在公共服务绩效调查中被广泛使用，也起到了重要作用。但同时也要看到，这种方法主要立足于个人的认知、态度和主观感受，具有一定的主观性。因此，公共服务的质量与对象满意度之间往往是一种较为复杂的关系，不能简单等同。一旦不加区分地、简单泛滥地使用主观评价法，会造成许多意想不到的结果。例如，对执法对象也进行单一的“满意率”评价，可能会对执法主体造成某种“意外”的压力，甚至妨碍正当执法行为的开展。当公共服务者还有监管职能时，由被监管者评估监管者，本身就存在一定的逻辑悖论。

四、完善公共服务监督机制的对策建议

改进与完善公共服务监督机制，是提高公共服务水平的必要途径，也是确保公共服务质量的有效方法。充分认识我国公共服务监督机制的问题，分析其制约因素，有助于为建立健全我国公共服务监督机制提供理论基础，同时也为寻求解决之策找到行动方向。

监督主体、监督内容、监督方式和监督权威是公共服务监督机制建设的四个主要维度。而“平衡发展”，是建立健全公共服务监督机制的主要原则。所谓“平衡发展”是指公共服务监督机制建设要从这四个方面同步推进，多管齐下，多策并举，否则，难有长久持续的效果。（见图6－3）

“平衡发展”的原则要求明确监督主体，提高对监督主体的激励和动力；确定监督内容，将监督覆盖到公共服务的全过程；优化监督方式，

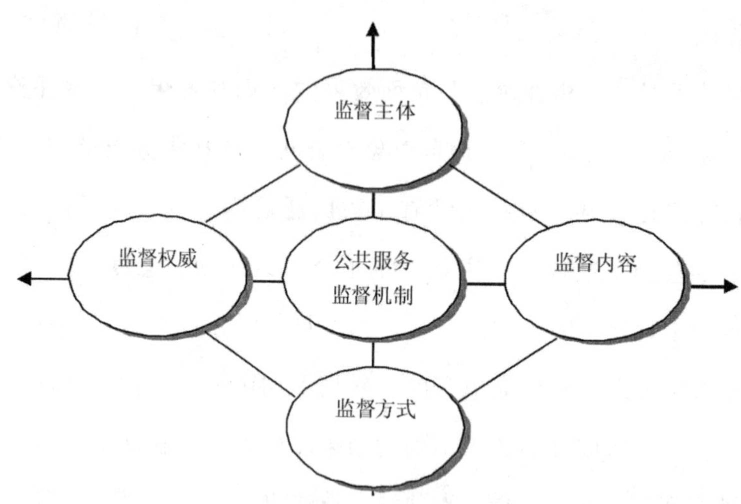

图 6－3　公共服务监督机制的“平衡发展”

广开渠道，增加途径，减少阻力；增强监督权威，落实监督整改意见，提高监督的针对性和实效性，真正让“公共服务监督机制”运转起来。

（一）完善中国特色的公共服务监督主体体系

建议分四个层面完善我国公共服务监督主体体系：

第一层面，进一步加强各级人民代表大会对政府公共服务履职情况的监督。建立权威性、专业性的公共服务质量监督机构的做法在西方国家非常普遍。例如，德国完善的公共服务体制，不仅体现在完善的公共服务供给方面，也表现在完善的公共服务监督机制方面。新世纪以来，德国各城市为提高公共服务质量专门成立了一个联合会（KGST），由其负责实施“公共交互指标网络”。每一个网络都关注于一定的政策领域（例如儿童抚养、博物馆、街道清洁等）。许多城市（或其所属部门）在众多的指标网络中互相合作。它们经常交换绩效数据，比较自己的表现，并力图从其他市政当局或者部门那里吸收好的经验。

目前，我国人民代表大会一般有九大专门委员会：民族委员会、法律委员会、财政经济委员会、教育科学文化卫生委员会、外事委员会、华侨委员会、内务司法委员会、环境与资源保护委员会和农业与农村委员会，分别就各自领域进行讨论、研究和监督，主要审议人民代表大会主席团或者人民代表大会常务委员会交付的议案；向人民代表大会主席团或者人民代表大会常务委员会提出属于同级人民代表大会或者常务委员会职权范围内同本委员会有关的议案。根据委员会的性质和现状，“财政经济委员会”、“教育科学文化卫生委员会”和“环境与资源保护委员会”可以更多承担起对教育、科学、文化、卫生在内的基本公共服务的监督工作。包括主动对政府的公共服务预算、财政执行、实际效果等进行讨论、质询，组织人大代表进行实地考察、检查，并就社会关注的重大公共服务问题进行讨论。这样做有两个优点：一是强化对公共服务的监督力度、提升监督权威，引起全社会对公共服务质量和水平的关注；二是保证基本公共服务均等化的逐步推进，以及监督基本公共服务战略规划的落实和完成情况。

第二层面，尝试在市政府这一级（包括地级市、县市级，以及大城市的区）建立类似“公共服务委员会”的议事协调机构。政府的公共服务能力是一种系统工程和体制创新，不可能由个别部门分散性地完成，因此必须成立统揽全局的部门，进行综合协调、监督和评议。可以首先尝试在市政府（包括地级市、县市级，以及大城市的区）这一级成立公共服务委员会，由行政首长担任主任委员，主要职能部门的负责人担任委员，进行区域内最高层面的规划、沟通和协调、监督。担负起在行政区域范围内推进基本公共服务均等化的责任，最大限度地减少职能交叉、政出多门、多头管理，从而达到提高公共服务效率，降低行政成本的目标。

委员会下设“公共服务办公室”，在综合现有“治庸办”、“纠风办”、“审改办”、“优化办”等的基础上组建，整合资源，聚焦服务，主要负责：规划区域内服务型政府建设的具体计划、方案；制定公共窗口服务的统一标准、要求和规范；开展政风、行风评议，监督机关效能建设；对公共服务质量进行专项评估，并下达具体的整改要求；开展地区间公共服务发展的交流和学习，评选公共服务质量奖和创新奖等。

第三层面，依托各级政府财政部门，开展重大公共服务类财政支出的绩效跟踪与评估。公共财政是公共服务的基础和支撑，也是公共服务监督的“牛鼻子”。监督公共服务的运行，首先要监督公共财政的运行。因此，自2010年起，上海市财政局为推进财政支出项目的绩效评价工作，成立了绩效评价管理处，专门从事财政支出项目的绩效跟踪和评价。2011年1月，上海市政府出台了《上海市财政支出绩效评价管理暂行办法》，为规范全市绩效评价工作的开展确定了基本要求。2012年，上海市财政局出台了《关于贯彻落实<上海市财政支出绩效评价管理暂行办法>的实施意见》、《上海市财政支出绩效评价聘用第三方评价机构管理暂行办法》及《上海市财政支出绩效评价聘用评审专家管理暂行办法》等规范性文件，指导绩效评价工作，并委托第三方完成了35个绩效评价项目，取得了积极的成果。

因此，可以借鉴上海的做法，依托财政部门成立专门的公共服务支出评估机构，对公共服务类的重大财政项目进行定期的绩效评估，完善对预算执行部门的服务监督、客观评价公共服务项目的实际效果，并形成评议结果。评议结果一方面用于财政预算分配，对下一年度的预算资金分配产生直接影响；另一方面及时反馈给服务部门，有利于进一步改进管理、培训等环节，提高公共服务质量。

第四层面，培育专业从事公共服务评议的非政府组织（NGO）。在西方国家，公共服务评估的主体是研究机构和非政府性委员会，相比政府部门自身，它们具有更强的专业性、独立性，以及贴近基层等优势。事实上，在政府服务外包的过程中，我国一些地方政府已经尝试将专业从事评估的NGO组织纳入到公共服务评估和监督中来。例如，上海浦东新区不仅加强对公益类的社会组织进行扶持和“孵化”，也通过孵化评估类组织强化对公共服务的监督。其中，“浦东新区公益组织项目合作促进会”就是一个典型的评估类社会组织，其主要工作就是接受委托，通过提供公益服务项目的运营情况进行评估，以帮助需求方更好地评价服务的绩效，并协助公益服务项目的持续运营。

事实上，通过培育类似的社会组织，一方面可以承接政府外包的公共服务的评估事项，有利于转变政府职能，提高评估活动的专业性和社会性，引导社会力量参与公共服务评估，提高公共服务监督主体的异质性；另一方面，也可以对政府的自身评估、监督工作进行“二次监督”，提高全社会进行公共服务监督的整体水准。

（二）完善中国特色的公共服务监督内容体系

1. 进一步明确政府公共服务责任，清晰界定公共服务监督内容

公共服务监督的内容是政府的公共服务履职情况，即政府公共服务责任的完成情况。很显然，要实施有效监督，必须明确政府到底要提供什么公共服务，以及这些公共服务提供到什么程度和水平。缺乏内容的清晰界定，公共服务监督就容易流于空泛之谈。

2012年，《国家基本公共服务体系“十二五”规划》正式发布。它是我国第一部国家基本公共服务总体性规划，也是“十二五”期间拟编制实施的国家级重点专项规划之一。该规划对公共教育、劳动就业服务、社会保障、基本社会服务、医疗卫生、人口计生、住房保障、公共文化

等领域的基本公共服务的发展、程度、标准和保障进行了具体详细的规定。可以说，《规划》是“十二五”乃至更长一段时期我国构建基本公共服务体系的综合性、基础性和指导性文件，也是政府履行基本公共服务职责的重要依据。

各级地方政府要按照《规划》的要求，结合本地区的具体情况，制定自己的基本公共服务体系“十二五”规划，明确政府的公共服务职责，主动接受全社会的监督。具体来说，地方规划应该包括：

（1）基本公共服务的地方标准。国家《规划》具体确定了8个领域以及残疾人基本公共服务共44类80个基本公共服务的项目，针对服务项目、服务对象、保障标准，支出责任、覆盖水平四个方面明确了国家基本标准。比如在公共教育领域义务教育免费项目，服务对象是适龄儿童少年，保障标准是免学费、杂费和农村寄宿生的住宿费，免费向农村学生提供教科书，农村中小学生生均公用经费标准，普通小学不低于500元，普通初中不低于700元；支出责任是由中央和地方财政按比例分担，目标人群的覆盖率要达到100%，九年义务教育巩固率达到93%。按照《规划》的基本要求，结合本地区的具体实际，各级政府应该制定并实施44类80个基本公共服务项目的地方标准，可以根据具体情况，适当拓展基本公共教育服务范围和提高服务标准。

（2）地方性保障工程。《规划》在基本公共服务8个领域和残疾人基本公共服务方面提出实施26项保障性工程和基本住房保障方面的保障措施。包括全面建立以基层为重点的基本公共服务网络，提高设施标准化和服务规范化、专业化、信息化水平，使城乡居民能够就近享受基本公共服务。这些保障工程和基本公共服务网络的具体落实，需要地方政府特别是基层政府的具体规划和安排，由此需要进一步的细化工作，以确保《规划》的真正落地。

（3）区域内基本公共服务均等化的步骤、保障和措施。增强公共财政保障能力，创新供给模式及保障规划实施的主要政策措施。在促进城乡、区域基本公共服务均等化方面，《规划》提出，要加强城乡基本公共服务的一体化，推进城乡基本公共服务制度的衔接，加大农村困难地区基本公共服务的支持力度，加快建立农民（包括农民工）等流动人口基本公共服务的制度，推进社会主体功能区基本公共服务的政策，建立健全区域基本公共服务均等化的协调机制，在财政保障方面明确政府间的事权和支出责任，完善转移支付制度，健全财政保障机制。在创新供给模式方面，要建立多元的供给机制，分类推进事业单位改革，鼓励社会力量参与。

（4）《规划》的评价评估机制。各级地方政府要在地方规划的基础上，开展对具体实施情况进行跟踪分析，制定评价指标体系和评价方案，组织开展中期评估和终期评估。与公共服务有关的各部门也要开展本行业和本地区的公共服务体系的监测评价，积极开展基本公共服务社会满意度调查，鼓励多方参与，积极引入第三方评估。

（5）监督问责机制。完善基本公共服务的问责机制，增加基本公共服务绩效考核在政府和干部政绩考核中的权重，健全基本公共服务预算公开机制，增强预算的透明度，切实加强对建设工程和专项拨款使用的绩效审计监管，建立基本公共服务设施建设质量追溯制度，对学校、医院、福利机构、保障性住房等建筑质量实行终身负责制。

（6）组织协调机制。中央政府要考虑建立高层次的协调机制，协调解决规划实施中跨部门、跨地区、跨行业的重大问题，加大财政统筹，特别是中央财政和省级财政，要结合确定与下级财政基本公共服务支出的分担比例，保证本级财政承担的投入分年足额落实到位，严格规范财政转移支付管理和使用，确保资金按时足额拨付。

2．完善公共服务的预算监督

一方面，进一步推进基层的参与式预算改革，推进参与式预算的规范化、制度化。各地应当制定有关法规把人大正式审定前的人大审查、公民参与等必经程序确定下来，提高公民参与预算的制度化程度，防止“人走政息”。同时，大力普及公共预算知识，提升公民参与公共预算过程的意识与能力。在总结各地经验的基础上，对参与式预算的参与者、日期、参与方式、具体流程、投票形式等内容进行合理的规定，完善各项技术性支撑。进一步扩大公众参与的广泛性与代表性，推进参与式预算过程中的技术性改革。另一方面，将公共服务类财政支出项目的绩效评价结果引入预算过程，推进“绩效预算改革”，使政府预算成为有效实现政府支出目标的控制工具。绩效预算改革以体现公共利益的目标为导向，因而有助于培养政府的顾客服务意识；又通过以效率为中心的内部控制式的预算管理方式，更有效地使用公共资金，有计划地更多更好地满足公共需要。

3．完善公共服务的过程监督

利用“标杆管理”、“目标管理”等管理工具，对公共服务的全过程进行评议和监督。行政机构的“内部控制”也是公共服务评议和监督的重要方式。依托“行政服务中心”、“应急联动中心”等综合管理平台的建设，强化对部门公共服务工作的效能督察和实时评议。过程评议包括服务标准化、流程优化和时效监督三个部分。服务标准化是制定具体公共服务的办事标准，包括办事程序、接待方式、人员要求等，是进行后期监督的基础；流程优化是在梳理现有服务流程的基础上，通过组织技术革新，创新办事流程，节省办事成本和等待时间；时效监督是对服务完成情况进行即时监督。

与此同时，完善公共服务信息公开机制。（1）结合大部制改革和整体政府实践，积极探索和实施政府各部门间的沟通协作机制，为公共服务信息公开奠定坚实的基础。(2) 加强机构和队伍建设，提高信息法定发布机构的协调、监督权力，保障信息公开工作的有力进行。(3) 通过在信息公开文件中设立必要程序、确定必要标准等方法，进一步增加公众、社会团体等外部主体的约束力量，倒逼政府主动公开信息的意识。(4) 在强化制度刚性约束的同时，对政府公务员进行系统的教育和培训，提高主动公开信息的意识和能力。(5) 加大信息公开工作投入，拓宽公开渠道。在发挥政府网站信息公开第一平台作用的同时，积极开拓行政服务中心的功能，发挥政府公报、新闻发布会、报刊、广播、电视以及信息公开栏等渠道的作用。(6) 完善信息公开的配套制度。为了保障信息公开的常态化，需要及时完善历史文件梳理、信息更新维护、虚假和不完整信息澄清、主动公开信息送交及政府信息归档等方面的制度。

4. 完善公共服务的绩效监督

以考评结合、综合评定为实施原则，以公共服务目标的实现程度和居民需求的满足程度为主要内容构建评价体系。依据公共服务的内容、标准、程序等，评估公共服务的直接效果和间接效果。在评估中，引导和组织社会公众参与公共服务绩效评价，实现“问绩于民”，提高考评的透明度。积极引入第三方评价，提高评估过程的透明化、独立性和科学性。同时，强化公共服务责任，对于考核中发现的问题既要追究相应的责任，也要及时反馈结果，找到问题的根源，及时修正调整，不断完善公共服务体系和提高公共服务质量。

（三）完善中国特色的公共服务监督方式体系

从整体和分类、内部和外部等角度，对公共服务和公共服务供给者进行全方位、多层面、复合型的评议与监督。

1. 行政监督

加强行政机关内部的日常监督、专业监督和效能督察。目前，政府内部督察、督办机构繁多、资源分散，往往是因事督办或者临时督察。建议在政府内部整合督察资源，成立专门督察机构——公共服务办公室，建立起集效能、民生、项目“三位一体”的“大督察”格局，强化执行力，确保政府重大决策部署落到实处。“效能督察”主要是以检查工作的形式对日常工作、交付任务的时效性督察；“民生督察”主要是对群众反映的突出社会问题、民生问题和管理问题的了解、协调和督办；“项目督察”是对党和政府的年度性、阶段性重点工作和重点项目的专题督办与考核。“公共服务办公室”的职能区别于“监察局”的“底线监督”，主要针对工作状态、工作结果和工作实效，是政府内部控制的重要体现，也是政府公共服务的重要评议渠道。公共服务办公室的考核结果作为部门年度考核的重要依据和组成部分，应该在行政系统内部定期通报公开，并进入考评体系，与部门领导人绩效、整体绩效直接挂钩。

2. 科学评估

通过科学、客观、全面的评估体系对公共服务过程和绩效进行评估。首先要加大对公共服务评估指标体系的理论研究，在借鉴发达国家先进经验的前提下，结合本地特点，设计不同种类、地区、层面的公共服务绩效评价指标体系。各地区之间加强公共服务绩效评价指标建设的交流和比较，集思广益、汇聚众识，逐步提高指标体系设计的科学性、全面性。要按照政府的公共服务职能进行分类设计，坚持定量指标与定性指标并重，侧重定量指标；客观指标和主观指标并举，客观指标优先；既要防止设计过简，又不要搞得过繁；要注重指标的可操作性，难易适中，先易后难，不求尽善尽美，只求可行有效。

其次，大力引入第三方机构进行公共服务绩效评估。所谓第三方是指处于服务者和被服务者之外的专业性的社会主体，主要是学术性的研究机构、商业性评估调查机构和非营利性评估组织。一般来说，第三方有两方面的优势：一是没有直接利益关系，二是拥有专业性知识、掌握专门技能。但要发挥第三方评估机构的独立性和客观性，需要注意两点：一是识别第三方机构的能力水平，确保评估人员的专业能力和素养；二是从财政上确保评估经费支持，而不是依靠单纯性的行政部门支出负担经费，因为后者容易将第三方评估机构视为行政部门的“雇佣者”，大大影响评估的客观性。

最后，加强公共服务绩效评估交流。地方政府、研究机构之间可以搭建若干松散、灵活的绩效评估交流平台，如论坛、会议、研讨会等，交流各地开展绩效评价的成功经验和做法，互相学习、互相借鉴，共同推进公共服务评议机制建设。

3. 满意度调查

绩效评议要以公民为中心，以公民满意为终极标准。引导广大社会公众以不同渠道和方式参与不同层面、不同内容的服务满意度调查，让公共服务评议真正反映社会意见和意志。事实上，公民参与公共服务评议是西方公共服务监督体系的重要内容。近年来，在德国许多城市，市民在接受政府的公共服务后，通常会要求就以下内容为政府的服务打分：(1）工作质量如何；(2）是否负责；(3）决定时间的长短；(4）决定是否简洁易懂；(5）政府服务机构是否就近方便；(6）政府服务机构是否醒目易找到；(7）现场等待时间长短；(8）开门时间；(9）办公地址信息是否齐全；(10）服务咨询的质量如何；(11）工作人员礼貌和友善的程度如何，等等。

在公共服务评议中，要通过问卷调查、个体访谈、相关者参与、公民投票等方式，测评公众对特定公共服务的满意度，并将之作为公共服务质量和绩效评议的重要组成部分。

4. 相关者协商

在社会利益主体多元化格局下，各社会阶层出于各自利益的考虑，参与政治过程、表达利益诉求的愿望日益强烈。如果没有公开、有效的平台和机制，利益主体间的矛盾冲突和利益冲突不能及时消除和化解，对公共服务体系建设势必造成负面影响。整合不同主体的利益取向，首先要保障利益相关者参与表达和协商，用制度化的方式确立评议主体多元化。对于公共服务决策、预算制定、过程监督和绩效评议等，需要通过相关者协商、恳谈、对话、沟通等方式更多地反映民意。

5. 社会监督

媒体、网络对政府公共服务的关注和监督是社会监督的重要形式，也是真正强大的监督动力。要更加宽容媒体的公共参与，进一步拓展新闻媒体对公共服务监督的途径和方式。利用媒体平台，加强政府有关人员同社会大众之间围绕公共服务内容、标准、水平、绩效等方面的沟通和交流。一方面引导全社会理性、务实地思考政府公共服务职能和责任，另一方面对政府全心全意履行职责、认认真真服务形成倒逼机制。

（四）完善中国特色的公共服务责任体系

构建公共服务责任体系，强化对责任目标的考核，完善监督的权威结构，是公共服务监督机制有效运作的必要保障。当然，责任体系建设并非为责任而责任，主要目的在于通过强化责任机制、完善责任体系，提升公共服务评议和监督的权威性，以确保公共服务责任的落实，有效提升公共服务质量与水平。具体来说，责任体系主要包括三个层面：

1. 通过基本公共服务均等化立法，明确各级政府公共服务的法定责任

根据《国家基本公共服务体系建设“十二五”规划》，基本公共服务是指建立在一定社会共识基础上，由政府主导提供的，与经济社会发展水平和阶段相适应，旨在保障全体公民生存和发展基本需求的公共服务。享有基本公共服务是公民的权利，提供基本公共服务是政府的职责。

政府作为公共机构，基本公共服务均等化不是政策性义务或道义性义务，而是法定义务。我国基本公共服务供给不足的一个重要原因是缺乏可靠稳定的体制和制度保障。因此，基本公共服务的保障供给和均等化迫切需要通过立法明确界定各级政府在基本公共服务均等化中的责任。目前，我国已出台的关于基本公共服务的法律法规有些已经过时，有的与《规划》存在一定差距。在现行的制度安排中，至今没有对公共服务供给责任尤其是政府责任做出明确规定，形成了一定的责任真空。而且，现行的基本公共服务法规很多以政府法规政策和部门条例为主，存在立法层次比较低、监管不足等问题。有鉴于此，应加快符合我国国情的基本公共服务的相关立法，从法律上规范基本公共服务提供主体，建立相关主体的责任追究机制，以便使每一个环节切实落实均等化措施。

各级政府要定期撰写和发布《公共服务蓝皮书》，对区域内公共服务发展概况、进展和问题进行系统梳理，一方面展示公共服务发展的新成果，一方面主动接受全社会的监督。同时，要加强各级人大对同级政府公共服务职能履行情况的监督，对公共服务整体质量不高或者出现较大问题的，人大及其专门委员会有权启动质询、调查等程序，进行相应的监督和干预，追究政府的相应责任，并要求及时调整政策。对于地区性《基本公共服务体系“十二五”规划》的执行和落实，人大要定期召开专门会议听取汇报，并进行审议。

2．通过科学政绩考核，明确和强化行政领导者的公共服务责任

行政首长及行政部门领导担负着本级政府或本部门的公共服务责任，直接对本级政府或本部门的公共服务履职情况负责。行政领导者的政绩考核，也是政府工作和行为的重要指挥棒，在政府管理中发挥着重要作用。但目前，我国的政绩考核机制存在着重经济、轻服务，重硬件、轻软件，重内部、轻外部等问题，关于公共服务和民生工程的硬性考核指

标尤其少。这一方面不利于引导政府转变职能，从发展型政府向服务型政府转变；另一方面也制约着各级政府官员的思想观念转变，不利于公共服务体系的建立和完善。

应结合各级政府《基本公共服务体系“十二五”规划》中的具体规定，将需要达到的基本标准和任务纳入官员的政绩考核之中，强化对公共服务履职情况的监督。由于公共服务体系建设具有渐进性，因此，考核指标也需要根据实际情况的变化进行必要的调整。同时，适当提高公共服务类指标的权重，引导政府官员重视公共服务、聚焦公共服务。在明确年度评议目标和责任的基础上，对不合格、不达标，又不能提出有说服力理由的行政首长和部门领导追究相应的行政责任。

3. 通过年度考核，强化公务员个人的公共服务责任

对于普通公务员个体来说，要按照法定标准和程序执行公共政策，依法行政，依法服务，热情服务。要加强对公务员公共服务精神和技能的培训，不断提高公务人员公共服务的责任感和使命感。

从考核机制建设来说，一方面，不断完善公共服务体系的标准化，特别是公共服务岗位职责的标准化和法定化，使得公务员“照章办事”、“有章可循”；另一方面，在标准化的基础上，加强对公务员履职情况和服务绩效的考核，将公共服务评议结果与公务员考核结合起来，使个人的履职情况、服务对象的满意度成为公务员考核的重要内容。其中，考“德”主要针对公务员的服务精神和态度，考“能”主要针对公务员从事公共服务、创新服务工作的能力。对于未按规定提供服务，或者在公共服务评议中被评定为不合格或者严重失职、失误的公务员，依法依纪追究其相应的责任。

附件　政府基本公共服务绩效评估指标体系

一、关于政府基本公共服务绩效评估指标体系的说明

服务型政府绩效管理的核心是强化政府公共服务职能，提升政府基本公共服务能力和水平。评估政府基本公共服务绩效，可以通过服务结果的量化指标和服务对象满意度测评两个维度进行。这样，有利于提高评估的信度和效度。

（一）政府基本公共服务绩效评估体系设计的总体思路

坚持结果导向和顾客导向，是当今世界评估政府公共服务的基本趋势。政府基本公共服务的结果主要体现在两个方面，一是政府公共服务的产出及其结果；二是服务对象（即顾客）的满意度。因此，评估政府基本公共服务，应采取两种方式，一是围绕公共服务事项的实际产出及其结果，构建科学、客观的绩效评估指标体系，按照合理的时间节点确定指标标准，并通过规范的程序和方法进行量化评估；另一种是根据公共服务的相对综合、比较直观、便于判断的结果，从服务对象（即顾客）感知的角度，结合服务对象群体特点设计满意度调查问卷，通过科

学的统计分析进行满意度评价。满意度评价的结果可以与服务结果量化指标的评估相互印证。基于以上考虑，政府基本公共服务绩效评估体系由反映公共服务产出及其结果的指标和反映服务对象感知的满意度评价构成。

（二）政府基本公共服务绩效指标体系的评估维度和设计原则

1. 评估维度

基本公共服务具有以下特点：第一，属于政府公共服务职责范围。第二，费用由国家财政支持。第三，有人人有机会享有的事项，也有政府为特殊群体兜底的事项。第四，人人有机会享有的事项，有政府全部买单的，也有政府部分买单的；政府为特殊群体兜底的事项，一般通过免费服务或财政补助的方式实现。强化政府公共服务职能，适度增加基本公共服务产出，实现基本公共服务的预期目标，是建设服务型政府的重要内容。依据《国家基本公共服务体系“十二五”规划》，政府基本公共服务范围主要包括公共教育、劳动就业服务、社会保障、基本社会服务、医疗卫生、人口计生、住房保障和公共文化以及残疾人基本公共服务、基础设施、环境保护、公共安全等方面。因此，政府基本公共服务结果及其产出的评估指标体系应将上述方面作为基本评估维度。

2. 设计原则

——整体性原则。政府基本公共服务涉及面宽，评估指标体系应该是完整的。基于对政府基本公共服务的理解，量化指标体系包括 12 个一级指标，即公共教育、劳动就业公共服务、社会保险服务、基本社会服务、基本医疗卫生服务、人口和计划生育基本服务、基本住房保障服务、公共文化体育服务、残疾人基本公共服务、基础设施、环境保护和公共安全。

——具体化原则。政府基本公共服务的事项及其要实现的目标很具体，评估指标体系应该是细化的。按照树型分解的基本思维方式，量化指标根据所涵盖的事项划分为一级、二级和三级指标。其中，二级指标解释一级指标，三级指标解释二级指标。

——可测性原则。政府基本公共服务的结果是可测量的。根据可测性原则，在三级指标的设计上，在保证基本公共服务事项完整性和系统性的前提下，选取能有效解释二级指标的可量化的指标。

（三）选取指标的依据

政府基本公共服务评估指标体系是以国家有关法律和现行政策为依据而设计的。主要依据包括：《中共中央关于全面深化改革若干重大问题的决定》；《关于深化行政管理体制改革的意见》；《国家基本公共服务体系"十二五"规划》和"十二五"有关专项规划；《促进就业规划（2011－2015年）》；《中华人民共和国就业促进法》；《中华人民共和国社会保险法》；《国家中长期科学和技术发展规划纲要（2006－2020年）》；《国家中长期人才发展规划纲要（2010－2020年）》；《国家中长期教育改革和发展规划纲要（2010－2020年）》；《关于分类推进事业单位改革的指导意见》；《国务院关于当前发展学前教育的若干意见》（国发［2010］41号）；《关于深化政务公开　加强政务服务的意见》；《关于深化医药卫生体制改革的意见》；《关于公立医院改革试点指导意见的通知》；《关于做好住房保障规划编制工作的通知》（建保［2010］91号）。

（四）指标体系的框架结构

政府基本公共服务评估指标体系，包括12个一级指标，46个二级指标，166 个三级指标。指标体系框架结构如表 1 所示。

表 1　政府基本公共服务评估指标体系框架结构

	一级指标	二级指标	三级指标
基本维度	基本公共教育		
	劳动就业公共服务		
	社会保险服务		
	基本社会服务		
	基本医疗卫生服务		
	人口和计划生育基本服务		
	基本住房保障服务		
	公共文化体育服务		
	残疾人基本公共服务		
	基础设施		
	环境保护		
	公共安全		
指标总数	12 个	46 个	166 个

（五）政府基本公共服务满意度评价

服务型政府建设是不断推进的动态过程，政府在完善服务体制机制、改进服务方式、实现管理和服务创新的同时，也在为社会公众提供有效、适度的公共服务。在服务型政府建设过程中，公共服务对象既是服务型政府建设的参与者，也是政府公共服务的受益者。因此，测量服务对象对公共服务的满意度，同样是评价公共服务结果的有效方式。

服务对象满意度测评，是从服务对象感知的角度，将公共服务产出结果归结为相对综合、比较直观、便于判断的维度，并以此为依据，结合服务对象群体特点设计满意度调查问卷，通过科学的统计分析进行满意度评价。根据我国服务型政府建设实际并借鉴发达国家的有关经验，满意度评价主要围绕基本公共服务的可得性、公开性、便捷性、回应性、专业性和友好性等维度进行。上述维度不仅直接显示了政府公共服务职能的重要性、组织机构的优化性、职能配置的合理性、权责划分的匹配性、制度安排的公平性、运行机制的顺畅性以及人员素质的适应性，而且能够直接反映政府创新水平以及服务对象对公共服务产出结果的切身感受。

根据基本公共服务事项的主要类别，服务对象满意度问卷包括 12 类问卷。问卷由三部分构成：一是经验指向，即填写问卷者需标明填写问卷的具体经验依据，以便于具体分析单项满意程度，同时防止以偏概全；二是问卷测评题目，按照可得性、公开性、便捷性、回应性、专业性、友好性六个维度拟定题目，适用于对所有基本公共服务事项满意度的测评，以保证测评尺度的一致性；三是个人信息，目的是便于分析问卷填写者的个人倾向、价值偏好和评价的真实程度。

（六）政府基本公共服务绩效评估的权重和等次

为总体判断政府基本公共服务绩效，将总分设定为 1000 分。其中，指标体系评估结果和满意度调查评价各占 50%（可根据实际作适当调整，但满意度占比最低不能低于 35%）。评估指标体系中一、二、三级指标的权重将根据对各职能部门进行的“指标重要性”调查问卷的统计结果进行分配。

为直观反映政府基本公共服务水平，评估等次可分为优、良、中、差四个等次。其中，总分 900 分以上为优；750－890 分为良；600－740 分为中；600 分以下为差。

二、基本公共教育服务绩效评估指标

基本公共教育服务是指在教育领域由政府提供的基础性公共服务。《国家基本公共服务体系“十二五”规划》将基本公共教育服务作为国家基本公共服务体系作的重要内容，明确了“十二五”时期基本公共教育服务的任务，将普惠性学前教育、九年义务教育和高中阶段教育纳入基本公共教育服务范围，并确定了“十二五”时期基本公共教育服务的标准。依据《国家基本公共服务体系“十二五”规划》、《国家中长期教育改革和发展规划纲要（2010－2020年）》、《国家教育事业发展第十二个五年规划》及相关政策文件，基本公共教育服务绩效设二级指标3个，包括九年义务教育、高中阶段教育、学前教育；三级指标共10个。

表 2　基本公共教育服务绩效评估指标

一级指标	二级指标	三级指标	标准/节点/2015 年	服务对象	服务事项	备注
基本公共教育	九年义务教育	义务教育免费覆盖率	100%	适龄儿童、少年	免学费、杂费以及农村寄宿生住宿费，免费向农村学生提供教科书；农村中小学年生均公用经费标准，普通小学不低于 500 元，普通初中不低于 700 元。	
		九年义务教育巩固率	93%	九年义务教育学生	九年义务教育巩固率，即在校生巩固率，即一个学校入学人数与毕业人数的百分比。 计算公式：九年义务教育巩固率 = 毕业人数 ÷ 入学人数（含正常流动生）×100%。	
		寄宿生生活补助覆盖率	100%	农村家庭经济困难寄宿学生	年生均补助小学 1000 元，初中 1250 元。	
		农村义务教育学生营养改善覆盖率	100%	贫困地区农村义务教育学生	在寄宿生生活补助基础上，集中连片特殊困难地区每生每天营养膳食补助 3 元（每年在校时间按 200 天计）。	
	高中阶段教育	高中阶段教育毛入学率	87%	高中阶段学生	毛入学率指某学年度某级教育在校生数占相应学龄人口总数比例。标志教育相对规模和教育机会，是衡量教育发展水平的重要指标。	
		中等职业教育免费覆盖率	100%	农村学生、城镇家庭经济困难学生和涉农专业学生	免学费。	
		中等职业教育国家助学金发放率	100%	全日制在校农村学生及城市家庭经济困难学生	资助每生每年不低于 1500 元，资助两年。	
		普通高中国家助学金发放率	100%	家庭经济困难学生	平均资助每生每年 1500 元，地方结合实际在 1000 ~ 3000 元范围内确定。	
	学前教育	学前教育资助覆盖率	100%	家庭经济困难儿童、孤儿和残疾儿童	具体资助方式和标准由地方确定。	
		学前一年毛入园率	85%	家庭经济困难儿童、孤儿和残疾儿童	具体资助方式和标准由地方确定。	《国家教育事业发展第十二个五年规划》：学前一年毛入园率 90%。

注：标准/节点数据依据《国家基本公共服务体系“十二五”规划》的，不在备注中做特殊说明；备注中标明的，或用来注明标准/节点数据来源于《国家基本公共服务体系“十二五”规划》之外的文件，或用来注明其他文件与《国家基本公共服务体系“十二五”规划》有差别。

三、劳动就业服务绩效评估指标

劳动就业服务是指在劳动就业领域由政府提供的基础性公共服务。《国家基本公共服务体系“十二五”规划》将劳动就业公共服务作为国家基本公共服务体系的重要内容，明确了“十二五”时期劳动就业服务的任务，将就业服务和管理、职业技能培训、劳动关系协调和劳动权益保护纳入劳动就业公共服务范围，并确定了“十二五”时期劳动就业服务的标准。依据《国家基本公共服务体系“十二五”规划》、《促进就业规划（2011－2015年）》及相关政策文件，劳动就业服务绩效设二级指标4个，包括综合指标、权益维护、就业服务、就业援助；三级指标共14个。

表3　劳动就业服务绩效评估指标

一级指标	二级指标	三级指标	标准/节点（2015年）	服务对象	服务事项	备注
劳动就业服务	综合指标	城镇新增就业岗位人数	4500万			《促进就业规划（2011－2015年）》。
		城镇登记失业率	<5%			《促进就业规划（2011－2015年）》。
	权益维护	企业劳动合同签订率	90%	存在劳动人事关系的就业人员	免费享有劳动用工备案信息查询，劳动关系政策咨询，集体协商促进等服务。	
		集体合同签订率	80%	存在劳动人事关系的就业人员	免费享有劳动用工备案信息查询，劳动关系政策咨询，集体协商促进等服务。	
		监察案件结案率	>95%	存在劳动人事关系的就业人员	免费享有法律咨询和执法维权服务。	
		劳动人事争议仲裁结案率	90%	存在劳动人事关系的就业人员	免费享有劳动人事争议调解和仲裁服务。	
		基层调解组织解决案件率	>50%	存在劳动人事关系的就业人员	免费享有劳动人事争议调解和仲裁服务。	
	就业服务	创业培训人次	500万			
		职业技能培训人次	1亿	失业人员、农村转移就业劳动力、残疾人、新成长劳动力	失业人员、农村转移就业劳动力、残疾人等享有职业技能培训补贴；符合条件的新成长劳动力享有6～12个月的补贴性劳动预备制培训。	
		职业技能培训后就业率	≥60%	失业人员、农村转移就业劳动力、残疾人、新成长劳动力	失业人员、农村转移就业劳动力、残疾人等享有职业技能培训补贴，符合条件的新成长劳动力享有6～12个月的补贴性劳动预备制培训。	
		技能鉴定人次	7500万	失业人员、农村转移就业劳动力、残疾人、新成长劳动力	符合条件的人员享有职业技能鉴定补贴。	
		免费就业服务覆盖率	100%	有就业需求的劳动年龄人口	免费享有就业政策法规咨询、职业供求信息、市场工资指导价位信息和职业培训信息、职业指导和职业介绍、就业和失业登记等服务。	
	就业援助	就业困难人员就业和再就业数量	500万	符合条件的就业困难人员	免费享有公益性岗位配置和政策指导、就业困难人员和零就业家庭认定、就业岗位即时服务、就业培训等。	
		零就业家庭至少一人就业实现率	100%	城镇有就业需求的零就业家庭	城镇有就业需求的家庭至少有一人就业。	

注：标准/节点数据依据《国家基本公共服务体系“十二五”规划》的，不在备注中做特殊说明；备注中标明的，或用来注明标准/节点数据来源于《国家基本公共服务体系“十二五”规划》之外的文件，或用来注明其他文件与《国家基本公共服务体系“十二五”规划》有差

别。

四、社会保险服务绩效评估指标

社会保险服务是指在社会保险领域由政府提供的基础性公共服务。《国家基本公共服务体系“十二五”规划》将社会保险服务作为国家基本公共服务体系的重要内容，明确了“十二五”时期社会保险服务的任务，将基本养老保险、基本医疗保险、失业、工伤和生育保险纳入社会保险服务范围，并确定了“十二五”时期社会保险服务的标准。依据《国家基本公共服务体系“十二五”规划》、《社会保障“十二五”规划纲要》及相关政策文件，社会保险服务绩效设二级指标3个，包括基本养老保险，基本医疗保险，失业、工伤和生育保险；三级指标共9个。

表 4　社会保险服务绩效评估指标

一级指标	二级指标	三级指标	标准/节点（2015 年）	服务对象	服务事项	备注
社会保险	基本养老保险	职工基本养老保险参保人数	3 亿人左右	职工、无雇工的个体工商户、灵活就业人员	根据个人累计缴费年限、缴费工资、当地职工平均工资、个人账户金额、城镇人口平均预期寿命等因素确定基本养老金。	
		新型农村社会养老保险参保人数	4.5 亿人左右	16 周岁以上、未参加职工基本养老保险的农村居民	基础养老金不低于每人每月 55 元，并逐步提高标准。	
		城镇居民社会养老保险参保人数	5000 万人左右	年满 16 周岁（不含在校学生）、不符合职工基本养老保险参保条件的城镇非从业居民	基础养老金不低于每人每月 55 元，并逐步提高标准。	
	基本医疗保险	职工基本医疗保险参保人数	2.6 亿人左右	职工、无雇工的个体工商户、灵活就业人员	政策范围内住院费用支付比例达到 75% 左右，最高支付限额达到当地职工年平均工资的 8 倍左右。	
		新型农村合作医疗参合率	>90%	农村居民	政策范围内住院费用支付比例达到 75% 左右，最高支付限额达到当地农村居民年人均纯收入的 8 倍左右。	
		城镇居民基本医疗保险参保率	>90%	城镇非从业居民	政策范围内住院费用支付比例达到 75% 左右，最高支付限额达到当地城镇居民人均可支配收入的 8 倍左右。	
	失业、工伤和生育保险	失业保险参保人数	1.6 亿人左右	职工	支付失业保险金、基本医疗保险费、丧葬补助金、抚恤金以及职业培训和职业介绍补贴等，失业保险金标准不低于城市居民最低生活保障标准。	
		工伤保险参保人数	2.1 亿人左右	职工	基金支付工伤医疗和康复、伤残、护理及工亡等待遇；用人单位支付停工留薪期的工资福利及护理待遇、5～6 级伤残津贴待遇及一次性伤残就业补助金等。	
		生育保险参保人数	1.5 亿人左右	职工	基金支付生育医疗费用和生育津贴，生育津贴按职工所在用人单位上年度职工月平均工资计发。	

注：标准/节点数据依据《国家基本公共服务体系“十二五”规划》的，不在备注中做特殊说明；备注中标明的，或用来注明标准/节点数据来源于《国家基本公共服务体系“十二五”规划》之外的文件，或用来注明其他文件与《国家基本公共服务体系“十二五”规划》有差别。

五、基本社会服务绩效评估指标

基本社会服务是指在社会服务领域由政府提供的基础性公共服务。《国家基本公共服务体系“十二五”规划》将基本社会服务作为国家基本公共服务的重要内容，明确了“十二五”时期基本社会服务的任务，将社会救助、社会福利、基本养老服务、优抚安置纳入基本社会服务范围，并确定了“十二五”时期基本社会服务的标准。依据《国家基本公共服务体系“十二五”规划》、《民政事业发展第十二个五年规划》及相关政策文件，基本社会服务绩效设二级指标 4 个，包括社会救助、社会福利、基本养老服务、优抚安置；三级指标共 15 个。

表5　基本社会服务绩效评估指标

一级指标	二级指标	三级指标	标准/节点（2015年）	服务对象	服务事项	备注
基本社会服务	社会救助	最低生活保障覆盖率	100%	家庭人均收入低于当地最低生活保障标准的城乡居民	保障标准按照能维持当地居民基本生活所必需的吃饭、穿衣、用水用电等费用确定，年均增长按国家“十二五”规划纲要确定的目标实施。	
		自然灾害救助覆盖率	100%	因自然灾害致使基本生活困难的人员	灾后12小时内基本生活得到初步救助。	
		医疗救助覆盖率	100%	最低生活保障家庭、五保户以及低收入重病患者、重度残疾人、低收入家庭老年人等特殊困难群体	医疗救助起付线逐步降低或取消，政策范围内住院自负费用救助比例原则上不低于50%。	
		流浪乞讨人员生活救助率	100%	城市生活无着的流浪乞讨人员	免费享有临时基本食物、住处、急病救治、返乡及安置服务。	
		流浪未成年人救助保护率	100%	流浪未成年人	免费享有生活照料、教育和职业培训、医疗救治、行为矫治、心理辅导、权益保护、返乡及安置等服务。	
	社会福利	孤儿养育保障覆盖率	100%	失去父母、查找不到生父母的未成年人	孤儿基本生活最低养育标准由各地按不低于当地平均生活水平的原则合理确定，机构养育标准高于散居养育标准。	
		新增孤儿养育床位	20万张	失去父母、查找不到生父母的未成年人	孤儿基本生活最低养育标准由各地按不低于当地平均生活水平的原则合理确定，机构养育标准高于散居养育标准。	
		农村五保供养率	100%	无劳动能力、无生活来源又无法定赡养、抚养、扶养义务人，或者法定赡养、抚养、扶养义务人无赡养、抚养、扶养能力的老年、残疾或者未满16周岁的村民	不低于当地村民的平均生活水平，并根据当地村民平均生活水平的提高适时调整，由地方政府确定。	
		农村五保对象集中供养率	>50%	无劳动能力、无生活来源又无法定赡养、抚养、扶养义务人，或者法定赡养、抚养、扶养义务人无赡养、抚养、扶养能力的老年、残疾或者未满16周岁的村民	不低于当地村民的平均生活水平，并根据当地村民平均生活水平的提高适时调整，由地方政府确定。	
		殡葬补贴发放率	100%	推行火葬地区不保留骨灰者和低收入家庭身故者的家庭	不保留骨灰者骨灰撒海等服务免费；有条件的地方为低收入家庭身故者遗体运送、火化以及安葬等提供补贴。	
		火化率	50%	推行火葬地区不保留骨灰者和低收入家庭身故者的家庭	不保留骨灰者骨灰撒海等服务免费；有条件的地方为低收入家庭身故者遗体运送、火化以及安葬等提供补贴。	
	基本养老服务	基本养老服务补贴覆盖率	>50%	家庭经济困难且生活难以自理的失能半失能65岁及以上城乡居民	有条件的地方根据老年人身体状况和家庭收入情况评估，确定补贴标准。	
	优抚安置	优待抚恤补助发放率	100%	享受国家抚恤补助的优抚人员	不低于当地平均生活水平。	
		重点优抚对象集中供养率	100%	孤老和生活不能自理的抚恤优待对象	不低于当地平均生活水平。	
		退役军人安置率	100%	退役军人	自主就业的，在领取退役金后，享受扶持就业优惠政策；其他分别采取安排工作、退休、供养等方式予以安置。	

注：标准/节点数据依据《国家基本公共服务体系“十二五”规划》的，不在备注中做特殊说明；备注中标明的，或用来注明标准/节点数据来源于《国家基本公共服务体系“十二五”规划》之外的文件，或用来注明其他文件与《国家基本公共服务体系“十二五”规划》有差别。

六、基本医疗卫生服务绩效评估指标

基本医疗卫生服务是指在医疗卫生领域由政府提供的基础性公共服务。《国家基本公共服务体系“十二五”规划》将基本医疗卫生服务作为国家基本公共服务的重要内容，明确了“十二五”时期基本医疗卫生服务的任务，将公共卫生服务、医疗服务、药品供应和安全保障纳入基本医疗卫生服务范围，并确定了“十二五”时期基本医疗卫生服务的标准。依据《国家基本公共服务体系“十二五”规划》、《卫生事业发展“十二五”规划》、《国务院关于印发“十二五”期间深化医药卫生体制改革规划暨实施方案的通知》（国发［2012］11号）及相关政策文件，基本医疗卫生服务绩效设二级指标2个，包括基本公共卫生、药品供应和安全保障；三级指标共22个。

表6　基本医疗卫生服务绩效评估指标

一级指标	二级指标	三级指标	标准/节点（2015年）	服务对象	服务事项	备注
基本医疗卫生	基本公共卫生	人均基本公共卫生服务经费标准	≥40元			《卫生事业发展"十二五"规划》（国发[2012]57号）。
		个人卫生支出占卫生总费用的比例	≤30%			《卫生事业发展"十二五"规划》（国发[2012]57号）。
		人均期望寿命	74.5岁			《"十二五"期间深化医药卫生体制改革规划暨实施方案》（国发[2012]11号）。
		婴儿死亡率	≤12‰			《卫生事业发展"十二五"规划》（国发[2012]57号）。
		孕产妇死亡率	≤22/10万			《卫生事业发展"十二五"规划》（国发[2012]57号）。
		每千人口执业（助理）医师数	1.88人			《卫生事业发展"十二五"规划》（国发[2012]57号）。
		每千人口注册护士数	2.07人			《卫生事业发展"十二五"规划》（国发[2012]57号）。
		每千人口医疗机构床位数	4张		为辖区常住人口免费建立统一、规范的居民电子健康档案，免费享有健康教育宣传信息和健康教育咨询服务等。	《卫生事业发展"十二五"规划》（国发[2012]57号）。
		健康档案规范化电子建档率	>75%		为辖区常住人口免费建立统一、规范的居民电子健康档案。	
		具备健康素养人数比例	10%		免费享有健康教育宣传信息和健康教育咨询服务。	
		适龄儿童免疫规划疫苗接种率	>90%	0～6岁儿童和其他重点人群	免费接种国家免疫规划疫苗，在重点地区对重点人群进行针对性接种。	
		传染病报告率和报告及时率	100%	法定传染病病人、疑似病人、密切接触者及相关人群	就诊的传染病病例和疑似病例及时得到发现登记、报告、处理。	
		突发公共卫生事件相关信息报告率	100%	法定传染病病人、疑似病人、密切接触者及相关人群	就诊的传染病病例和疑似病例及时得到发现登记、报告、处理。	
		儿童系统管理率	>85%	0～6岁儿童	免费建立保健手册，享有新生儿访视、儿童保健系统管理、体格检查、生长发育监测及评价和健康指导。	
		孕产妇系统管理率	>85%		免费建立保健手册，享有孕期保健、产后访视及健康指导。	
		老年居民健康管理率	60%	65岁及以上老年人	免费享有登记管理，提供健康危险因素调查、一般体格检查、中医体质辨识等服务，提供疾病预防、自我保健及伤害预防、自救等健康指导。	

（续表）

一级指标	二级指标	三级指标	标准/节点（2015年）	服务对象	服务事项	备注
基本医疗卫生	基本公共卫生	每千名老年人拥有养老床位数	30张	65岁及以上老年人		《中国老龄事业发展"十二五"规划》、《社会养老服务体系建设规划(2011－2015年)》。
		高血压和糖尿病患者规范化管理率	>40%	高血压、糖尿病等慢性病高危人群	免费享有登记管理、健康指导、定期随访和体格检查。	
		重性精神疾病患者管理率	70%	重性精神疾病患者	免费享有登记管理、随访和康复指导。	
		卫生监督协管覆盖率	>70%	城乡居民	免费享有食品安全信息、学校卫生、职业卫生咨询、饮用水卫生安全巡查等服务与指导。	
	药品供应和安全保障	基本药物制度执行覆盖率	100%	城乡居民	享有零差率销售的基本药物，并全部纳入基本医疗保障药物报销目录，逐步提高实际报销水平。	
		药品出厂检验合格率	100%	城乡居民	享有符合国家药品标准的药物。	

注：标准/节点数据依据《国家基本公共服务体系"十二五"规划》的，不在备注中做特殊说明；备注中标明的，或用来注明标准/节点数据来源于《国家基本公共服务体系"十二五"规划》之外的文件，或用来注明其他文件与《国家基本公共服务体系"十二五"规划》有差别。

七、人口和计划生育基本服务绩效评估指标

人口和计划生育基本服务是指在人口和计划生育领域由政府提供的基础性公共服务。《国家基本公共服务体系"十二五"规划》将人口和计划生育基本服务作为作为国家基本公共服务的重要内容，明确了"十二五"时期人口和计划生育基本服务的任务，将计划生育服务、计划生育奖励扶助纳入人口和计划生育基本服务范围，并确定了"十二五"时期人口和计划生育基本服务的标准。依据《国家基本公共服务体系"十二五"规划》、《国家人口发展"十二五"规划》、《人口和计划生育事业发展"十二五"规划》、《"十二五"人口和计划生育服务体系建设规划》及相关政策文件，人口和计划生育基本服务绩效设二级指标2个，包括计划生育服务、计划生育奖励扶助；三级指标共7个。

表7　人口和计划生育基本服务绩效评估指标

一级指标	二级指标	三级指标	标准/节点(2015年)	服务对象	服务事项	备注
人口和计划生育基本服务	计划生育服务	免费计划生育基本技术服务覆盖率	100%	育龄人群	免费事项:计划生育优生优育健康咨询服务;获取避孕药具;避孕、节育手术;计划生育手术并发症和避孕药具不良反应诊断、治疗。	《人口和计划生育事业发展"十二五"规划》。
		流动人口计划生育服务覆盖率	85%	育龄人群	免费事项:计划生育优生优育健康咨询服务;获取避孕药具;避孕、节育手术;计划生育手术并发症和避孕药具不良反应诊断、治疗。	《人口和计划生育事业发展"十二五"规划》。
		再生育技术服务覆盖率	100%	符合条件的育龄夫妇	免费享有再生育相关的医学检查、输卵(精)管复通手术。	
	计划生育奖励扶助	独生子女父母奖励发放率	>80%	实行计划生育、子女未满18周岁的夫妇	奖励费每对夫妇每年不低于120元。	
		农村计划生育家庭奖励扶助发放率	>95%	年满60周岁、只生育一个子女或两个女孩的农村计划生育家庭夫妇	奖励扶助金夫妇每人年均不低于960元。	《人口和计划生育事业发展"十二五"规划》:农村计划生育家庭奖励扶助政策落实及时率85%。
		"少生快富"奖励覆盖率	100%	特定农牧区自愿少生并采取长效节育措施的夫妇	适用于内蒙古、海南、四川、云南、甘肃、青海、宁夏、新疆和新疆生产建设兵团,一次性奖励每对夫妇不少于3000元。	
		计划生育家庭特别扶助覆盖率	>90%	符合条件的死亡或伤残独生子女父母及节育手术并发症三级以上人员	根据不同情况,给予每人每月不低于135元、110元的扶助金;给予节育手术并发症一级、二级、三级人员适当补助。	

注:标准/节点数据依据《国家基本公共服务体系"十二五"规划》的,不在备注中做特殊说明;备注中标明的,或用来注明标准/节点数据来源于《国家基本公共服务体系"十二五"规划》之外的文件,或用来注明其他文件与《国家基本公共服务体系"十二五"规划》有差别。

八、基本住房保障服务绩效评估指标

基本住房保障服务是指在住房领域由政府提供的基础性公共服务。《国家基本公共服务体系"十二五"规划》将基本住房保障服务作为国家基本公共服务的重要内容，明确了“十二五”时期基本住房保障服务的任务，将廉租住房和公共租赁住房、棚户区改造、农村危房改造、保障性住房管理纳入基本住房保障服务范围，并确定了“十二五”时期基本住房保障服务的标准。依据《国家基本公共服务体系“十二五”规划》、《关于做好住房保障规划编制工作的通知》及相关政策文件，基本住房保障服务绩效设二级指标5个，包括租赁补贴发放、保障性（政策性）住房配售、棚户区改造、农村危房改造、游牧民定居；三级指标共6个。

表8　基本住房保障服务绩效评估指标

<table>
<tr><th>一级指标</th><th>二级指标</th><th>三级指标</th><th>标准/节点（2015年）</th><th>服务对象</th><th>服务事项</th><th>备注</th></tr>
<tr><td rowspan="6">基本住房保障</td><td>租赁补贴发放</td><td>新增租赁补贴发放户数</td><td>≥150万</td><td>城镇低收入住房困难家庭</td><td>租赁补贴标准由市、县政府根据当地经济发展水平、市场平均租金、家庭经济承受能力等因素确定。</td><td></td></tr>
<tr><td rowspan="2">保障性（政策性）住房配售</td><td>廉租住房增加套数</td><td>≥400万</td><td>城镇低收入住房困难家庭</td><td>人均住房建筑面积13m²左右，套型建筑面积50m²以内，租金标准由市、县政府确定。</td><td></td></tr>
<tr><td>公共租赁住房增加套数</td><td>≥1000万</td><td>城镇中等偏下收入住房困难家庭、新就业无房职工、城镇稳定就业的外来务工人员</td><td>单套建筑面积以40m²左右的小户型为主，租金水平由市、县政府根据市场租金水平和供应对象的支付能力等因素确定。</td><td></td></tr>
<tr><td>棚户区改造</td><td>棚户区居民住房改造户数</td><td>≥1000万</td><td>符合条件的棚户区居民</td><td>执行国家标准或市、县政府标准。</td><td></td></tr>
<tr><td>农村危房改造</td><td>农村危房改造户数</td><td>>800万</td><td>居住在危房中的农村分散供养五保户、低保户、贫困残疾人家庭和其他贫困户</td><td>每户建筑面积一般控制在40m²～60m²，户均中央补助不低于6000元，地方补助标准自行确定。</td><td></td></tr>
<tr><td>游牧民定居</td><td>游牧民定居户数</td><td>24.6万</td><td>未定居的游牧民</td><td>每户建筑面积不低于60m²（内蒙古自治区户均50m²），户均中央补助3万元，户均地方配套1.6万元。</td><td></td></tr>
</table>

注：标准/节点数据依据《国家基本公共服务体系“十二五”规划》的，不在备注中做特殊说明；备注中标明的，或用来注明标准/节点数据来源于《国家基本公共服务体系“十二五”规划》之外的文件，或用来注明其他文件与《国家基本公共服务体系“十二五”规划》有差别。

九、公共文化体育服务绩效评估指标

公共文化体育服务指在文化体育领域由政府提供的基础性公共服务。《国家基本公共服务体系“十二五”规划》将公共文化体育服务作为国家基本公共服务的重要内容，明确了“十二五”时期公共文化体育服务的任务，将公益性文化、广播影视、新闻出版、群众体育纳入公共文化体育服务范围，并确定了“十二五”时期公共文化体育服务的标准。依据《国家基本公共服务体系“十二五”规划》、《国家“十二五”时期文化改革发展规划纲要》、《文化部“十二五”时期文化改革发展规划》、《体育事业发展“十二五”规划》、《全民健身计划(2011－2015年)》、《“十二五”公共体育设施建设规划》及相关政策文件，公共文化体育服务绩效设二级指标4个，包括公益性文化服务、广播影视、新闻出版、群众体育；三级指标共16个。

表9　公共文化体育服务绩效评估指标

一级指标	二级指标	三级指标	标准/节点(2015年)	服务对象	服务事项	备注
公共文化体育	公益性文化服务	公共文化场馆免费开放率	100%	城乡居民	公共空间设施和基本服务项目免费。	
		公共文化场馆全年开放时间	≥10个月	城乡居民	公共空间设施和基本服务项目全年开放时间不少于10个月。	
		公益性流动文化服务免费享有率	100%	城乡居民	免费享有影视放映、文艺演出、图片展览、图书销售和借阅、科技宣传为一体的流动文化服务。	
	广播影视	农村广播电视覆盖率	100%	农村居民为主	无偿提供第一套广播节目、中央第一套和第七套电视节目及本省第一套广播电视节目等4套以上广播和电视节目服务。	
		农村公益电影放映场次	780万/年	农村居民	行政村一村一月放映一场电影,每场财政补贴200元。	
		少数民族语言广播影视覆盖率	100%	主要少数民族地区(藏、维、蒙、哈、朝、壮、傣等)居民	通过有线、无线或卫星等方式能够收听收看到本民族语言广播影视节目。	
		应急广播覆盖率	100%	城乡居民	在突发公共事件发生前后及时获得政令、信息等服务。	
	新闻出版	人均公共图书馆藏书	0.7册			《文化部"十二五"时期文化改革发展规划》:人均公共图书馆藏书0.7册;《全国公共图书馆事业发展"十二五"规划》:人均公共图书藏书量,东、中、西部分别为1.0,0.5,0.5册。
		行政村农家书屋覆盖率	100%	城乡居民	农家书屋图书不少于1500册,报刊20~30种,电子音像制品不少于100种(张)。	
		新增城乡公共阅报栏(屏)数	10万	城乡居民	人流密集地点设公共阅报栏(屏)。	
		国民综合阅读率	80%	城乡居民		
		民文出版译制作品数	≥800种/年	有文字的少数民族	可以获得本民族语言文字出版的、价格适宜的常用书刊、电子音像制品,政府给予出版物资助。	
		生产盲文书刊数	1600种、70万册/年	盲人	可以获得价格适宜的盲文出版物,政府给予出版物资助。	
	群众体育	体育场地开放率	53%左右	城乡居民	可供使用的公共体育场地(含学校体育场地)占全国体育场地总数的比率。	
		人均体育场地面积	>1.5m^2	城乡居民		《"十二五"公共体育设施建设规划》。
		经常参加体育锻炼人数比率	>32%	城乡居民	免费享有健身技能指导、参加健身活动、获取科学健身知识等服务;免费提供公园、绿地等公共场所全民健身器材。	

注：标准/节点数据依据《国家基本公共服务体系"十二五"规划》的，不在备注中做特殊说明；备注中标明的，或用来注明标准/节点数据来源于《国家基本公共服务体系"十二五"规划》之外的文件，或用来注明其他文件与《国家基本公共服务体系"十二五"规划》有差别。

十、残疾人基本公共服务绩效评估指标

残疾人基本公共服务是指在残疾人服务领域由政府提供的基础性公共服务。《国家基本公共服务体系"十二五"规划》将残疾人基本公共服务作为国家基本公共服务的重要内容，明确了"十二五"时期残疾人基本公共服务的任务，将残疾人社会保障、残疾人基本服务纳入残疾人基本公共服务范围，并确定了"十二五"时期残疾人基本公共服务的标准。依据《国家基本公共服务体系"十二五"规划》、《中国残疾人事业"十二五"发展纲要》及相关政策文件，残疾人基本公共服务绩效设二级指标4个，包括残疾人社会保障、残疾人教育、残疾人就业、残疾人文化体育；三级指标共13个。

表10　残疾人基本公共服务绩效评估指标

一级指标	二级指标	三级指标	标准/节点（2015年）	服务对象	服务事项	备注
残疾人基本公共服务	残疾人社会保障	社会保险保费补贴发放率	100%	重度和贫困残疾人	按规定享受政府社会保险费补贴。	
		基本医疗保障医疗康复项目覆盖率	100%	参保残疾人	参保残疾人基本医疗保障医疗康复项目纳入基本医疗保险范围。	
	残疾人教育	学龄残疾儿童少年接受义务教育比率	90%	适龄残疾儿童少年	在“两免一补”基础进一步提高补助水平；大中城市不能到校上学的残疾儿童、少年接受送教上门服务。	《中国残疾人事业“十二五”发展纲要》：学龄残疾儿童少年接收义务教育比例≥90%。
		义务教育阶段教育资助覆盖率	100%	家庭经济困难的残疾儿童、青少年	义务教育寄宿生享受生活费用和特殊学习用品、教育训练补助。	
		高中阶段残疾人教育资助覆盖率	100%	家庭经济困难的残疾青少年	高中阶段教育寄宿生享受生活费用和特殊学习用品、教育训练补助；高中阶段教育学费、杂费、课本费免费。	
		学前教育训练费和生活补助人次	5.14万	家庭经济困难的残疾儿童	学前教育寄宿生享受生活费用和特殊学习用品、教育训练补助。	
	残疾人就业	城镇新增残疾人就业人数	100万	城乡有就业愿望的残疾人	免费享有职业介绍、职业指导、职业培训和就业信息等就业服务；对就业困难残疾人提供就业援助。	《中国残疾人事业“十二五”发展纲要》：城镇新增残疾人就业人数≥100万。
		农村贫困残疾人实用技术培训人数	100万	城乡有就业愿望的残疾人	免费享有职业介绍、职业指导、职业培训和就业信息等就业服务；对就业困难残疾人提供就业援助。	《中国残疾人事业“十二五”发展纲要》：农村残疾人实用技术培训人数≥100万。
	残疾人文化体育	盲人阅览室配置率	100%	残疾人	在公共图书馆得到盲文和有声读物等阅读服务。	各级公共图书馆设立盲人阅览室，配置盲文图书及有关阅读设备。
		省市两级电视台开办手语节目	100%	残疾人	能够收看到有手语的电视节目。	
		影视剧和电视节目加配字幕覆盖率	100%	残疾人	能够收看到有字幕的电视节目。	
		残疾人体育健身示范点	1200个	残疾人	免费享有体育健身指导服务。	
		经常参加体育健身的残疾人比率	>15%	残疾人	免费享有体育健身指导服务。	

注：标准/节点数据依据《国家基本公共服务体系“十二五”规划》的，不在备注中做特殊说明；备注中标明的，或用来注明标准/节点数据来源于《国家基本公共服务体系“十二五”规划》之外的文件，或用来注明其他文件与《国家基本公共服务体系“十二五”规划》有差别。

十一、基础设施服务绩效评估指标

基础设施服务是指在基础设施领域由政府主导的基本公共服务。依据《国家基本公共服务体系“十二五”规划》、《交通运输“十二五”发展规划》、《能源发展“十二五”规划》、《通信业“十二五”发展规划》、《邮政普遍服务“十二五”规划》及相关政策文件，基础设施服务绩效设二级指标 4 个，包括公共交通、城乡居民用能、信息服务、邮政服务；三级指标共 12 个。

表 11 基础设施服务绩效评估指标

一级指标	二级指标	三级指标	标准/节点(2015 年)	服务对象	服务事项	备注
基础设施	公共交通	农村公路总里程	390 万公里			《交通运输"十二五"发展规划》。
		乡镇、建制村通班车率	100%、92%			《交通运输"十二五"发展规划》。
		公交车辆拥有率	15、12、10 标台/万人	城市居民	300 万人口以上城市为 15 标台/万人;100 - 300 万人口城市为 12 标台/万人;100 万人口以下的城市为 10 标台/万人。	《交通运输"十二五"发展规划》。
		建成区公交站点覆盖率	≥85%、≥75%、≥70%		主要指 300 米覆盖率,300 万人口以上城市≥85%;100 - 300 万人口城市≥75%;100 万人口以下的城市≥70%。	《交通运输"十二五"发展规划》。
	城乡居民用能	行政村通电率	100%			《能源发展"十二五"规划》(国发[2013]2 号)。
		天然气使用人口	2.5 亿			《能源发展"十二五"规划》(国发[2013]2 号)。
	信息服务	电话普及率	>100 部/百人			《通信业"十二五"发展规划》。
		互联网普及率	>57%			《通信业"十二五"发展规划》。
		行政村通宽带比例	95%			《通信业"十二五"发展规划》。
	邮政服务	行政村村邮站覆盖率	100%		反映服务能力。	《邮政普遍服务"十二五"规划》。
		城乡邮件妥投率	>97%		反映服务水平。	《邮政普遍服务"十二五"规划》。
		信件全程时限达标率	95%		反映服务质量。	《邮政普遍服务"十二五"规划》。

注:标准/节点数据依据《国家基本公共服务体系"十二五"规划》的,不在备注中做特殊说明;备注中标明的,或用来注明标准/节点数据来源于《国家基本公共服务体系"十二五"规划》之外的文件,或用来注明其他文件与《国家基本公共服务体系"十二五"规划》有差别。

十二、环境保护服务绩效评估指标

环境保护服务是指在环境保护领域由政府承诺的基本公共服务。依据《国家基本公共服务体系“十二五”规划》、《国家环境保护“十二五”规划》、《全国农村饮水安全工程“十二五”规划》、《国务院办公厅关于印发近期土壤环境保护和综合治理工作安排的通知》、《全国造林绿化规划纲要(2011－2020)》、《全国生态保护“十二五”规划》、《节能减排“十二五”规划》、《“十二五”全国城镇生活垃圾无害化处理设施建设规划》及相关政策文件,环境保护服务绩效设二级指标6个,包括水环境、空气质量、土壤环境、城市绿化、生态保护、节能减排;三级指标共20个。

表 12　环境保护服务绩效评估指标

一级指标	二级指标	三级指标	标准/节点（2015 年）	服务对象	服务事项	备注
环境保护	水环境	全国农村集中式供水人口比例	80%			《全国农村饮水安全工程“十二五”规划》。
		地表水国控断面劣Ⅴ类水质的比例	<15%			《国家环境保护“十二五”规划》。
		七大水系国控断面水质好于Ⅲ类的比例	>60%			《国家环境保护“十二五”规划》。
	空气质量	地级以上城市空气质量达到二级标准以上的比例	≥80%			《国家环境保护“十二五”规划》。
		声环境功能区达标率	100%		对五类声环境功能区分级实施噪声控制。	《声环境质量标准 GB3096－2008》。
	土壤环境	全国耕地土壤环境质量调查点位达标率	≥80%			《国务院办公厅关于印发近期土壤环境保护和综合治理工作安排的通知》（国办发[2013]7 号）。
		土壤环境例行监测率	100%		对全国 60% 的耕地和服务人口 50 万以上的集中式饮用水水源地土壤环境开展例行监测。	《国务院办公厅关于印发近期土壤环境保护和综合治理工作安排的通知》（国办发[2013]7 号）。
	城市绿化	城市建成区绿化覆盖率	39%			《全国造林绿化规划纲要（2011－2020）》。
		城市人均公园绿地面积	11.2m²			《全国造林绿化规划纲要（2011－2020）》。
	生态保护	陆地自然保护区面积占国土面积的比重	15%			《国家环境保护“十二五”规划》、《全国生态保护“十二五”规划》。
		国家重点保护物种和典型生态系统保护率	90%			《国家环境保护“十二五”规划》、《全国生态保护“十二五”规划》。
	节能减排	万元国内生产总值能耗变化率	－16%		从 2010 年的 1.034 吨标准煤下降到 0.869 吨标准煤。	《节能减排“十二五”规划》。
		化学需氧量排放总量变化率	－8%		从 2010 年的 2551.7 万吨下降到 2347.6 万吨。	《节能减排“十二五”规划》。
		二氧化硫排放总量变化率	－8%		从 2010 年的 2267.8 万吨下降到 2086.4 万吨。	《节能减排“十二五”规划》。
		氨氮排放总量变化率	－10%		从 2010 年的 264.4 万吨下降到 238 万吨。	《节能减排“十二五”规划》。
		二氧化硫排放总量变化率	－10%		从 2010 年的 2273.6 万吨下降到 2046.2 万吨。	《节能减排“十二五”规划》。
		工业固体废物综合利用率	72%			《国家环境保护“十二五”规划》。
		污水处理率	85%、70%		城市污水处理率 85%；县城污水处理率 70%。	《“十二五”全国城镇污水处理及再生利用设施建设规划》（国办发[2012]24 号）。
		城市污泥无害化处置率	70%、30%		城市污泥无害化处置率 70%；县城污泥无害化处置率 30%。	《“十二五”全国城镇污水处理及再生利用设施建设规划》（国办发[2012]24 号）。
		全国城市生活垃圾无害化处理率	80%			《国家环境保护“十二五”规划》：全国城市生活垃圾无害化处理率 80%；《“十二五”全国城镇生活垃圾无害化处理设施建设规划》：生活垃圾无害化处理率为，直辖市、省会城市和计划单列市 100%，设市城市达 90% 以上，县城达 70% 以上。

注：标准/节点数据依据《国家基本公共服务体系“十二五”规划》的，不在备注中做特殊说明；

备注中标明的，或用来注明标准/节点数据来源于《国家基本公共服务体系"十二五"规划》之外的文件，或用来注明其他文件与《国家基本公共服务体系"十二五"规划》有差别。

十三、公共安全服务绩效评估指标

公共安全服务是保障安全需要的基本公共服务。依据《国家基本公共服务体系"十二五"规划》、《交通运输"十二五"发展规划》、《安全生产"十二五"规划》、《国家食品安全监管体系"十二五"规划》、《食品工业"十二五"发展规划》、《国家药品安全"十二五"规划》、《气象发展规划(2011－2015年)》、《国家气象灾害防御规划(2009－2020年)》、《国家综合防灾减灾规划(2011－2015年)》及相关政策文件，公共安全服务绩效设二级指标5个，包括交通安全、安全生产、食品安全、药品安全、防灾减灾；三级指标共22个。

表 13 公共安全服务绩效评估指标

一级指标	二级指标	三级指标	标准/节点（2015 年）	服务对象	服务事项	备注
公共安全	交通安全	营运车辆万车公里事故数和死亡人数下降率	3%（年均）			《交通运输"十二五"发展规划》。
		城市客运百万车公里事故数和死亡人数下降率	1%（年均）			《交通运输"十二五"发展规划》。
		百万吨港口吞吐量事故数和死亡人数下降率	5%（年均）			《交通运输"十二五"发展规划》。
		水上人命救助有效率	>93%			《交通运输"十二五"发展规划》。
		民航运输飞行百万小时重大事故率	<2%（5 年累计）			《交通运输"十二五"发展规划》。
	安全生产	亿元国内生产总值生产安全事故死亡率下降率	>36%			《安全生产"十二五"规划》。
		各类事故死亡总人数下降率	>10%			《安全生产"十二五"规划》。
		工矿商贸企业事故死亡人数下降率	>12.5%			《安全生产"十二五"规划》。
		较大和重大事故起数下降率	>15%			《安全生产"十二五"规划》。
		特别重大事故起数下降	>50%			《安全生产"十二五"规划》。
	食品安全	公众食品安全基本知识知晓率>80%				《国家食品安全监管体系"十二五"规划》。
		规模以上食品企业通过HACCP认证比例	60%			《食品工业"十二五"发展规划》（发改产业[2011]3229 号）。
		食品质量抽检合格率	>97%			《食品工业"十二五"发展规划》（发改产业[2011]3229 号）。
	药品安全	医疗器械生产达标率	>90%		依据国际标准。	《国家药品安全"十二五"规划》（国发[2012]5 号）。
		药品生产达标率	100%		依据《药品生产质量管理规范》。	《国家药品安全"十二五"规划》（国发[2012]5 号）。
		药品经营达标率	100%		依据《药品经营质量管理规范》。	《国家药品安全"十二五"规划》（国发[2012]5 号）。
	防灾减灾	自动气象站乡镇覆盖率	95%			《气象发展规划（2011－2015 年）》。
		气象信息公众覆盖率	>95%			《气象发展规划（2011－2015 年）》。
		灾害性天气预警信息提前发布率	100%		提前 15～30 分钟。	《气象发展规划（2011－2015 年）》。
		24 小时暴雨预报准确率	22%			《气象发展规划（2011－2015 年）》。
		气象灾害造成的人员伤亡率下降率	>50%			《国家气象灾害防御规划（2009—2020 年）》。
		年均因灾直接经济损失占国内生产总值的比例	<1.5%			《国家综合防灾减灾规划（2011—2015 年）》。

注：标准/节点数据依据《国家基本公共服务体系"十二五"规划》的，不在备注中做特殊说明；备注中标明的，或用来注明标准/节点数据来源于《国家基本公共服务体系"十二五"规划》之外的文件，或用来注明其他文件与《国家基本公共服务体系"十二五"规划》有差别。

主要参考文献

1. 薄贵利:《服务型政府有哪些特征》,《人民日报》2011 年 10 月 19 日。

2. 薄贵利:《构建服务型政府绩效管理体制》,《中国行政管理》2012 年第 10 期。

3. 薄贵利:《建立和推行地方政府绩效管理制度》,《国家行政学院学报》2009 年第 3 期。

4. 薄贵利:《提高认识积极推进政府绩效评估》,《新视野》2007 年第 1 期。

5. 薄贵利:《走出政府绩效评估的认识误区》,《中国人事报》2007 年 4 月 6 日。

6. 薄贵利:《政府绩效评估必须确立正确的价值导向》,《国家行政学院学报》2007 年第 3 期。

7. 薄贵利:《推进政府绩效评估亟待解决的主要问题》,《国家行政学院学报》2008 年第 1 期。

8. 薄贵利:《以建设服务型政府为核心,深化行政体制改革》,《中国机构改革与管理》2012 年第 2 期。

9. 蔡奇:《推进开放式决策打造阳光政府》,《行政管理改革》2009 年第 3 期。

10. 陈冀、黄浩苑:《听证会失信于民,公众以沉默表抗议——广东省东莞市水价听证会市民代表“零参与”事件调查》,新华网。

11. 陈奇星:《平衡与优化:完善我国公共服务监督体系的思考》,《中国行政管理》2013 年第 10 期。

12. 董红亚:《我国社会养老服务体系的解析和重构》,《社会科学》2012 年第 3 期。

13. 郭道晖:《社会权力:法治新模式与新动力》,《学习与探索》2009 年第 5 期。

14. 黄庆畅、盖群:《信息公开:“五多五少”待突围》,《人民日报》2013 年 6 月 5 日。

15. 李萍:《老龄服务:美国,日本,瑞典三国的实践经验与启示》,《攀登》2011 年第 3 期。

16. 李勇:《非营利组织管理的基本法律框架》,人民网。

17. 刘婉娜、胡成:《法国居家养老服务业的发展及启示》,《宏观经济管理》2012 年第 7 期。

18. 施巍巍:《把握发展我国养老服务的着力点》,《人民日报》2013 年 5 月 15 日。

19. 施巍巍:《长期照护:养老保障的重要环节》,《光明日报》2014 年 2 月 28 日。

20. 施巍巍:《发达国家长期照护制度比较与路径选择》,《新远见》2012 年第 4 期。

21. 施巍巍:《发达国家破解老年长期照护难点带给我们的启示》,《西北人口》2013 年第 4 期。

22. 施巍巍:《发达国家医疗照护与长期照护资源分割的原因分析及其启示》,《北京科技大学学报》2012 年第 1 期。

23. 施巍巍:《论发达国家老年人长期照顾的制度模式》,《学术交流》2012

年第1期。

24. 施巍巍:《人口老龄化的经济社会对策研究》,《中共中央党校学报》2012年第6期。

25. 施巍巍、罗新录:《我国养老服务政策的演变与国家角色的定位——福利多元主义视》,《理论探讨》2014年第2期。

26. 施巍巍:《发达国家老年人长期照护制度研究》,知识产权出版社2012年版。

27. 世界银行东亚和太平洋地区减贫与经济管理局:《中国深化事业单位改革 改善公共服务提供》,中信出版社2005年版。

28. 万里:《决策民主化和科学化是政治体制改革的一个重要课题——在全国软科学研究工作座谈会上的讲话》,《人民日报》1986年7月31日。

29. 王达梅:《政府向社会组织购买公共服务的问题与对策分析》,《广东外语外贸大学学报》2010年第6期。

30. 王鹏:《什么是枢纽型社会组织》,《中国青年报》2013年10月28日。

31. 王千华等:《公共服务供给机构的改革——中国的任务和英国的经验》,北京大学出版社2010年版。

32. 王绍光:《从经济政策到社会政策:中国公共政策格局的历史性转变》,上海人民出版社2007年版。

33. 王绍光:《祛魅与超越》,中信出版社2010年版。

34. 王绍光、樊鹏:《政策研究群体与政策制定——以新医改为例》,《政治学研究》2011年第2期。

35. 王胜今、于潇:《中国人口老龄化问题研究》,人民出版社2012年版。

36. 王树文:《我国公共服务市场化改革与政府管制创新》,人民出版社2013年版。

37. 王素英:《中国社会养老服务体系建设现状及发展思路》,《社会福利

（理论版）》2012 年第 9 期。

38. 王锡锌:《公共决策中的大众、专家与政府——以中国价格决策听证制度为个案的研究视角》,《中外法学》2006 年第 4 期。

39. 王锡锌:《关于政府信息公开的调查与建议》,《北京日报》2012 年 3 月 5 日。

40. 邬沧萍,杜鹏:《老龄化社会与和谐社会》,中国人口出版社 2012 年版。

41. 吴玉韶、党俊武:《中国老龄事业发展报告(2013)》,社会科学文献出版社 2013 年版。

42. 杨会慧、杨鹏:《中国政府采购总体规模及货物结构分析》,《中国政府采购》2011 年第 6 期。

43. 杨礼琼:《中美公共服务市场化比较及其启示》,《中国行政管理》2011 年第 3 期。

44. 叶响裙:《政府购买服务中"政社合作"关系的构建》,《新视野》2014 年第 3 期。

45. 叶响裙:《基于政府购买公共服务实践的思考》,《新视野》2013 年第 2 期。

46. 叶响裙:《论政策执行中目标群体的策略行为》,《华东经济管理》2014 年第 7 期。

47. 章晓懿:《政府购买养老服务模式研究:基于与民间组织合作的视角》,《中国行政管理》2012 年第 12 期。

48. 郑苏晋:《政府购买公共服务:以公益性非营利组织为重要合作伙伴》,《中国行政管理》2009 年第 6 期。

49. 中国老龄科学研究中心课题组:《全国城乡失能老人状况研究》,《残疾人研究》2011 年第 2 期。

50. 周志忍:《正确认识并强化公共服务中的市场机制》,《学习与探索》

2010 年第 1 期。

51. 朱军:《"开放式决策"助推政务公开向纵深发展》,《中国监察》2010 年第 17 期。

52. "中国城市管理进步奖"申报材料:《"开放式决策"让民意领跑政府》。

53. Doyle, M. , Cheltenham, V. T. (2007). Home Care for Ageing Populations: A Comparative Analysis of Domiciliary Care in Denmark, the United States and Germany. UK: Northampton, Edward Elgar Pub.

54. Federal Ministry of Labor and Social Affairs. (1998). Modeling for Population Development by the Federal Ministry of the Interior Model 1. Information of Social Legislation, 74th ed. J. Bonn.

55. Friedland, R. B. (2002). The Coverage Puzzle: How the Pieces Fit Together. Paper Presented At the Annual Conference of the National Academy of Social Insurance. Washington, D. C,.

56. German Ministry for Labor and Social Affairs. (1997). Report of the Ministry for Labor and Social Affairs to Parliament in Accordance With Section 10 Subparagraph 4 Sozialgesetzbuch XI. Bonn, Germany: Author.

57. John Clayton Thomas. (1995). Public Participation in Public Decisions: New Skill Strategies for Public Managers. Wiley.

58. Karlsson, M. , Mayhew, L. , Plumb, R. , Rickayzen, B. (2004). An International Comparison of Long – Term Care Arrangements – – An Investigation into the Equity, Efficiency and Sustainability of the Long – term Care Systems in Germany, Japan, Sweden, the United Kingdom and the United States. Actuarial Research Paper No. 156. London: Actuarial Research Centre, Cass Business School.

59. National Board of Health and Welfare. (2001). National Plan for Older

国人事科学研究院博士后)、卢海燕(华北电力大学副教授)。在试点的基础上,由柏良泽和王芳霞根据《国家基本公共服务体系"十二五"规划》等相关文件和法律进行了相应的调整。

全书由首席专家统一修改、定稿。

薄贵利

二〇一四年九月三十日